改訂版

イラストでわかる
二級建築士用語集

大西正宜 改訂監修

中井多喜雄＋石田芳子 (イラスト) 著

学芸出版社

改訂版へのまえがき

　著者の中井多喜雄氏は、巻末のプロフィールをご覧いただければわかるとおり、建築設備を中心として数多くの書籍を著しておられます。そのいずれもが、特に初学者に向けてわかりやすく記述されており、拝読すると他の類書にはない熱意と思いやりが伝わってきます。本書も、同氏の他の著作と同様に熱意を持って著されています。「用語集」と聞けば、単語の意味・内容の説明が羅列されたものを想像しますが、本書は、単元ごとに用語の内容を正確に押さえつつ、一つのストーリーとして語ることで、単元内の用語を相互に関連させながら学びとれるようになっています。また、各単元の右ページには、石田芳子氏の手による温かいタッチのイラストが配され、本文の雰囲気を伝えるとともに、ポイントを押さえたイラストが本文を補完しています。このような特徴が、本書が長年にわたって多くの読者の支持を得ることができた所以であろうと思います。

　本書の初版が出版されてから、二十余年の歳月が経過しました。この間には、建築技術の革新が進み、また一方で社会情勢が変遷するなか、建築基準法をはじめとする関係法令の度重なる改正、日本建築学会の各種構造計算規準や建築工事標準仕様書などの改訂が行われています。こうした状況を踏まえ、本書初版の枠組みと熱意と思いやりの心、つまり良質な部分をできる限り温存しつつ、最新の法令等に基づいて初版を改訂し、出版する運びとなりました。

　本改訂版が、初版に引き続き、二級建築士を目指す技術者ならびに初学者の方々のお役に立てるものとなることを心から願っています。

　　2020 年 1 月

大西正宜

初版へのまえがき

　経済の発展、国民生活の向上に伴う建設投資は年々増大し、建築技術はより高度化、複雑化し急速な発展を遂げており、こういった斯界の情勢からも、従来、建築関係の技術者としての法的資格は、建築基準法に基づく一級建築士、二級建築士のみでしたが、近年では、木造建築士、建築設備士、さらに建設業法に基づく、建築施工管理技士（一級、二級）、土木施工管理技士（一級、二級）、管工事施工管理技士（一級、二級）等、多くの法的資格が誕生してきて参りました。しかし、やはり建築技術者の根幹をなしているのは建築士であり、建築斯界の社会的責任の中心になって支えているのは、建築士であることは法的にも社会的認知からも疑う余地のない事実であり、建築士がその責任を担うためには豊富で高度の知識が要求され、合格率の厳しい国家試験（学科試験〔建築計画・建築法規・建築構造・建築施工の 4 科目〕および製図試験）にチャレンジし合格しなければなりません。特に先ず合格しなければならない学科試験は、正しい知識をもって臨まなければ合格できず、正しい知識の修得の基礎は正しい建築用語を修得することから始まります。

　本書は、二級建築士受験に必要不可欠とする用語を厳選し、正確にわかりやすく解説した用語集としたものであり、かつ、巻末の索引を利用していただければ建築用語辞典としても活用できるようにアレンジした次第です。また、二級建築士は建築士としての一ステップとの配慮から、二級建築士のみならず一級建築士受験分野の用語も相当数含めておいた次第です。したがって、本書を 80% 程度、理解していただければ、二級建築士および木造建築士の学科試験には必ず合格されるはずです。本書を受験参考書として、かつ、基礎的な建築用語辞典として有効に活用していただき、斯界でのご活躍の栄冠を獲得されるステップとなれば筆者として望外の喜びであります。

　最後になりましたが、素晴らしいイラストを描いてくださいました、建築士でもあるイラストレータの石田芳子先生のご尽力に厚く御礼申し上げます。

　1998 年 10 月

中井多喜雄

目　次

1.1.1 日本建築史

1 日本建築の様式に関する用語

　神明造りとは、古代の神殿形式の 1 つで、伊勢神宮正殿に代表されます。各部材にそりなどの曲線意匠がなく、総体に直線的な簡素な構造形式です。すなわち、切妻平入り直線式破風が、千木と同一であること、妻側の壁面から独立する棟持柱（二柱、小狭柱）が掘立て柱であること、鞭掛（小狭小舞）を有することなどを特徴とする神社の本殿形式です。

　流れ造りとは、平安時代に成立した神殿形式の 1 つで、京都の賀茂御祖神社に代表されます。切妻造り平入の前方正面いっぱいにひさしを付け、母屋屋根の流れをなだらかな曲線でひさしの軒先まで葺きおろしており、**流れ破風造り**ともいいます。

　寝殿造りとは、平安時代に成立した貴族の住宅形式です。中央の寝殿のほか、東、西または北に対屋と呼ばれる棟が配置され、各棟は 1 棟 1 室であり、渡り廊下でつながれています。室内は屏風や几帳で間仕切られ、窓には蔀戸が用いられます。寝殿の南側には池のある庭園があります。

　書院造りとは、室町時代に発生した僧侶、上級武士などの住宅形式で、慈照寺銀閣（俗称、銀閣寺）に代表されるもので、窓際に付けられた机いわゆる"書院"、床、棚などをもち、畳が敷かれています。桃山時代では、書院造りの中心となる建物を主殿または広間といって、江戸時代に入ると民家にもその影響を与えました。

　数寄屋造りとは、江戸時代、茶室建築の影響から、書院造りに素朴な草庵風の手法が加えられて発展した茶室風の住宅形式で、侘び・さびを特徴とし、桂離宮、修学院離宮に代表されます。書院式と草庵式があります。

　校倉造りとは、壁面に多角形断面の木材で積み上げて造った倉を校倉といい、校倉形式の建物をいいます。木材の特性により、建物内の湿度を自然的に所定範囲内に維持できる特徴があり、奈良時代に倉庫建築に広く用いられました。奈良の正倉院がその代表的なものです。

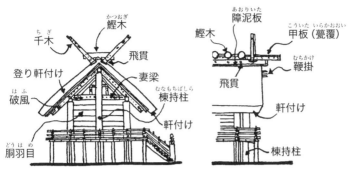

千木（ちぎ）
鰹木（かつおぎ）
飛貫
登り軒付け
妻梁
破風（はふ）
棟持柱（むなもちばしら）
軒付け
胴羽目（どうはめ）

障泥板（あおりいた）
鰹木
甲板（蕣覆）（こういた いらかおおい）
飛貫
鞭掛（むちかけ）
軒付け
棟持柱

神明造り

日本建築史	
原始	登呂遺跡（弥生時代） 大社造り 神明造り 住吉造り
飛鳥	法隆寺 （金堂・五重塔）
奈良	正倉院 薬師寺東塔 唐招提寺金堂
平安	室生寺五重塔 平等院鳳凰堂 中尊寺金色堂
鎌倉	石山寺多宝塔（和様） 東大寺南大門（天竺様） 円覚寺舎利殿（禅宗様） 三十三間堂（和様）
室町	鹿苑寺金閣 興福寺五重塔 慈照寺銀閣
桃山	安土城（信長） 犬山城天守 妙喜庵（茶室）
江戸	姫路城 如庵（茶室） 西本願寺書院 清水寺本堂 日光東照宮 修学院離宮 桂離宮 東大寺大仏殿（再建） 京都御所

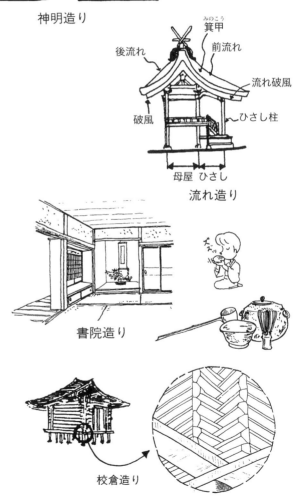

箕甲（みのこう）
後流れ
前流れ
流れ破風
破風
ひさし柱
母屋　ひさし

流れ造り

書院造り

校倉造り

1.1.2 西洋建築史・近代建築史

2 古代・中世・近世の建築に関する用語

ローマ建築とは、パンテオン神殿、コロセウムに代表されるアーチ・ドーム工法やコンクリート技術の発達により建設された、公共施設・記念建築物などの巨大建築をいい、古代最高の建築文化といわれます。

ゴシック建築とは、ノートルダム寺院、ケルン大聖堂に代表されるフライングバットレス・リブボールト・とがりアーチなど、垂直線を強調した中世キリスト教の教会堂建築を中心とした、中世の最も完成した芸術様式の建築をいいます。

ルネッサンス建築とは、フィレンツェ大聖堂に代表される、ルネッサンス（中世のキリスト教の束縛を打破して、人間中心の学問・芸術が著しく興隆した動きで、イタリアからまず起こり、ヨーロッパ全体に及んだ、文芸復興）時代の近世建築をいいます。

アールヌーヴォーとは、1900年頃パリで全盛をきわめた流れるような曲線装飾形態を特色とする芸術様式をいい、オルタの建築などに代表されます。ガウディはこれに刺激を受け、聖ファミリア教会などを建築し、スペインのモデルニスモを牽引しました。

バウハウスとは、1919年ドイツのヴァイマールに、建築家グロピウスを校長として創設された学校をいい、芸術と技術の統合をめざした新しい造形教育で著名です。デッサウにグロピウスの設計で建てられたバウハウス校舎は、近代合理主義建築の1つの典型として有名です。

シアム（CIAM）とは、ル・コルビュジエなどが中心となって、1928年に第1回の会議を開いた近代建築国際会議の略称です。すなわち、国際交流によって近代建築の発展を図ろうとしたもので、第4回会議ではアテネ憲章がつくられ、都市計画の原則が定められました。

ル・コルビュジエは近代建築の巨匠といわれるフランスの建築家（1887〜1965年）で、力強いコンクリート打放しの手法で立体構成の美しさを表現しました。2016年には、東京・上野の国立西洋美術館が世界遺産に選ばれました。

	日本の近代建築物		西洋の近代建築物
建 築 家	建 築 物	建 築 家	建 築 物
コ ン ド ル	ニコライ堂・三菱一号館	ベーレンス	A.E.G.タービン工場
辰 野 金 吾	日本銀行本店、東京駅	ガ ウ デ ィ	聖ファミリア教会、カサ・ミラ
片 山 東 熊	旧赤坂離宮（迎賓館）	メンデルゾーン	アインシュタイン塔
ラ イ ト	旧帝国ホテル、旧山邑邸	グ ロ ピ ウ ス	バウハウス校舎
コルビュジエ	国立西洋美術館	ラ イ ト	ジョンソンワックス本社ビル
坂 倉 準 三	鎌倉近代美術館		カウフマン邸（落水荘）
丹 下 健 三	代々木競技場、東京都庁	ル・コルビュジエ	国連ビル（原案）、ロンシャン教会、マルセイユのユニテ
前 川 国 男	東京文化会館、京都会館	ミース・V・D・ローエ	レークショア・ドライブのアパート、シーグラムビル、MIT工科大学
村 野 藤 吾	宇部市渡辺翁記念会館		

1.2.1 室内気候

3 温熱要素に関する用語

温熱要素とは、室内における人体の温熱感覚を左右するもので、人体の放熱に影響を与える気温・湿度・気流・周壁からの放射熱の4要素に人体の着衣量・作業量の2要素を加えたものです。

有効温度（ET）とは、気温（乾球温度）、湿度（相対湿度）、気流の3要素の組み合わせから求める体感指標の1つです。これは1923年にヤグローにより発表され**ヤグローの有効温度**ともいいますが、現在は使用されていません。

修正有効温度（CET）とは、ETに周壁からの放射熱の効果を補ったもので、グローブ温度でETを修正して用いるものです。

新有効温度（ET＊）とは、温熱6要素を用いた、ETにかわる温熱感覚の指標で、アメリカ暖房冷凍空調学会（ASHRAE）で採用されています。

予測平均温冷感申告（PMV）とは、温熱6要素を用いて算出される－3～＋3の数値で表される温熱感覚の指標で、ISOでは－0.5～＋0.5を快適範囲としています。

上下温度勾配とは、室内における足元と頭付近の温度（気温）差をいい、上下温度勾配が大きいと不快を感じるので、3℃以内に抑える必要があります。

気流とは、室内の風速のことをいい、一般的には0.13～0.3m/sの範囲に維持します。なお、法的には中央式空調の場合0.5m/s以下と規制されています。

相対湿度とは、ある空気中の水蒸気の分圧とその空気に含むことができる水蒸気圧の分圧（飽和水蒸気圧）の比（％）をいい、次式で表します。

$$\frac{\text{ある空気中の水蒸気圧}}{\text{その空気の飽和水蒸気圧}} \times 100$$

一般に湿度といえば相対湿度を指します。

絶対湿度とは、乾き空気1kg中に含まれる水蒸気量（kg）をいい、単位はkg/kg(DA)で、空調における加湿量や減湿量の計算に使います。

温熱要素

湿度
温度
風速
ふく射

同じ空間（室内）でも、
運動している人は汗だく、事務仕事の人は涼しい顔

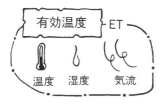

有効温度 ── ET

温度　湿度　気流　➕　ふく射　═ CET

室内設計目標値

	乾球温度	相対湿度	気流
夏季	26℃	50 %	25 cm/s 以下
冬季	20〜22℃	40 %	

X℃
頭は暑い
差は3℃以下に抑えないと不快
Y℃
足元寒〜い

相対湿度

今、空気中に含まれている水分

20℃ → 30℃に気温が上がると…

相対湿度 ＝ 60%

相対湿度は30%に下がる

20℃の飽和空気　　30℃の飽和空気

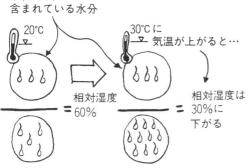

絶対湿度

乾き空気 1 kg

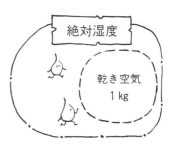

1.2.2　気象・気候

4　気候要素に関する用語

気象とは、気温・気圧・湿度・風・雲・霧・雨・雪など、大気中に起こる種々の現象をいいます。

気候とは、ある期間内の気象を統計的に総合したものです。

気候要素（気象要素）とは、建築計画において、生活に影響する気象現象で、気温・湿度・風雨・日照をいいます。

気温とは、大気の温度をいい、緯度や地理的条件にも左右され、気温は地表から100ｍ高くなるごとに、0.6℃ずつ低くなります。普通、地上1.5ｍの大気温を測定します。

日較差とは、1日の最高気温と最低気温の差をいい、一般に内陸では日較差が大きく、海岸地方では小さくなります。

年較差とは、1年の最暖月と最寒月の平均気温差で、日較差と同じ傾向を示します。日本では、7～8月が最暖月、1～2月が最寒月になります。

クリモグラフ（気候図）とは、縦軸に月平均気温、横軸に月平均湿度をとって、その土地の気温と湿度の年間変動を描いた図で、各都市の状態を比較すると、その違いがはっきりします。日本の気候は季節風の影響で、夏季は高温多湿、冬季は低温低湿となります。

日照とは、太陽の直射光が地表を照射することをいいます。

日照率とは、日照時間と可照時間の比（％）で、日照率はその土地の天気の性質を示す指標で、一般に月間平均値で示されます。

可照時間とは、日の出（日出）から日の入り（日没）までの時間です。

日照調整とは、建物に入る日光（日照）を時に応じて遮ったり（夏季）、利用したりする（冬季）ことをいい、室内側ではカーテンやブラインドを用い、室外側ではひさし、ルーバなどを用います。

日影曲線（日影図）とは、ある地点や既存建物の窓などが、周囲の建物の影響により日影となる1日の時間数を図上計測するため、太陽の光度、方位角、日影の長さなどをまとめてグラフとして描いたものです。

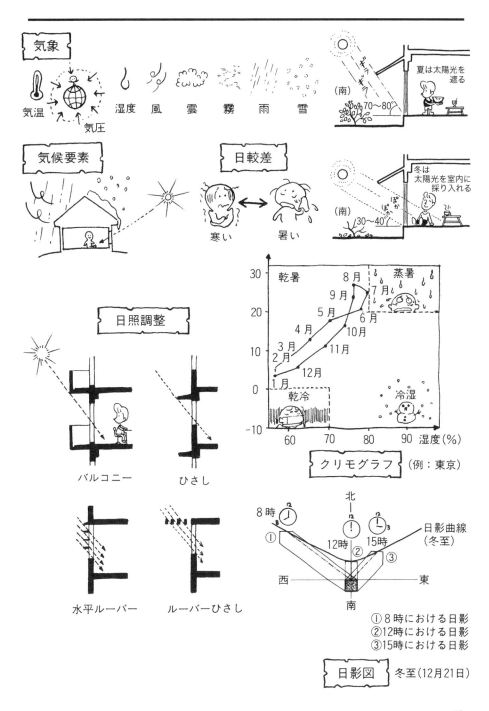

気象

気温　気圧　湿度　風　雲　霧　雨　雪

夏は太陽光を遮る
（南）　70～80°

気候要素

日較差

寒い　暑い

冬は太陽光を室内に採り入れる
（南）　30～40°

日照調整

バルコニー　ひさし

水平ルーバー　ルーバーひさし

クリモグラフ　（例：東京）

乾暑　蒸暑
8月
9月　7月
5月
4月　6月
3月　10月
2月　11月
12月
1月
乾冷　冷湿
30
20
10
0
-10
60　70　80　90　湿度(%)

北
8時　12時　15時
日影曲線（冬至）
①
②
③
西　東
南

①8時における日影
②12時における日影
③15時における日影

日影図　冬至（12月21日）

15

1.2.2 気象・気候

5 日射に関する用語

日射とは、太陽から地上に到達した太陽放射エネルギーをいい、とくに建築分野で熱を問題にする場合に用いられます。

日射量とは、単位面積当たり、単位時間に建築物が受ける日射熱量（日射の強さ）をいい、単位は W/m² を用います。

全天日射量とは、〔直達日射量＋天空放射量〕のことで、単位は日射量と同じです。

直達日射量とは、大気を透過して直接地表面に達する日射量をいい、大気の吸収は水蒸気、二酸化炭素などによって行われるため、天候条件の影響を強く受けます。

天空放射（天空日射）とは、太陽からの放射のうち、空気分子、じんあい、雲などによって散乱、反射または再放射された結果、天空より地表に到達する放射をいいます。

全日日射量（終日日射量、日射の日量）とは、日射を受ける面の単位面積またはある面積が1日間に受ける日射の積算量、すなわち、1日の日射量を合計したものです。建物

の各外壁面の全日日射量の年間変動を見ると、夏季は南側壁面よりも東・西側壁面の方が大きく、南側壁面の全日日射量は夏季の方が冬季に比べて小さいのが特徴です。

日射遮へいとは、建物に入る日射を遮へいし、日射による熱取得を小さくすることをいい、冷房時においては重要な事項となります。

日射吸収率とは、物体の表面に日射が入射したとき、その日射熱量のうち、ある部分は物体自体に吸収されますが、この物体自体に吸収された熱量の入射熱量に対する比(%)をいいます。冬季の暖房時や太陽熱冷暖房用の太陽集熱器などでは日射吸収率を向上させなければなりません。

日射反射率とは、物体の表面に日射が入射したとき、その日射の熱量のうち、ある部分はその表面で反射しますが、この物体表面で反射した熱量の入射日射熱量に対する比(%)をいい、冷房時の外壁などは、日射反射率をアップすることが肝要です。

$J_H = J \times \sin h$　水平面直達日射量
$J_V = J \times \cos h$　鉛直面直達日射量

J：法線面直達日射量
h：太陽高度

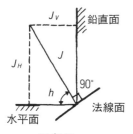

日射量

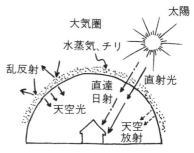

直達日射と天空放射

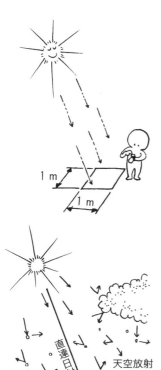

全天日射

カーテン
閉め忘れた〜

夏の西日はむごい

南側壁面の全日日射量は
冬季より夏季のほうが
小さい

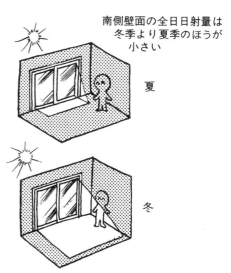

夏

冬

1.2.3　換気・伝熱

6　換気方法に関する用語

換気とは、室内の空気（汚染空気）を排出し、新鮮な空気（外気）と入れ換えることです。

空気汚染とは、換気を行わない室内で長時間作業などで在室すると、空気中のじんあい、細菌などの有害な浮遊物が増加し、臭気がこもり、温湿度が上昇し、気流が停滞して不快感を与え、不健康な状態になることをいいます。清浄度の主な指標物質として、浮遊粉じん、一酸化炭素（CO）、二酸化炭素（CO_2）が挙げられます。

換気方法としては、自然換気と機械換気に大別されます。

自然換気とは、パッシブ換気とも呼ばれ、風や室内外の温度差による浮力などの自然条件により行われる換気で、次の2つのに分けられます。**風力換気**は屋外の風圧力により生じる圧力差による自然換気で、換気量は風速に比例し、開口部面積に比例します。**重力換気**は、室内外の温度差により生じる空気の浮力による自然換気で、換気量は室内外の温度差および空気の出入口となる2つ

の開口部の垂直距離の平方根ならびに開口部面積に比例します。なお、給気口と排気口（排気筒）による自然換気を**第4種換気法**といいます。

機械換気（強制換気）とは、ファン（給気機、排気機）を用いて強制的に換気を行う方法で、実用上、一般的に機械換気が採用され、次の3種に分けられます。**第1種換気法**とは、給気機と排気機を用い、給気・排気とも機械で行う併用換気で、給気量と排気量の調節により、室内を外気圧に対して正圧、負圧のいずれにも保つことができる特徴があり、広く採用されます。**第2種換気法**とは、給気機により強制給気し、適当な位置の排気口から自然排気させる押込み換気で、室内は正圧となり他の部屋などからの汚染空気が侵入しないのでクリーンルームなどに用いられます。**第3種換気法**は、排気機により強制排気し、給気口より自然給気する吸出し換気で、室内は負圧となりドアを開いたとき、汚染空気が他室に流出しないので、便所、厨房などに採用されます。

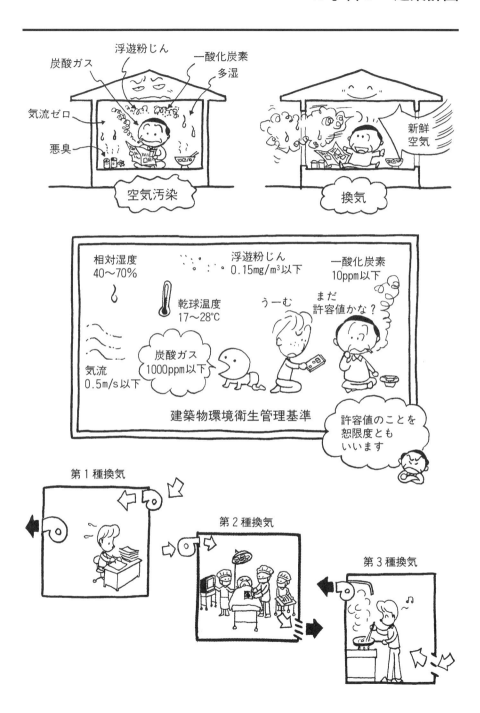

1.2.3 換気・伝熱

7 換気量および伝熱に関する用語

換気回数とは、1時間に室内の空気が外気と入れ替わる回数をいい、次式で計算します。

$$換気回数(回/h) = \frac{毎時の換気量(m^3/h)}{室容積(m^3)}$$

この計算式は、自然換気・機械換気の両者にも使用されます。なお、自然換気回数は内外の温度差を5℃とすると、木造真壁造で0.5〜3.0回/h、鉄筋コンクリート造では0.3〜1.0回/hとされます。

必要換気回数とは、必要換気量を室容積で割ったものをいいますが、CO_2発生量は在室人員数により大きく異なるので絶対的な必要換気回数は示せませんが、居室の用途に応じた標準的な必要換気回数は表のとおりです。

必要換気量とは、1人当たりに必要な換気量（成人では30〜35m^3/h、子供では約17m^3/h）で、在室者が発生するCO_2の増加に対し、これをCO_2の許容値（0.1%）以下に抑えるための換気量です。つまり、室内を快適、衛生的に保つために必要な最小限の換気量をいい、次式で計算します。

$$必要換気量(m^3/h) = \frac{CO_2 発生量(m^3/h)}{CO_2 の許容値 - CO_2 の外気濃度}$$

伝熱は、**熱移動**ともいい、熱が物質間を移動する現象の総称です。伝熱は一般的には次の3つの作用が複雑に絡み合って行われます。

熱伝導とは、物質内を熱が高温部から低温部に移動する現象です。**対流（熱対流）**は、流体の熱が流体の動きとともに移動する現象をいい、**放射（ふく射）**とは、空間をはさんで互いに離れている2つの物質の間で、熱が空間を通過して移動する現象をいいます。

熱伝達とは、対流と放射による流体と固体表面との間の熱移動をいいます。**熱伝達率**は、熱伝達の量の割合、すなわち、固体表面積1m^2当たり、表面と流体との温度差1℃（1K）当たりの単位時間に移動する熱量をいい、単位はW/(m^2・K）です。熱伝達率は熱の伝達のめやすを示す尺度で、気流速度（空気の動き）が大きいほど熱伝達率も大きいのです。

換気回数

各室の必要換気量（床面積1m²・1時間当たり）

室　名	換気量〔m³〕	室　名	換気量〔m³〕
事　務　室	6〜7	劇場，映画館	50
居　　　室	8	営業用食堂	25
百貨店売場	15	病　　室	15
浴室，便所	30	厨　　房	60
教　　室	20	図　書　館	15

室の用途別換気回数

建物種別	1時間当たり
住　　宅	2〜3回
事　務　室	2〜3回
教　　室	6回
劇　　場	8〜10回

呼吸による CO_2 の発生量

状　態	おとな1人当たりのCO_2の発生量〔m³/h〕	備　考
就寝時	0.011	子供の CO_2 の発生量は、大人の値の40〜70％であるが、平均50％として計算する
安静時	0.022	
作業時	0.028〜0.069	

対流

ホルムアルデヒドやトルエン等の化学物質が原因
↓
対策は換気

建築物の気密性の向上
（すき間風がない）

（シックハウス）

ホルムアルデヒド　天井

めまい
吐き気、頭痛
目・鼻・のどの痛み

家具

壁

冷房などで窓を閉めきったままで換気量が少ない

伝導

床

ラドン
土壌からの放射性物質

クロルピリホス
クロルピリホスは換気では濃度抑制は困難なので禁止になった
（令20条の6）

ふく射

地球

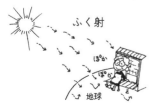

防蟻剤・
木材の防腐剤

1.2.4　伝熱・保温

8　伝熱・保温・結露に関する用語

熱伝導率とは、物体内を熱伝導により熱が移動する割合で、固体内の1mの間隔の2平行平面間において、断面積1m²について温度差1℃（1K）当たり単位時間に伝わる熱量で、W/（m・K）の単位で示します。熱伝導率は材料の熱の伝わりやすさを示す尺度であり、一般に、空隙が多くて比重が小さいものほど熱伝導率も小さくなります。

熱貫流とは、伝熱面の壁によって隔てられた2つの流体間の伝熱をいいます。例えば、壁の一方の空気から反対側の空気へ熱が伝わる現象をいいます。**熱貫流率**は、壁体の熱の伝わりやすさを示す尺度で、壁を隔てた2流体間の温度差でその間の熱流束を除した値をいい、単位はW/（m²・K）で示します。壁体の隅角部の熱貫流率は大きくなります。**熱貫流量**とは、壁体を貫流する熱量をいい、単位はWです。

熱容量とは、熱の蓄積されやすさを示す尺度で単位はkJ/Kです。熱容量の小さい物質ほど熱しやすく、冷めやすいのです。

断熱とは、熱の貫流に対する抵抗性能、すなわち、熱の移動を遮断することをいいます。

保温とは、材料の表面などを熱伝導率の小さい物質で覆って、断熱する措置（熱の移動を極力少なくする措置）をいい、詳しくは高温部からの放熱を防ぐ"保温"と、低温部分への吸熱を防止する**保冷**に区分されます。そして保温（保冷）に用いる熱伝導率の小さい材料を**保温材（保冷材）**といい、**断熱材**ともいいます。

結露とは、水蒸気を含んでいる空気（湿り空気）が冷却して露点以下になり、水蒸気が液化して露を結ぶことをいい、**壁体表面結露**と**壁体内部結露**に大別されますが、結露によりかびの発生、変色、腐食などの被害をもたらします。**結露防止**には、①壁体の断熱性能を高める。②内装材の表面温度を高める。③防湿材により壁体内部への水蒸気流入を防ぐ。④換気、減湿により室内空気の湿度を下げる（露点温度を下げる）などの措置が必要です。

材料の熱伝導率

材　　料	熱伝導率 〔W/(m・K)〕
銅　　板	372.1
アルミニウム板	208.8
鋼　　板	44.1
コンクリート	1.624
モルタル	1.392
ガラス	0.789
軽量ブロック	0.51
杉　　材	0.128
畳	0.116
グラスウール保温板	0.046

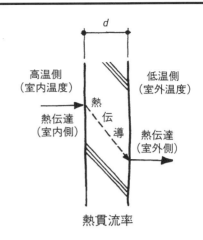

熱貫流率

各種外装の熱貫流率

種　別	熱貫流率 〔W/(m²・K)〕
①鉄骨造鉄板張り壁	4.872
ⓥ鉄筋コンクリート壁 （厚15cm、モルタル塗り）	3.712
ⓗ木造壁 （外部下見板張り大壁）	2.668
ⓔ軽量ブロック壁 （厚20cm、モルタル塗り）	2.436
ⓢⓗの木造壁にグラスウール断熱材入り	1.276

コップの外に
現れる水

（天井の断熱材の例）

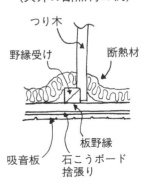

つり木
野縁受け
断熱材
板野縁
吸音板
石こうボード
捨張り

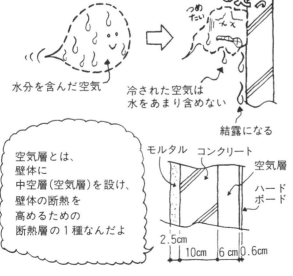

水分を含んだ空気

冷された空気は
水をあまり含めない

結露になる

空気層とは、
壁体に
中空層（空気層）を設け、
壁体の断熱を
高めるための
断熱層の1種なんだよ

モルタル　コンクリート
空気層
ハード
ボード

2.5cm
10cm　6cm 0.6cm

9 照度に関する用語

光度とは、光源からある方向にどれだけの強さの光が出ているかを示す度合をいい、単位はcdで示します。

光束とは、光源から出る光の量をいい、単位はlmで表します。

照度とは、光を受けている面の明るさを表す量で、単位はlxで示し、1m^{2}に1lmの光束で照らしている明るさを1lxとします。照度は光源との距離の2乗に逆比例します。例えば、光度100cdの電球の直下1mの照度は100lxですが、2m下では$\frac{1}{4}$の25lxになります。

照度基準とは、室内の用途などにより、適正な明るさが必要で、この基準をいいます。

輝度とは、光源を見ても照らされている面を見ても輝いて見えますが、この明るさを表すもので、つまり、視点方向への単位投射面積当たりの光度で、単位はcd/m^{2}を用います。視対象と背景の間に適度な輝度対比があると見やすいですが、視対象の付近に高輝度光源などがあると見にくくなり、これをグレアといいます。

昼光率とは、天空光による室内のある点における照度の全天空照度に対する割合をいい、次式で表します。

$$昼光率(\%) = \frac{室内のある点の照度}{その時の全天空照度} \times 100$$

すなわち、室内のある点の明るさは屋外の明るさに比例します。

昼光率は自然採光の場合の明るさの目安を示し、屋外の明るさとは無関係に、部屋の用途によって一定の基準が定められています。

全天空照度とは、天空光による、障害物の全くない地表面における水平面照度をいいます。

天空光とは、太陽からの可視放射のうち、空気分子、じんあい、雲などによる散乱、反射または再放射され天空から地表に到達する可視放射をいい、いわば拡散された空全体の明るさです。天空光は柔らかで安定しているので、採光計画では直射光より重視され、快晴時には全天空照度は約10000lx、空一面が白い薄曇りのときは約50000lxです。

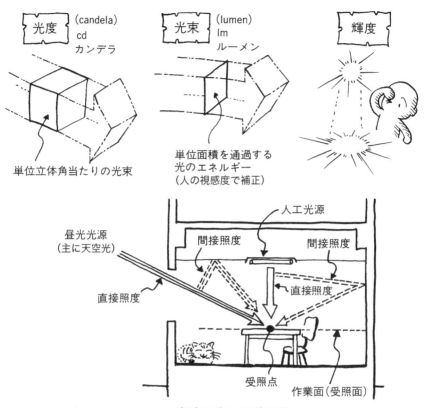

光度 (candela) cd カンデラ

光束 (lumen) lm ルーメン

輝度

単位立体角当たりの光束

単位面積を通過する 光のエネルギー （人の視感度で補正）

人工光源

昼光光源 （主に天空光）

間接照度　　　間接照度

直接照度

直接照度

受照点

作業面（受照面）

直接照度と間接照度

照度基準表

推奨照度 ＼ 建物	事務所	病院	学校	住宅
750lx	事務室 玄関ホール		製図室	勉強・読書
500lx	事務室 会議室 玄関ホール	診療室 救急室 細菌検査室	黒板面 図書閲覧室	VDT作業
300lx	受付		一般教室	食卓・調理台
200lx	娯楽室 食堂 廊下 洗面所 更衣室	一般検査室 看護師室 待合室	講堂	娯楽・団欒 応接テーブル
100lx	階段 玄関車寄せ	病室（夜は50 〜100lx） X線室 病棟廊下	廊下 階段	応接室 食堂 台所（全般）
50lx				玄関 廊下

設計用全天空光照度

特に明るいとき （薄曇り、雲の多い晴天）	50000 lx
明るいとき	30000 lx
普通のとき	15000 lx
暗いとき	5000 lx
非常に暗いとき （雷雲、降雪中）	2000 lx
快晴の青空	10000 lx

1.2.5 採光・照明

10 採光・照度に関する用語

採光とは、自然光（太陽光）を室内に採り入れること、つまり昼光照明のことをいいます。

昼光照明とは、昼光（太陽光）を光源とする照明、つまり、昼光を建築物の内部または近傍に導入し、生活や作業にふさわしい環境を形成する照明技術をいい、光源としてはもっぱら天空光が利用されます。

採光計画とは、昼光照明により各作業位置などで、適正な照度を得られるように計画することをいい、そのポイントは、①窓は大きく、天井面に近く、距離が近いほどよい。②縦長窓は横長窓に比し均一な明るさが得られる。③天窓は側窓に比べ3倍の効果があり均一な明るさとなる。④北側採光は照度が均一となる。

天窓採光とは、屋根または天井面に設けた窓、いわゆる天窓（トップライト）による採光をいい、雨仕舞、断熱などでは不利ですが、採光量が多く、照度分布が均一で、近隣の影響を受けにくい利点があり、住宅のほか美術館や博物館などで採用されます。

北側採光とは、北側の側壁に窓を設け、北側から採光する方法で、秋から春まで直射日光が入らず安定した柔らかい北側光線が入るので、美術館、博物館、アトリエ、製図室、工場などに広く採用されます。

南側採光とは、南側の側壁に設けた窓から採光するもので、教室や住宅などで広く採用されます。

人工照明とは、LEDや蛍光灯など各種放電灯を用いた照明技術を総称していい、昼光照明が季節、時刻、天候により大きく変動するのに対して、人工照明は変動しない特徴があります。

照度分布とは、受照面上の照度の分布状態または受照面上のある1つの直線上の照度の変化状態をいい、採光による室内の照度分布は、窓の大きさ、形、位置、配置、室内の壁などの仕上げによって変わります。

グレアとは、照明器具におけるまぶしさのことをいい、グレアを生じさせない基本は、人の水平方向の視線と30°をなす角度以内に天井の照明器具の光源が入らないようにすることです。

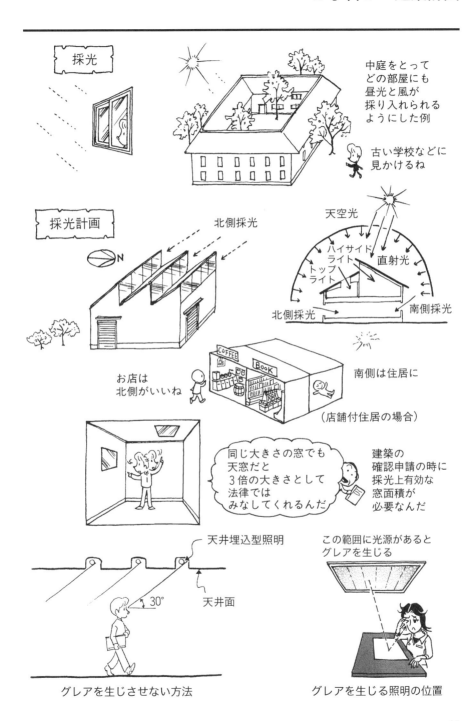

採光

中庭をとって
どの部屋にも
昼光と風が
採り入れられる
ようにした例

古い学校などに
見かけるね

採光計画

北側採光

N

天空光

ハイサイドライト
トップライト

直射光

北側採光

南側採光

お店は
北側がいいね

COFFEE
BOOK

南側は住居に

（店舗付住居の場合）

同じ大きさの窓でも
天窓だと
3倍の大きさとして
法律では
みなしてくれるんだ

建築の
確認申請の時に
採光上有効な
窓面積が
必要なんだ

天井埋込型照明

30°

天井面

グレアを生じさせない方法

この範囲に光源があると
グレアを生じる

グレアを生じる照明の位置

11 音に関する用語

デシベル(dB)とは、音圧レベルや音響パワーレベル(音響出力レベル)、騒音レベル、振動レベルを表す物理的尺度としての単位です。

音とは、音波またはそれによって起こされる聴覚的感覚をいいます。音の三要素とは、音の心理的要素である音の大きさ、音の高さ、音色の3つの要素をいい、これに影響を与える音の強さ、周波数、波形を音の物理的三要素といいます。音の種類はこの音の物理的三要素ですべて決定されます。

音の強さとは、音場の1点において、音波の進行方向に垂直な単位面積を単位時間に通過する音響エネルギーをいい、単位は W/m^2 で示します。人間が聞くことのできる最小の音の強さは $10^{-12}\,W/m^2$ で、これを基準として、ある音の強さと基準の音の強さとの比の常用対数の10倍の値を音の強さのレベルといい、単位はdBで示します。

音の高さは、周波数の高低で決まります。音の大きさは、音の強さのほか、周波数の影響を受け、低い周波数の音は小さく聞こえ、3000～4000Hz付近の音が最も大きく聞こえます。

音速とは、空気中を音が伝わる速さをいい、通常、気温15℃で約340 m/sです。

固体伝搬音とは、コンクリートなど固体に音が伝わることをいい、この場合の音速は空気中よりもずっと速くなります。空気伝搬音は壁体に当たると一部は反射し、一部は壁体に吸収され、一部は壁体を通過します。

吸音とは、吸収音と透過音の合計、つまり反射しなかった音のことをいいます。遮音とは、音の伝搬を遮断することです。透過損失とは、入射音が壁などによって遮音される量、すなわち透過した音が入射した音よりエネルギー的にどれだけ弱くなったかを表すもので、単位はdBです。コンクリートやレンガなど、比重が大きく厚さが厚いほど、一般に遮音性能が高くなります。なお、一般に高音ほど透過損失が大きくなります。

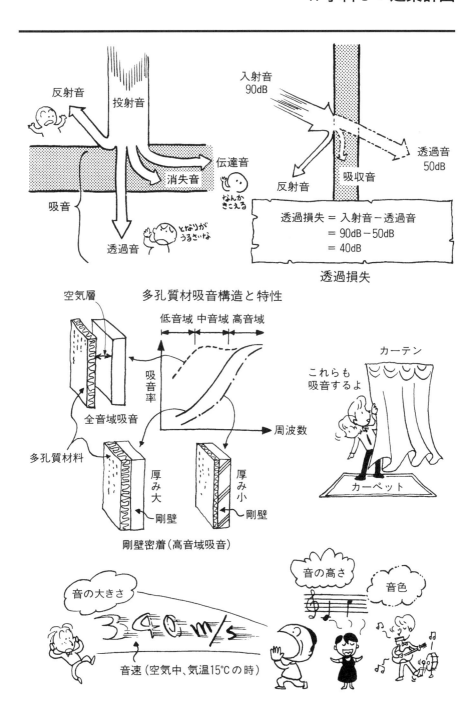

反射音

投射音

入射音
90dB

伝達音

消失音

なんか
きこえる

吸音

透過音
50dB

透過音

吸収音

反射音

となりが
うるさいな

透過損失 ＝ 入射音ー透過音
　　　　＝ 90dBー50dB
　　　　＝ 40dB

透過損失

多孔質材吸音構造と特性

空気層

低音域 中音域 高音域

吸音率

全音域吸音

周波数

多孔質材料

厚み大

厚み小

剛壁

剛壁

剛壁密着（高音域吸音）

カーテン

これらも
吸音するよ

カーペット

音の大きさ

音の高さ

音色

340m/s

音速（空気中、気温15℃の時）

1.2.6 音響

12 騒音に関する用語

騒音とは、心理的に不快に感じる音をいいます。

騒音レベルとは、JIS に定めるサウンドレベルメータ（騒音計）で、周波数回路を **A 特性**（聴感補正）にして測定して得られる音圧レベルをいい、単位は dB が用いられます。騒音が 10 dB 上がると 2 倍やかましく感じ、10 dB 下がるとやかましさが半分に感じられます。

許容騒音レベルとは、騒音の許容基準値をいい、騒音の許容量は住宅の寝室で 40 dB、屋内スポーツ施設で 60 dB、テレビスタジオで 30 dB を標準としています。

騒音防止対策は次の 3 つに大別して措置します。

(1)室外からの騒音侵入防止：①外壁の材料・構造を遮音性能の高いものとする。②開口部を小さくし、気密性を増す。

(2)室内の騒音発生防止：天井、壁、床などの材料、構造を吸音性能の高いものとする。

(3)振動騒音防止：①壁体を重いもの、厚いもので構成する。②構造材と仕上材の間に空間を設けたり、防振材を使用する。

吸音率とは、入射した音に対する吸収・透過した音の比率をいい、次式で示します。

$$吸音率 = \frac{反射しなかった音のエネルギー}{入射した音のエネルギー}$$

吸音率は一般に、表面が軽くて柔らかい材料が大きく、硬く重い材料は小さくなります。吸音率の大きい材料を**吸音材**といい、高音をよく吸収する多孔質材料、中音をよく吸収する穿孔板材料（孔あき板など）、低音をよく吸収する板状材料があります。

吸音力（等価吸音面積）とは、吸音率に壁体表面積を掛けた値をいい、単位は m² です。室内の吸音力を大きくすると、残響時間を短くでき、騒音が減少されます。

残響とは、ある音源が止まった後もその音が残っている現象をいい、音源が停止時の大きさから 60 dB 下がるのに要する時間を**残響時間**といいます。

許容騒音レベル

室　名	許容量〔dB〕
ラジオスタジオ、テレビスタジオ	25 〜 35
音楽室（観客がいないとき）	30 〜 35
劇場（観客がいないとき）	30 〜 35
病院、住宅、ホテル、講堂	35 〜 40
映画館、オーディトリアム、教会	35 〜 40
会議室、小事務室、図書館	40 〜 45
教室	45 〜 50
屋内スポーツ施設	55 〜 60

吸音率

材　料　名	吸音率
グラスウール	0.80
木毛セメント板	0.75
カーテン（厚地）	0.63
厚　板（松）	0.10
モ ル タ ル	0.08
ガ ラ ス	0.03
コンクリート	0.02
大 理 石	0.01

（人間の耳）

音の大きさレベル → phon

サウンドレベルメータ（騒音計）

騒音レベル → dB

吸音材

吸音域	材料	吸音材	吸音特性
高音域	グラスウール ロックウール 木毛セメント板	多孔質材料	吸音率／周波数
低音域	合板 ハードテックス スレート板 プラスチック板	板状材料	吸音率／周波数
中音域	穿孔金属板 穿孔合板 穿孔硬質繊維板	穿孔板材料	吸音率／周波数

13 音響および色彩に関する用語

最適残響時間とは、残響時間には部屋の用途により適正値があり、この適正値をいいます。最適残響時間は用途のほか規模（室容積）によって異なり、20000m³ のホールや劇場などでは2秒程度と長く、1000m³ の講演会場など話を聞く部屋では、0.8秒程度と短くします。

反響（エコー）とは、直接音と反射音との到達時間が $\frac{1}{20}$ 秒以上ずれて、2つの音として聞こえる現象をいい、反響は、反射面を吸音材とすることで防止することができます。

明瞭度とは、試験用音声に含まれる音声単位の総数のうち、正しく聞き取れる音声単位の割合を百分率で示したもので、室内の音の聞き取りやすさを表す尺度です。明瞭度は残響時間、騒音、音圧分布などの条件により異なりますが、一般に残響時間が長いほど明瞭度は低下し、85％以上であれば良好、70％以下の場合は不良とされます。

マスキングとは、小さい音が大きい音のために聞えなくなる現象をいいます。

マンセル表色系とは、色相（H）、明度（V）、彩度（C）という**色の三属性（色の三要素）**によって物体色を表す表色系です。

色相とは、赤R、黄Y、緑G、青B、紫Pなどのような、色知覚の性質を特徴付ける色の属性をいい、以上の5色とその中間色、橙 YR、黄緑 GY などの計10色で構成され、各色相はさらに10分割されます。赤（R）から赤紫（RP）の10色を環状に配置したものを色相環といい、中心をはさんで相対する色は補色の関係になります。

明度とは、色の心理的三属性の1つで、色の明るさをいい、理想的な黒を0、理想的な白を10として11段階で示します。

彩度とは、色味の強さの度合をいい、**無彩色**（色相をもたない白、灰色、黒）からの離れ方を数字で示したもので、数字が大きいほど色味の強い鮮やかな色になります。例えば、純色の赤は5R4/14 → 5R（＝色相）4（＝明度)/14（＝彩度）と表します。

残響時間は講演会では0.7〜0.8秒程度

マスキング

クラシックなどは2〜2.2秒と長いほうが良い

直接音と反射音の経路差($\ell_2 - \ell_1$)が約17m以上になるとエコーが発生する

マンセルの色立体

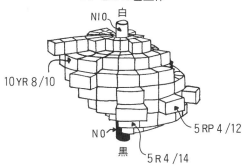

NI0　白
10YR 8/10
N0
黒
5R 4/14
5RP 4/12

フラッターエコー
鳴竜だ

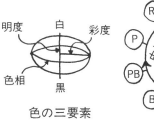

明度　白　彩度
色相　黒
色の三要素

R
RP　YR
P　暖色　Y
中性色　中性色
PB　寒色　GY
B　G
BG
色相環

1.2.8 色彩

14 色彩に関する用語

色彩効果に関する用語には次のようなものがあります。進出色とは、暖色系の赤 R、橙 YR、黄 Y、赤紫 PR をいい、後退色は寒色系の緑 G、青緑 BG、青 B、紫青 PB をいいます。膨張色は実際よりも大きく見える色で、一般に明るい色、橙 YR などです。収縮色とは実際よりも小さく見える色で、一般に暗い色、青 B などです。面積効果とは、面積が大きくなると色は明度・彩度とも高くなることをいい、色見本より壁などの仕上げ面は明るく鮮やかになります。

色対比とは、2 つの色が相互に影響し、その相違が強調されて見える現象で次の数種があります。

色相対比とは、色相の違った 2 つの色を並べると、互いに影響しあって色相の差がより大きく見える現象をいいます。

明度対比とは、明度の違った 2 つの色を並べると互いに影響し合って、明度の差が大きく見える現象で、例えば、暗い色のそばにある明るい色は極めて明るい色に見えるわけです。

彩度対比とは、同色で彩度の違った 2 つの色を並べると、彩度の差が大きく見える現象です。

補色対比とは、互いに補色関係にある色を並べると、互いに彩度を高め、両方とも鮮やかに見える現象をいいます。例えば、赤と青緑を並べると、その境界線がギラギラして見えます。

補色残像とは、ある色を見つめた後に白い壁などを見ると、その補色の像が見える現象です。手術室の壁を薄緑色にするのは、血液などの補色残像を見えにくくするためです。

色彩調整(カラーコンディショニング)とは、目の疲労を減らし精神を安定させたり、作業能率の向上を図るなどの目的で室内環境の快適性を高めるため、科学的な配色を行うことをいいます。例えば、工場では明度の高い緑系（7 以上）を使用し、病室では患者の心理的圧迫を避けるため、彩度の高い色や白色は使用しないのです。

色彩効果

進出色

膨張色

後退色

収縮色

面積効果

同じ色でも
面積が違うと
見え方が違う

青　赤

暗いところでは
同じ明度でも青の方が
赤より明るく見える

プルキンエ現象

暗順応 の方が
時間が
かかる…

暗い
ところ
から

明順応

明るい
ところへ

〈目が慣れる時間〉

サンプル

室内の壁の色を
決めるとき
色の見本で適当だと
思う色よりも
明度・彩度の低い色を
選ぶのがよい

〈防火〉　赤

火気
厳禁

白(文字等も)

立入
禁止

赤

黒

白

危険

黄赤

黒

注意

黒

黄

緑　白

〈救護〉

青

修理中

文字は白

〈用心標式〉

JIS Z 9101の
安全色彩使用通則では
青は用心を
表すよ

黄

赤紫

〈放射能〉

15 空調・換気設備に関する用語

空気調和設備とは、**空気調和**すなわち、室内の空気を清浄にし、温度、湿度、気流などを快適な状態に調整する装置で、空気冷却器、空気加熱器、加湿器、エアフィルタおよび送風機、ダクト、冷却塔などで構成されるものです。

空気調和機とは、空気調和設備のうち、空調の目的を達するために必要な機器を1つのケーシングに納めた空気調和ユニットです。

エリミネータとは、水噴霧加湿器を通過した空気中の水滴を除去する装置をいいます。

単一ダクト方式とは、1本のダクトに冷風または温風を送り、各室の吹出し口より供給し空調を行う方式です。定風量（CAV）方式と変風量（VAV）方式があります。

パッケージユニット方式は、冷凍機（またはヒートポンプ）・ファン・フィルタなどを内蔵したユニットで空調する方式で、冷凍機を分離して室外機に設置するもの（ルームエアコン）や、1台の室外機に複数の室内機を接続するマルチパッケージ方式があります。

ファンコイルユニット方式は、冷・温水コイル・ファン・フィルタなどをケーシングに納めた小型の空調機（ファンコイルユニット）まで中央機械室のボイラや冷凍機から、冬は温水を夏は冷水を供給して空調を行う方式で、各室の個別制御が確実に行えます。

自然換気設備とは、重力換気方式で、換気上有効な給気口および排気口を有する構造のものをいい、**機械換気設備**は、機械換気方式に必要なファン（送風機、排風機）、ダクトなどをいいます。**ファン（送風機）**とは、羽根車をモータによって回転させ、空気を吸込み、これに圧力を与えて送り出す機械で、遠心送風機と軸流送風機に大別されます。**ダクト（風道）**は、空調用などの空気を輸送するための長方形、丸形の断面をした通風路をいいます。**ダンパ**とは、ダクト内に設けダクト内の風量を調節するための板をいいます。**吹出し口**は、供給空気を室内に送入するための供給口をいい、**アネモスタット**などがあります。

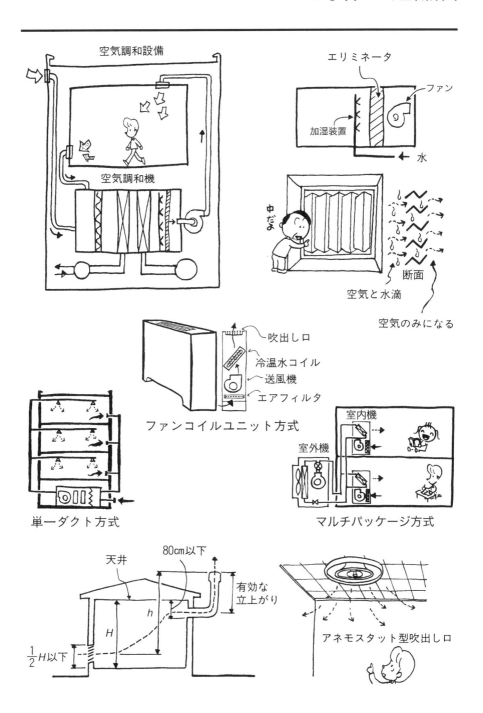

空気調和設備

空気調和機

エリミネータ

ファン

加湿装置

水

中だま

断面

空気と水滴

空気のみになる

吹出し口

冷温水コイル

送風機

エアフィルタ

ファンコイルユニット方式

単一ダクト方式

室内機

室外機

マルチパッケージ方式

天井

80cm以下

有効な立上がり

h

H

$\frac{1}{2}H$以下

アネモスタット型吹出し口

1.3.1 空調設備

16 冷・暖房設備に関する用語

冷凍機とは、冷媒の蒸発熱を利用して冷凍作用を行う機械をいい、冷媒の圧縮方法により圧縮冷凍機と吸収冷凍機に大別されます。

冷却塔（クーリングタワー）とは、水冷式冷凍機の冷却水を再循環使用するための熱交換器、つまり、FRP製の格子などを充てんした塔の上から温水（使用済みの冷却水）を流し、これを大気と向流また直交流で接触させて水を冷却する装置です。

冷凍トン（RT）とは、冷凍機を24時間連続運転した場合、何トンの重さの氷をつくる能力があるかという冷凍機の冷凍能力を表す尺度（単位）です。

ヒートポンプ（熱ポンプ）とは、冷凍機を本来の目的である冷却のためだけではなく、冷房のときとは逆に、冷凍機の凝縮器でつくられる熱を利用し、暖房にも用いるようにした冷凍機のことです。蒸気暖房とは、ボイラからの蒸気を空調機の空気加熱器や室内のラジエータやコンベクタに供給・放熱し、暖房を行う方式で、放熱により潜熱を失った凝縮水は、蒸気トラップより排出さ

れ、ボイラに戻し給水として循環使用します。大規模ビルや工場に適します。温水暖房とは、ボイラからの温水をラジエータなどに供給し、暖房する方式で、放熱により温度低下した温水はボイラの給水として循環使用されます。住宅、ホテル、病院などに適しています。温風暖房とは、加熱した空気をダクトにより各室に送風し暖房を行う方式をいいます。放射暖房は各室の床の配管やパネルなどに温水を供給して主に放射熱によって暖房を行う方式をいいます。床暖房の場合は、表面温度を29℃以下にします。

ボイラとは、燃焼ガスなどにより水を加熱して、大気圧を超える圧力の蒸気または圧力を有する温水を発生させる機械をいい、前者を蒸気ボイラ、後者を温水ボイラといいます。

ラジエータは、熱媒（温水・蒸気）の熱を放射と対流で放散する放熱器で、主に鋳鉄製が用いられます。

コンベクタは、自然対流形のファン付き管を鋼板製ケースに納めた暖房用放熱器です。

冷凍機の種類と用途

方式	種類		用途
蒸気圧縮式	往復動冷凍機（レシプロ冷凍機）		空調用（小・中容量 100 Rt 程度以下）・冷凍用
	遠心冷凍機（ターボ冷凍機）		空調用（大容量 100 Rt 程度以上）・冷凍用（大容量）
	回転冷凍機	ロータリ冷凍機	小形—空調用（ルームエアコン）中・大形—冷凍用
		スクリュー冷凍機	空調用（ヒートポンプ）・冷凍用
吸収式	吸収冷凍機		空調用

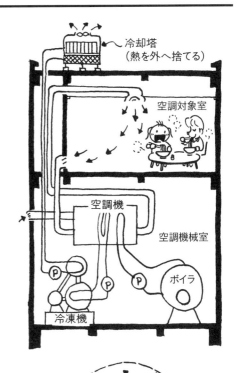

冷却塔（熱を外へ捨てる）

空調対象室

空調機

空調機械室

ボイラ

冷凍機

蒸気暖房と温水暖房

	蒸気暖房	温水暖房
設備費	安い	高い
経常費	やや高い	安い
操作	難しい	やさしい
快適さ	やや悪い	良い
予熱	早い	遅い
冷却	早い	遅い
騒音	あり	なし
凍結の危険	なし	あり
適用される建物の例	大規模事務所・学校・工場	住宅・アパート・病院（病室）・中小規模事務所

（コンベクタ）

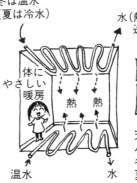

冬は温水（夏は冷水）

体にやさしい暖房

熱　熱

温水　水

水（熱を部屋に送って水になる）

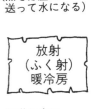

放射（ふく射）暖冷房

天井や床にパイプを施して冬は温水、夏は冷水を通す

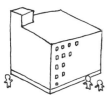

空調設備が進歩したおかげで外気に面していない部屋のあるビルが建てられるようになりました

1.3.2 給排水設備

17 給水設備に関する用語

一般建築物の給水設備は**給水量**を基礎として計画しますが、給水量は人員、使用器具によって求めるのです。基準値は表に示すとおりです。

建築物内の上水の給水方式としては、次の5方式が採用されます。

直結直圧方式とは、水道本管の水圧で所要箇所に給水するもので、3階建てまでの建物に適用されます（5階建てまで可能な自治体もあります）。

直結増圧方式とは、水道管に増圧ポンプを直結して給水する方式で、5階建てまで、または10階建てまで給水可能です。

高置タンク方式とは、ビルの屋上などの高所に高架水槽を設置し、受水槽からポンプで揚水、貯水し、落差の水圧により、所要箇所に給水するもので、3階以上の建物に用いられます。

圧力タンク方式は、圧力水槽内の水を圧縮空気で加圧し給水する方式です。

ポンプ直送方式は、受水槽からポンプで所要箇所に給水します。

給水管とは、建物内の上水の給水のために用いる管をいい、主に硬質塩化ビニル管が用いられます。

給水弁とは、給水配管の途中に設けて、水を止めたり、水量調節のために用いるバルブで、**仕切弁**（弁体が流体の通路を垂直に仕切って開閉を行うバルブ）、**玉形弁**（球形状の弁箱をもち、流体の流れがS字状となるバルブ）、**逆止め弁**（**チェッキ弁**ともいい、弁体が流体の背圧によって逆流を防止するバルブ）、**ボールタップ**（水槽の給水時、フロートの浮力により自動的に給水を停止するバルブ）などがあります。

クロスコネクションとは、上水給水配管と上水以外の配管の誤接合をいい、衛生上の見地から厳禁されています。**ウォーターハンマー（水撃作用）** とは、給水弁などを急開閉した場合、給水管内の水圧が異常上昇、低下し圧力波が生じて流体に伝わり、管壁を叩き、振動し、衝撃音を出す現象をいいます。流速を下げたり、水撃防止装置（エアチャンバー）などで緩和します。

用途別使用水量

	使用者	使用水量〔L/day〕	使用時間〔h/day〕
住宅・共同住宅	居住者1名につき	200〜400	10〜15
小・中学校	生徒・職員1名につき	70〜100	9
事務所	在勤者1名につき	60〜100	9
病院	病床1につき	1500〜3500	16
ホテル	客1名につき	500〜6000	12
百貨店	延べ面積1m²につき	15〜30	10
劇場	延べ面積1m²につき	25〜40	14

キキキ 急停止は
車を
傷める
ように
給水弁などの
急開閉は配管を
傷める

バックフロー（例）

水道工事などで
突然断水が起こると
配水管内が負圧になる

あふれてる
早く止めなくちゃ

汚い水

逆流してしまう

バケツに
つけたままの
ホース

キュキュキュ

ウォーターハンマー

各器具への接続管径〔mm〕

洗面器（給水栓）	15
風呂（給水栓）	20
シャワー（混合弁）	15
料理場流し（給水栓）	20
洗濯・掃除流し（給水栓）	20
大便器フラッシュバルブ	25
〃 シスターン	15

直結増圧方式

洗浄弁

量水器

水道本管

増圧給水設備

圧力タンク方式

圧力水槽

受水槽

量水器

給水ポンプ

水道本管

直結直圧方式

2階建て
ぐらいの
高さなら
ポンプは
いらない

量水器

水道本管

高置タンク方式

高置水槽

受水槽

量水器

揚水ポンプ

水道本管

ポンプ直送方式

量水器

受水槽

ポンプ

1.3.2　給排水設備

18　排水・衛生設備に関する用語

排水の種類には次の3つがあります。汚水排水とは、水洗便所からのし尿を含む排水をいい、雑排水は洗面・手洗器、浴槽、流し台などからの排水です。雨水排水は雨水、湧水の排水をいいます。

排水管としては、排水用鋳鉄管、硬質塩化ビニル管、陶管、鉄筋コンクリート管などが用いられます。

屋内排水とは、屋内各所からの排水を屋外排水管へ導く設備をいい、建物外壁面から1mまでの管を指します。屋内排水管の配管勾配は、管径75mm以下では$\frac{1}{50}$以上、75～100mmは$\frac{1}{100}$以上とします。

屋外排水とは、屋内排水の各系統を合流して公共下水道へ導く設備をいい、排水管は地盤凍結面以下に埋設します。

排水トラップとは、封水によって排水管内の悪臭、有毒ガスなどが、洗面器などの衛生器具の排水口から室内に逆流、侵入するのを防止する器具をいいます。封水破壊（破封）とは、排水トラップの封水がなくなり排水管からの悪臭、有毒ガスが室内に逆流出してくる現象をいいます。破封の原因は、①自己サイホン作用、②吸引作用、③はね出し作用（逆圧作用）、④蒸発作用、⑤毛細管作用などです。

通気管（ベントパイプ）とは、排水配管において、排水トラップの破封を防止し、かつ、排水の流動を円滑にさせるため、管内の排水による気圧変化を大気に逃がし、管内をつねに大気圧に維持するために設ける大気に開放した管をいいます。通気管の配管方式としては、各個通気方式・ループ通気方式・伸頂通気方式などがあります。

浄化槽とは、し尿、またはし尿と併せて雑排水を処理し、公共用水域に放流するための施設をいい、公共下水道施設がない地域では浄化槽を設置します。汚水のバクテリア中に存在する嫌気性菌、好気性菌の性質を利用して浄化し、腐敗槽、ろ過槽、酸化槽、消毒槽などで構成されます。

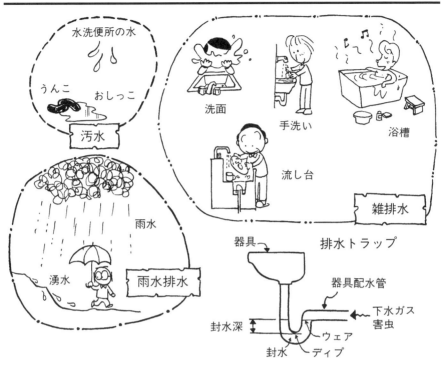

排水管の太さ

管径〔mm〕	器具名・場所
100	大便器
50〜100	床排水
40〜50	掃除流し・料理流し
40	洗濯器・小便器

トラップの種類

Sトラップ	Pトラップ	Uトラップ	わんトラップ	ドラムトラップ
一般的	最も多い	横走管途中に設置	床排水用	台所流し
サイホン作用を起こしやすい	封水破壊が少ない	封水破壊が多い	封水安定が悪い	封水安定が良い

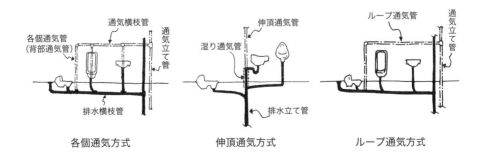

各個通気方式　　　伸頂通気方式　　　ループ通気方式

19 屋内配線方式に関する用語

オームの法則とは、電流 I は電圧 E に比例し抵抗 R に反比例するという法則、すなわち、

$$I = \frac{E}{R}、\quad E = I \cdot R$$

で表されます。

配電方式とは、変電所より需要者へ配電する方式をいい（需要者から見ると**受電方式**）、次のように大別されます。**低圧引込み方式**とは、電柱などの変圧器より**低圧**（600 V 以下）で受電し、住宅など小規模建物などに配電される方式で、**高圧引込み方式**とは、電力会社より**高圧**（600〜7000 V）または**特別高圧**（7000 V 以上）で受電し、各建物の変圧設備により減圧して配電するもので大規模建物に適用されます。

建物内の電気機器に電気を供給するための**屋内配線方式**は次の 3 種に大別されます。**単相二線式**とは、1 本を電圧側電線とし、他の 1 本をアース線として電気供給するもので、電圧は 100 V で、電灯回路に用います。**単相三線式**は、柱上変圧器から 3 本の電線が出され、真中をアース線とし、両隣りの電線を電圧側電線とし、アース線に対してそれぞれ 100 V の電圧を保ち、100 V と 200 V の電圧を供給する方式です。100 V は電灯、コンセントとして使い、200 V は大型電熱器や 40 W 蛍光灯などに使用するもので、住宅などの屋内配線の主流を占めています。**三相三線式**とは、3 本の電線を 1 組とし、電線相互間の電圧を 200 V とする配線方式で、ビルや工場の低圧動力用とされるものです。

なお、**配線に使用する電線**は、径 1.6 mm 以上の電線を使用し、屋内配線は負荷電流を考慮し、幹線といくつかの分岐回路を設け、負荷電流は

　白熱灯 100 V … 1 A

　蛍光灯 20 W … 0.3 A

　コンセント…… 1.5 A

として分岐回路を計算します。

電気の単位は、**電流** I は A（アンペア）、**電圧** E は V（ボルト）、**抵抗** R は Ω（オーム）、**電力** P は W（ワット）、**周波数**（交流の電流が毎秒当たりの方向を変化させる回数）は Hz（ヘルツ）です。

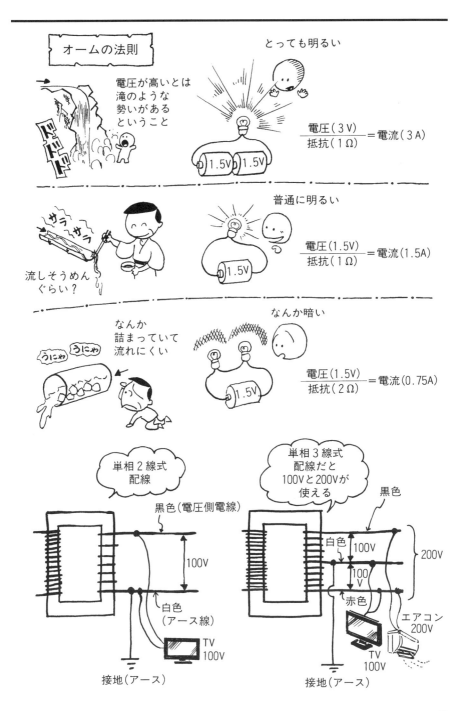

オームの法則
とっても明るい
電圧が高いとは
滝のような
勢いがある
ということ
ドドド
1.5V
1.5V
電圧（3V）/抵抗（1Ω）＝電流（3A）
普通に明るい
サラ
サラ
流しそうめん
ぐらい？
1.5V
電圧（1.5V）/抵抗（1Ω）＝電流（1.5A）
なんか暗い
なんか
詰まっていて
流れにくい
うにゃ
うにゃ
1.5V
電圧（1.5V）/抵抗（2Ω）＝電流（0.75A）

単相2線式
配線
黒色（電圧側電線）
100V
白色
（アース線）
TV
100V
接地（アース）
単相3線式
配線だと
100Vと200Vが
使える
黒色
白色
100V
100
V
200V
赤色
エアコン
200V
TV
100V
接地（アース）

1.3.3 電気・照明設備

20 配線工事および照明設備に関する用語

配線工事とは屋内配線などの敷設（工事）をいい、小規模建物では主に次の2つが採用されます。フロアダクト工事は、床下に鋼板製のダクトを埋め込み、ダクト内に電線を格納し、室内の各所へ配電する形式で、広い床面積を有する事務所などで採用されます。金属管工事とは、電線を保護し配線施工を容易にするため、金属管（鋼製電線管いわゆるコンジットチューブ）を敷設して、この中に絶縁電線を通す方式です。管内で電線を接続してはならず、接続点（分岐点）には必ずプルボックスやアウトレットボックスなどの鋼板製箱を用います。

照明方法としては主に次の3方式が採用されます。直接照明とは、光源からの光の大部分が直接、被照面に投射するような反射傘、ルーバなどの器具を用いて照明する方式です。間接照明とは、光源の光を全部、天井や壁面に直接投射し、その拡散反射による拡散光によって間接的に被照面を照明する方式で、効率は悪いのですが雰囲気照明として用いられます。全般拡散照明とは、

光源からの直接光が40～60％の範囲で被照面を照らすもので、間接照明と直接照明の中間的な照明方式です。

建築化照明とは、天井・壁などに照明器具を埋め込むなどして、器具を目立たさないで照明することをいい、光天井、ルーバー天井、コーブ照明などがあります。

必要光束の計算は次式です。

$$\text{光束 (lm)} =$$

$$\text{必要照度 (lx)} \times \text{室面積 (m}^2) \times \frac{\text{減光補償率}}{\text{照明率}}$$

減光補償率は直接照明で1.4、間接照明で1.5～2.0とします。

光源には、LED、蛍光灯、白熱灯、メタルハライド灯、ナトリウム灯などのHIDランプなどがあります（右表参照）。

演色性とは、人工照明下で光源が実際の物体の色をどの程度忠実に表しているかを示す尺度をいい、自然光に近いほど演色性がよいといいます。

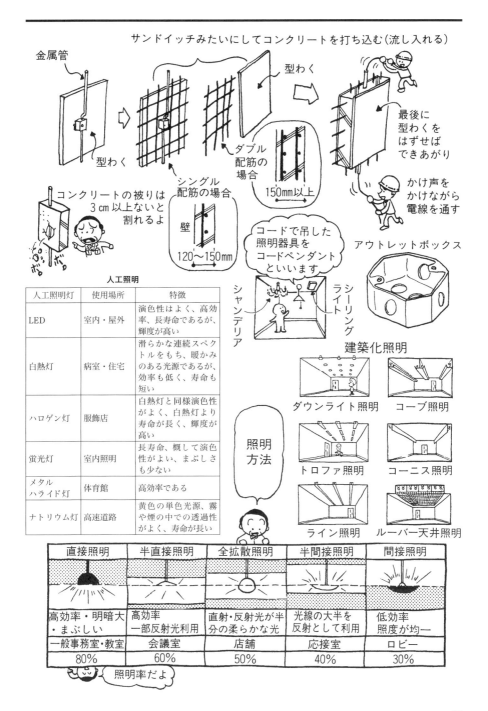

サンドイッチみたいにしてコンクリートを打ち込む（流し入れる）

金属管

型わく

型わく

シングル配筋の場合

ダブル配筋の場合

150mm以上

最後に型わくをはずせばできあがり

コンクリートの被りは3cm以上ないと割れるよ

壁
120〜150mm

かけ声をかけながら電線を通す

コードで吊した照明器具をコードペンダントといいます

シャンデリア　シーリングライト

アウトレットボックス

人工照明

人工照明灯	使用場所	特徴
LED	室内・屋外	演色性はよく、高効率、長寿命であるが、輝度が高い
白熱灯	病室・住宅	滑らかな連続スペクトルをもち、暖かみのある光源であるが、効率も低く、寿命も短い
ハロゲン灯	服飾店	白熱灯と同様演色性がよく、白熱灯より寿命が長く、輝度が高い
蛍光灯	室内照明	長寿命、概して演色性がよい、まぶしさも少ない
メタルハライド灯	体育館	高効率である
ナトリウム灯	高速道路	黄色の単色光源、霧や煙の中での透過性がよく、寿命が長い

照明方法

建築化照明

ダウンライト照明　　コーブ照明

トロファ照明　　コーニス照明

ライン照明　　ルーバー天井照明

直接照明	半直接照明	全拡散照明	半間接照明	間接照明
高効率・明暗大・まぶしい	高効率一部反射光利用	直射・反射光が半分の柔らかな光	光線の大半を反射として利用	低効率照度が均一
一般事務室・教室	会議室	店舗	応接室	ロビー
80%	60%	50%	40%	30%

照明率だよ

47

1.3.4　防災・昇降機

21　防災・昇降機に関する用語

　自動火災報知設備（火災報知器）とは、火災時の熱、煙または炎を感知器によって感知し、自動的に警報を発する装置で感知器、受信機、音響装置などから構成されます。

　屋内消火栓設備とは、屋内火災に対して建物内の関係者が放水用具を移動、操作して消火活動を行う水消火設備です。**屋外消火栓設備**は、ビルなどの1〜2階の火災や隣接建物への延焼防止のため、建物外からの消火活動を行う水消火設備をいいます。**スプリンクラー設備**とは、火災発生時に天井面に取り付けてあるスプリンクラーヘッドより、火源とその周辺に大雨状に散水落下（水滴状に放水）させ、火災を効率よく消化するための水消火設備をいいます。

　連結送水管とは、高層建築物内の火災時に、建物外部に取り付けた**送水口**を通じ、消防ポンプ自動車から送水を行い、建物内の放水口より放水を行うための消火活動上必要な施設をいいます。

　ドレンチャー設備とは、近接の建物の火災から当該建物への延焼を防ぐため、当該建物の外部全体に水を大雨状に落下させ水幕を張る装置をいい、重要文化財などの建物に設けます。

　避雷針とは、雷撃によって生じる火災、損害を防止するために設ける突針部、避雷導線、接地電極からなる**避雷設備**をいいます。

　エレベーターとは、動力として電動機などを使用し、高層建築物の垂直方向に人や荷物を安全に輸送する装置をいいます。**かご速**（エレベーターの昇降速度）は約30〜1000m/分で、45m/分を**低速**（病院用など）、45〜90m/分を**中速**（中層ビル用）、150m/分以上を**高速**（高層ビル用）といいます。

　エスカレーターとは、動力により駆動される自動階段をいい、一般的な規格は次のとおりです。原則として傾斜角度は30°以下、揚程は12m以下、走行速度は25〜30m/分、輸送人員は6000〜8000人/時で、1人乗り（800形）と2人乗り（1200形）があります。

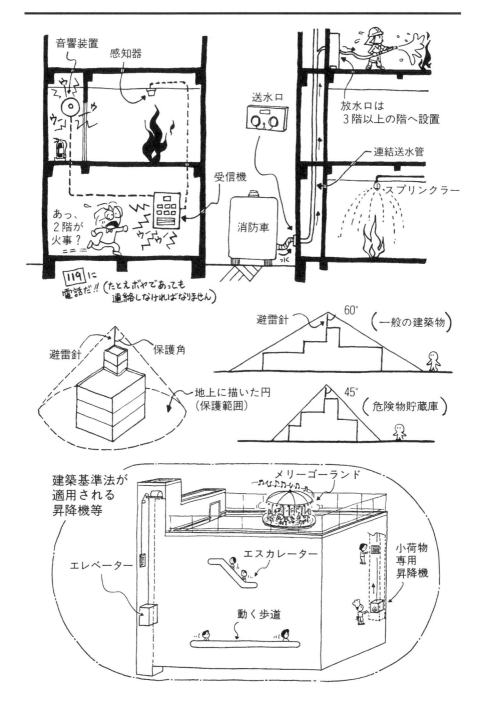

22 集合住宅の移動に関する用語

集合住宅の形式は次の分類により大別されます。

高さによる分類では、1～2階の**低層住宅**、3～5階の**中層住宅**、6階以上の**高層住宅**となります。

住戸形式の分類では、1住宅が1層で構成された**フラット型**と1住戸が2層以上で構成された**メゾネット型**があります。集合形式の分類では、各戸ごとに庭をもち戸数密度の低い低層連続住宅の**テラスハウス**と、上下左右方向に住戸を積み重ねた共同住宅があります。

通路形式による分類では、住棟に設けられた階段室から直接各戸へ出入りできる形式の**階段室型**、片側に共有廊下をもち、それに各戸が面している**片廊下型**、真ん中に共有廊下をはさみ、両側に各戸が並ぶ形式の**中廊下型**、片廊下型が中庭をはさんで並列する**ツインコリダー型**、廊下を1階おき、または2階おきに付け、廊下のない階へは階段を利用し、エレベーターは廊下のある階のみ止まる形式の**スキップフロア型**、中央部に階段室、エレベーターホールを設

け、その周囲に多くの住戸を配置する**集中型**があります。

隣棟間隔とは、主として集合住宅の南北方向の間隔で、冬至に最低で4時間の日照を確保できる間隔をいい、冬至の4時間日照を得る場合には南面の住棟高さの約2倍が必要で、6時間日照では2.4倍が必要です。なお、東西方向の隣棟間隔は視線、音などのプライバシーや延焼防止などの観点で決まります。

クルドサックとは、自動車の進入を少なくするための袋路のことをいい、袋路の途中または末端に自動車の方向転換が可能な転回用スペースを設けます。住宅地において歩車分離（歩行者と車の動線分離）を計画的に導入することを**ラドバーンシステム**といいます。

コーポラティブハウスとは、居住しようとする人全体が集まり、各自の希望を入れた設計を行い、管理に至るまで話し合いで運営される住宅組合方式により建設される集合住宅をいいます。

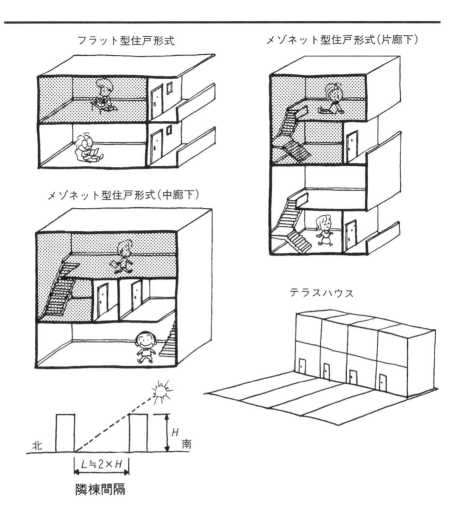

フラット型住戸形式

メゾネット型住戸形式（片廊下）

メゾネット型住戸形式（中廊下）

テラスハウス

隣棟間隔

$L≒2×H$

北　南　H

通路形式による分類

	階段室型	片廊下型	中廊下型	ツインコリダー型	スキップフロア型	集中型
図						
長所	採光・通風・プライバシー良　通路面積小	居住性均等　全戸南面可	敷地効率良	中廊下型の通風・換気を改善	プライバシーが確保できる　通路面積の節約	通風・換気良　通路面積大
欠点	エレベーター効率が悪く、高層化には不適	通風・プライバシー不利（廊下側の室）	閉鎖的な廊下　通風・日照・プライバシー不利	方位により住戸条件が不均等	エレベーターからの動線が長くなる	方位により日照条件が異なる

1.4.2 集合住宅・独立住宅の計画

23 近隣住区および独立住宅に関する用語

近隣住区とは、都市計画における住宅地の計画単位の考え方の1つで、原則として、1つの小学校をもち、近隣住区人口は8000～10000人で計画され、通過交通の多い幹線道路を周囲の境とし、中心部に通過交通が入り込まないよう配慮します。中心部に小学校、店舗、公園などの公共施設を揃え、日常生活のための機能をもった住宅地の単位です。なお、近隣分区とは、近隣住区の半分を構成する単位で、各近隣分区には幼稚園・保育所が1つ設けられます。

敷地概要とは、建築すべき敷地の概略の内容のことをいい、敷地形状、道路、方位などが示され、これに合わせて建築設計が行われるわけです。なお、独立住宅の敷地は幅員4m以上の道路に2m以上接することが基本となります。

就寝分離とは、両親と子供あるいは子供同士の寝室を別にすることをいい、とくに子供の独立性、個性を育てる見地から大切なことです。

食寝分離とは、住宅の平面計画で、食事室と寝室を分けることをいい、団らんやプライバシー、衛生上の見地から重要なことです。

ユーティリティは家事室ともいい、家事作業の能率化のために設けます。

所要室とは、住宅に必要な室のことを総称していいます。

居住面積とは、建築面積から玄関、台所、便所、廊下などの面積を差し引いたものをいい、一般的には和風では50%、洋風では60%を占め、この割合は小住宅ほど大きくなります。なお、1人当たりの居住延べ面積は15m²以上が望ましいとされています。

押入れ面積（収納面積）とは、住宅において寝具その他の用品を収納する部分で、その面積は延べ面積の20%程度必要です。

屋外施設とは、敷地内の主要建築物以外の施設の総称です。

平面計画とは建物の平面図をつくる作業をいい、平面図（間取り図）とは建物の各階を一定の高さの水平面で切断した面を水平投射した図面をいいます。一般に $\frac{1}{50}$、$\frac{1}{100}$ の縮尺図が使用されます。

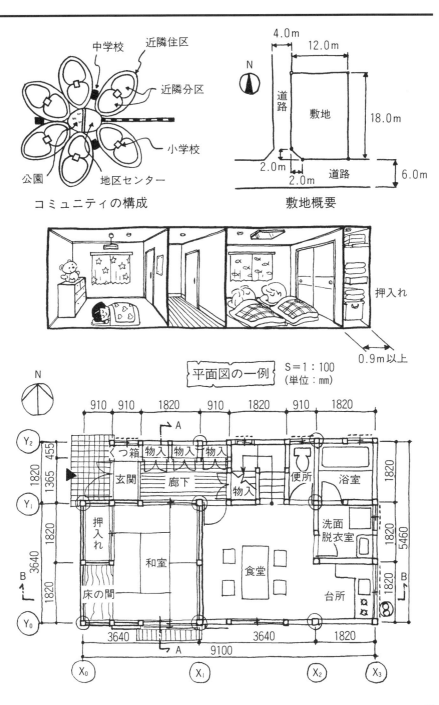

中学校

近隣住区

近隣分区

小学校

公園

地区センター

コミュニティの構成

4.0m

12.0m

N

道路

敷地

18.0m

2.0m

2.0m

道路

6.0m

敷地概要

押入れ

0.9m以上

平面図の一例

S＝1：100
（単位：mm）

N

910　910　1820　910　1820　910　1820

Y_2

455

Y_1

1365

1820

くつ箱　物入　物入　物入

玄関　廊下　物入

便所　浴室

押入れ

洗面脱衣室

1820

1820

3640

1820

和室

食堂

床の間

台所

Y_0

3640　3640　1820

1820

1820

5460

1820

B

B

A

A

3640　　3640　　1820

9100

X_0　　X_1　　X_2　X_3

1.4.3　公共建築の計画

24	独立住宅および学校建築に関する用語

　伏せ図とは、平面図の古語ですが、狭義的には構造的な部分を示すための平面図だけでは表現できない部分を表すための"平面図"で、屋根伏せ図、天井伏せ図などがあります。

　フレキシビリティーとは、建築計画的には、平面計画などで融通性をもたせることです。すなわち、使用条件などの変化に対して、柔軟に対応することをいいます。

　プレハブとは、建物の構成部材をあらかじめ工場生産し、現場で組み立てのみを行う建築生産方式をいい、工期の短縮、現場労務の省力化、品質の安定などの利点があります。

　学校建築の計画の基本的なポイントを示すと次のとおりです。

　①校地の位置は、校区の中心に近い場所が望ましい。②通学距離は、小学校で0.5～1.0km、中学では1～2km以内を標準とする。③低学年の教室は、1階に近くて運動場の側とし、高学年の教室は特別教室と連絡のよい位置とする。④普通教室の床面積は生徒1人当たり1.5m²程度（7m×9m＝63m²が標準）、左光

線となるようにし、出入口は引き戸で前後2箇所に設ける。⑤教室の天井高さは法規上は2.1m以上、空気衛生や圧迫感に配慮して2.8～3.2m程度が望ましい。⑥体育館は、バスケットボールのコートがとれることを基準とし、天井高さは7m以上が望ましい。⑦廊下幅は、片廊下1.8m以上、中廊下は2.3m以上とする。⑧特別教室は、準備室を隣接させて、普通教室よりも大きく計画する。

　幼稚園建築の計画の基本的なポイントは次のとおりです。

　①園舎は平屋建が原則。ただし、避難施設を有する耐火構造であれば2階でもよい。②所要室として、保育室（1.5m²/人）、遊戯室（3m²/人）、職員室を必要とする。③保育室は、1学級(30～40人)に対し50～60m²以上が望ましい。④遊戯室は、保育室と兼用してもよく、100m²以上を必要とする。

　保育所の場合は、設置基準により、保育室1.98m²以上、乳児室1.65m²以上、ほふく室3.3m²以上にします。

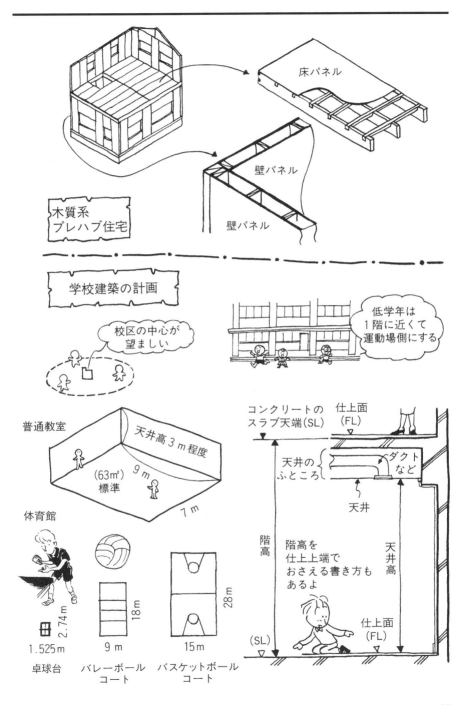

床パネル

壁パネル

壁パネル

木質系
プレハブ住宅

学校建築の計画

校区の中心が
望ましい

低学年は
1階に近くて
運動場側にする

普通教室

天井高3m程度

（63㎡）
標準

9m

7m

体育館

卓球台

2.74m

1.525m

バレーボール
コート

9m

18m

バスケットボール
コート

15m

28m

コンクリートの
スラブ天端（SL）

仕上面
（FL）

天井の
ふところ

ダクト
など

天井

階高

階高を
仕上上端で
おさえる書き方も
あるよ

天井高

仕上面
（FL）

（SL）

1.4.3　公共建築の計画

25　学校の運営方式・美術館等に関する用語

　学校の運営方式は次の4方式に大別されます。

　総合教室型とは、学校生活におけるすべての学習活動を、ホームルーム（学級の教室）で行う方式で、学級数に等しい数の教室があればよく、生徒は授業により教室を移動する必要はありませんが、教室はいろいろな教科に対応できるように余裕が必要です。この方式は幼稚園、小学校低学年に適します。

　特別教室型とは、学習活動のうち普通教科については各級のホームルームで行い、音楽、理科などの特別教科については特別教室を設け実施する方式です。したがって、特別教科の授業では教室の移動が必要なもので、最も一般的な方式です。

　教科教室型とは、すべての教科をそれぞれの専門教室で行う方式で、一般教室がなく、生徒は教室を移動して授業を受けるわけです。教室の利用率が高く、各教科の充実した学習活動が期待できます。この方式は高等学校以上に適したものです。

　プラトゥーン型とは、全クラスを2つのグループに分け、一方のグループが普通教室を使用しているときは、他のグループは特別教室を使用し、一定時間ごとに交替させ交互に使い分ける方式です。教室の使用効率は最も高いのですが、時間割編成に難点があり、中学校、高等学校に適しています。

　美術館・博物館の建築計画のポイントの基本は次のとおりです。

　①展示部分の床面積は、延べ床面積の30〜50%とする。②照明は人工照明を主体とし、自然採光は補助手段として利用し、展示面の明るさは日本画150〜200 lx、油絵300〜500 lxとする。③ガラスケースを使用する展示の場合は、グレアを生じさせないために光源の位置を考慮し、ガラス面を前傾させる必要がある。④収蔵室は年間を通じ恒温・恒湿のための空調設備が必要である。

　公民館の建築計画のポイントは、延べ面積は300 m²以上とし、講堂を備える場合には、講堂以外の延べ面積を230 m²以上とします。

学校の運営方式（□は普通教室、■は特別教科教室を表す）

総合教室型	特別教室型	教科教室型	プラトゥーン型
□□□□	□□□□□ ■■■	■■■■ ■■■■	□□□□ ■■■■
全教科を同一の 教室で行う	普通教室のほかに 特別教室をもつ	全教科を各々の 特別教室で行う	特別教室を半分に し生徒が半々で半 日ごとに交代する
幼稚園、小学校低学年	小学校高学年、中学・高校	高校以上	中学・高校

美術館・博物館

出口　▲入口

接室順路型（小規模向き）

・単純な動線
・面積的に有利
・ただし１室を閉鎖すると
　巡回できない

中央ホール型（中規模向き）

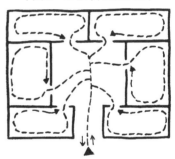

↓↑
▲

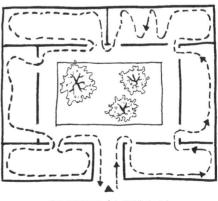

▲

廊下接続型（大規模向き）

1.4.3 公共建築の計画

26 病院・老人ホームに関する用語

病院は次の3つに分けられます。

患者を収容しないか、19人以下の入院施設を有する**診療所**、20人以上の入院施設を有する**病院**、100人以上の患者が入院可能で、内科、外科、産婦人科、眼科、耳鼻咽喉科などを有し、その他の諸施設を有する**総合病院**です。

病院は病棟部、中央診療所、管理部、外来診療部、サービスの5つの部門により構成されます。

病院建築の計画の基本的なポイントを示すと次のとおりです。

①全体計画は、1ベッド当たりで計画し、総合病院では1ベッド当たり40〜55m²とする。②**パビリオン式**（分館式）と**ブロック式**（集約式）がある。③入院・外来・救急患者の動線を分離する。④**病室の面積**は、病院の一般病室と診療所の療養病床用病室では1ベッド当たり6.4m²、それ以外の病室は、個室では1ベッド当たり6.3m²、大部屋では1ベッド当たり4.3m²（小児用はその$\frac{2}{3}$）以上とする。⑤**看護単位**は、1チーム（10数名）につき約40〜50（産

科・小児科は30）ベッドで計画する。⑥**サプライセンター**（**中央材料室**）は、病院全体の医療品を消毒・支給する所で、手術室に隣接させる。⑦薬局は、外来部の玄関の近くに設ける。

老人福祉施設には、**養護老人ホーム**、**特別養護老人ホーム**、**経費老人ホーム**などがあります。

老人福祉施設建築の計画の基本的なポイントは次のようです。①建築物は低層とし、2階建て以上はエレベーター・スロープを設ける。②建物内外は、車椅子利用者が自由に移動できるように計画する。③各居室の快適温度は、一般的な標準より3〜4℃高温で計画する。④居室・便所などの扉は、非常の際に外部から開けられるようにする。

スロープ（**傾斜路**）については、建築基準法では階段の代わりに利用するスロープの勾配は$\frac{1}{8}$以下と定められています。車椅子用の屋内スロープは$\frac{1}{12}$以下です。なお、駐車場などの車用スロープの勾配は17%（約$\frac{1}{6}$）以下とし、表面は滑りにくい材料で仕上げます。

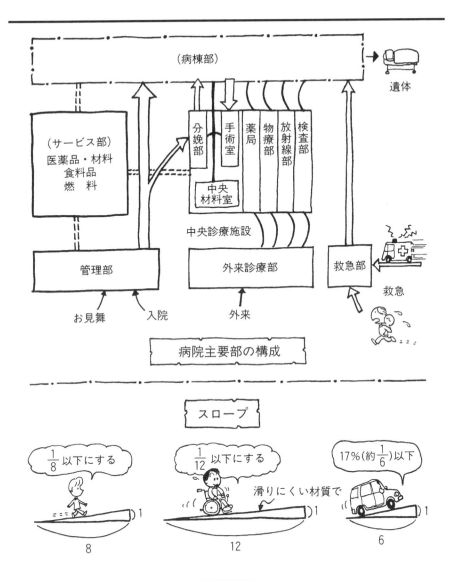

病院主要部の構成

スロープ

老人福祉施設

	対　象	定員〔人〕	居室の有効面積〔m²／人〕
養護老人ホーム	健康であるが、家庭的、経済的に恵まれない 65 才以上の老人	30 〜 200	10.65 以上
特別養護老人ホーム	障害のため、常時介助を必要とする 65 才以上の老人	50 〜 100	10.65 以上
軽費老人ホーム	低所得の 60 才以上の老人	50 〜 100	21.6 以上（共同生活室がある場合は 15.63 以上）

1.4.3 公共建築の計画

27 図書館・駐車場に関する用語

図書館の出納システムとは、閲覧者が目的とする図書を閲覧するまでの手続方法をいい、次の4方式に大別されます。

自由開架式とは、閲覧者が本を自分で書架から取り出して選び、検閲を受けることなく閲覧し、かつ、書架に返却する方式で、小規模図書館や児童用図書館に主として採用されます。

安全開架式とは、閲覧者が本を自分で書架から取り出して選び、館員の検閲を受け、貸し出しの記録を提出する方式です。

半開架式とは、書架をガラス張りまたは金網張りとし、閲覧者が外側から見て希望の書籍を探し、館員に申し出て出してもらう方式をいいます。

閉架式とは、閲覧者は直接書架に面することはできず、目録などによって本を選び、館員によって取り出してもらう方式で、大規模図書館や貴重図書の図書館に適用されます。

図書館建築の計画の基本的なポイントを示すと次のとおりです。

①閲覧室は、直射日光が入らないように計画する。②児童閲覧室は、騒がしくなりがちなので1階の出入口近くに設け、一般閲覧室と分離して設ける。③閲覧室の所要面積は、一般人では $1.5 \sim 2.0 \, \mathrm{m^2/}$ 人、児童では $1.2 \sim 1.5 \, \mathrm{m^2/}$ 人以上とする。④書庫の収蔵冊数は開架式では $100 \sim 180$ 冊 $/\mathrm{m^2}$、閉架式では $200 \sim 250$ 冊 $/\mathrm{m^2}$ を標準とする（集密書架式は $500 \sim 600$ 冊 $/\mathrm{m^2}$）。

駐車場の駐車方式には次のような方式があります。**直角駐車**、**平行駐車**、**斜め駐車**などです。

駐車場建築の計画の基本的なポイントは次のとおりです。

①出入口は幅員6m以上の前面道路に設け、交差点より5m以上、学校の出入口から20m以上離して計画する。②スロープの勾配は $\frac{1}{6}$ 以下、幅員は片側通路で3.5m以上、両側通路では5.5m以上、梁下の高さは走行部2.3m以上、駐車部2.1m以上とする。③3階以上の階に設けるものは耐火建築物、駐車場部分の床面積が150m²以上のものは耐火または準耐火建築物とする。

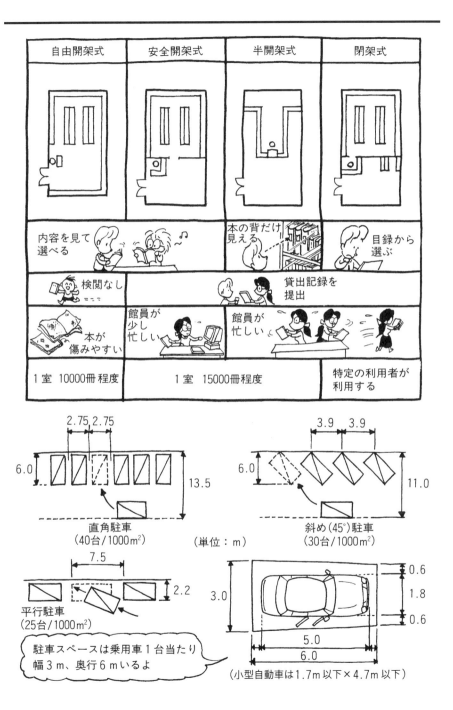

自由開架式	安全開架式	半開架式	閉架式
内容を見て選べる		本の背だけ見える	目録から選ぶ
検閲なし		貸出記録を提出	
本が傷みやすい	館員が少し忙しい	館員が忙しい	
1室 10000冊程度	1室 15000冊程度		特定の利用者が利用する

直角駐車
（40台/1000m²）

斜め（45°）駐車
（30台/1000m²）

（単位：m）

平行駐車
（25台/1000m²）

駐車スペースは乗用車1台当たり
幅3m、奥行6mいるよ

（小型自動車は1.7m以下×4.7m以下）

1.4.4　商業建築の計画

28　事務所建築に関する用語

事務所建築の計画の基本的なポイントを示すと次のとおりです。

①モジュラーコーディネーションを図り、フレキシビリティのある空間とする。②レンタブル比は自社専用ビルか貸しビルかに応じて適切に計画する。③基準階の執務空間を有効に機能させるため適切なコアプランをたてる。④在室者1人当たりの所要面積は、延べ面積に対して7～18m²/人、基準階では6～15m²/人、純事務室面積では5～12m²/人(室内通路部分を含む)とする。⑤柱割は、経済スパン(6～8m)とし、均等ラーメンによるモジュラープランニングとする。⑥階高(ある階の床面から直上階の床面までの高さ)は、1階は約4m、基準階は3.3～3.5m、地下階(駐車場、機械室など)は3.5～6mとする。⑦エレベーターは事務室面積2500～3500m²に1台を目安とする。⑧事務室のドアは内開きとし、間仕切壁は可動間仕切壁とするのが望ましい。

レンタブル比（有効面積率）とは、貸事務所ビルにおいて延べ面積に対する貸室延べ面積の割合、すなわち、

$$\frac{貸室延べ面積}{建物の延べ床面積}$$

をいい、レンタブル比が大きければ収益が上がるが建物全体のサービスは落ち、適切なレンタブル比は基準階では70～85%、建物全体では55～75%程度です。

基準階とは、地階や1階などの**特殊階**を除く、各階が同じ平面の階の繰り返しとなる階をいいます。

コアとは、便所や給湯室といったサービス部分、階段やエレベーターなど交通部分といった建物の共用部分を1箇所にまとめた部分をいいます。コアの配置方式をコアプランといい、**センターコア**、**分離コア**、**偏心コア**、**両端コア**に大別されます。合理的なコアプランは動線を単純化し、執務空間を広くすることができます。

動線とは、建物内で人が動く道筋のことをいい、合理的な動線を計画することを**動線計画**といい、その基本は①短くする。②単純化する。③異種の動線は交差させない。

RC造やS造でも階高を床の仕上面の天端でおさえるときもあります

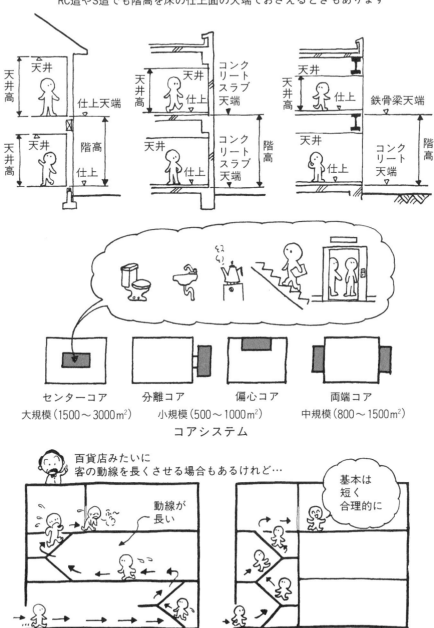

センターコア
大規模（1500～3000m²）

分離コア
小規模（500～1000m²）

偏心コア

両端コア
中規模（800～1500m²）

コアシステム

百貨店みたいに
客の動線を長くさせる場合もあるけれど…

動線が
長い

基本は
短く
合理的に

動線計画

1.4.4 商業建築の計画

29 商業・工場建築に関する用語

商店建築の計画の基本的なポイントは次のとおりです。①敷地は間口が広く、前後に道路があり、角地であればなおよい。②店頭はセンスのあるデザインとし、ショーウインドの配置を工夫して客の動線を長くする。③店内の動線は店員は短く、客は長く、かつ商品が見やすいように計画する。

ホテルは宿泊部分・共用部分・管理部分で構成され、主な所要室は客室、食堂、ロビー、フロント、宴会場などです。

ホテル建築の計画の基本的なポイントは、客室面積としてシングルルームでは 15 〜 22 m²、ツインおよびダブルルームでは 22 〜 32 m² 程度とします。

映画館・劇場建築の計画の基本的なポイントは、①見やすく、聞きやすくすると共に、安全対策と避難上の配慮が重要である。②観客席の床面積は 0.5 〜 0.7 m²/ 人とし、客席の幅は 45 cm 以上、前後間隔 85 cm 以上とする。③客席中央縦通路は幅 80 cm 以上とする。なお、劇場のこ

とをオーディトリアムともいいます。

工場・倉庫建築の計画の基本的なポイントは、①採光によって照度を得るため、のこぎり屋根とし高窓（頂側窓）を設置する。②換気のため越屋根としたり、屋根面にベンチレーター(換気装置)を設ける。③色彩調節によって作業能率の向上を図る。④無窓工場は空調効率はよくなるが、内部騒音が増加する欠点がある。

収容人員とは、ある建物に収容できる人数のことをいい、建物の用途などにより収容人員 $\left(\dfrac{床面積}{人}\right)$ の標準が示されており、各種建築物の収容人員 1 人当たりの床面積に人数を乗じることにより、建物の各部床面積や延べ面積の概略がわかります。

越屋根とは、採光、換気などのため屋根の棟部分に乗せた小さな小屋をいい、主に木造の瓦屋根などに用いられます。

のこぎり屋根とは、のこぎりの歯のように片流れが連続した屋根をいい、採光がしやすく主に工場に用いられます。

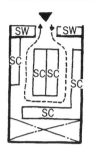 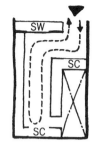 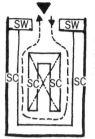

商店建築

客の動線
SW：ショーウインド
SC：ショーケース

ホテル

種類	シティホテル		リゾートホテル
	コマーシャルホテル	レジデンシャルホテル	
対象客	仕事のための短期宿泊客	仕事、観光のための比較的長期間の宿泊客	観光、レクリエーションのための宿泊客
立地条件	市街地で交通の利便のよい場所	市街地で比較的環境条件がよい場所	観光などで眺望・環境のよい場所
客室構成	シングルルームが主体、ほとんどバス付き、室は比較的狭い	シングルルームは少ない。すべてバス付き、室にゆとりがある	シングルルームはごく少ない。すべてバス付き、室にゆとりがある
パブリックスペース	比較的少ない	多くのスペースをもつ	比較的多い
延べ面積	40～70 m²/室（ビジネスホテルでは 30 m²/室以下）	60～90 m²/室	80～100 m²/室
構成比率 宿泊関係	50～60 %	30～45 %	45～55 %
パブリックスペース	30～20 %	50～40 %	35～25 %
管理関係	20 %程度（事務関係 8～9 %、料理関係 5～6 %、機械その他 5～7 %）		

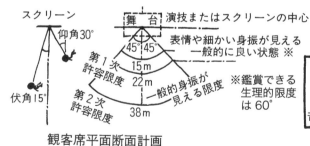

観客席平面断面計画

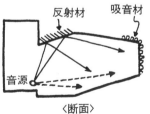

〈断面〉

収容人員

建築物	用途	床面積/人
劇場・映画館	客席	0.5～0.7 m²
レストラン	食堂	1.0～2.0 m²
学校	普通教室	1.5 m²程度
	理科教室	2.4 m²程度
図書館	閲覧室	1.5～2.0 m²
事務所	事務室	5.0～12 m²
病院	病室	6.4 m²以上

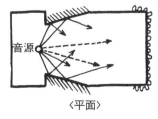

〈平面〉

オーディトリアム

1.4.5 建築計画一般

30 細部計画および図面に関する用語

屋根の勾配は、屋根を葺く材料と寸法によって制約を受け種々の値をとります（右表を参照）。

扉の建物金具としては次の3種があります。一方のみに開き、自動的に閉まるようにした装置の**ドアチェック**、開き戸用の床埋込みの軸づりヒンジである**フロアヒンジ**、両開戸の片方の戸を固定するのに用いる**フランス落し**です。

窓には次のような種類があります。①**引違窓**は開閉に場所をとらず故障も少ないが気密性・雨仕舞が悪い。②**外開窓**は気密性・換気量が大きく、雨仕舞がよい。③**回転窓**は気密性・換気量は大きいが、雨仕舞が悪い。④**すべり出し窓**は気密性・換気量が大きく、雨仕舞がよい。⑤**上げ下げ窓**は重りのバランスで上下させるので故障が多い。

内装工事とは、建物内部の仕上げ工事を総称していい、各部の仕上げには表に示すような材料が用いられます。

仕上表とは、建物の内部と外部に分け、外部は外壁・屋根・といなど

の仕上げを、内部は各室別にそれぞれ床・幅木・腰・壁・天井・建具類の仕上げ材料を記入して表にまとめたものをいいます。

矩計図とは、建物の垂直断面図によって示す製作図をいい、通常、基礎から軒先までを書き、小屋組の一部が含まれる図で、縮尺（$\frac{1}{20}$）で表現します。**製作図**とは、建設または製造に必要なすべての情報を伝えるための図面です。

断面図とは、対象物を仮に切断し、その手前側に取り除いて描いた図。すなわち、建物を垂直に切り、横から見た図で、建築物と地盤面の関係、建物内部の高さ関係などを示すために用いられ、通常、屋根裏や床下の構造は省略し、縮尺は平面図に合わせることが多いです。

配置図とは、地域内の建物の位置などの詳細な情報を示す図で、道路との位置関係、敷地の形状、建築物、方位などを記入し、建築物は1階平面または屋根伏せ図などを使い、縮尺は $\frac{1}{100}$、$\frac{1}{200}$、$\frac{1}{500}$ などが使われます。

屋根

形 式	特 徴	建 物
切 妻	一般的、軽快、安価	木造住宅
入 母 屋	日本的デザイン	社寺、和風住宅
寄 棟	重厚、高価	住宅、社寺
方 形	寄棟の棟が一点に集まった形	茶室、住宅、社寺
マンサード	寄棟の変形、屋根裏部屋	倉庫、家畜舎
越 屋 根	自然換気、採光	浴場、工場
陸 屋 根	ラーメン構造	近代建築
のこぎり屋根	北面採光により均一な照度が得られる	紡績工場

ふき材料	勾配
茅 ぶ き	10/10 以上
日 本 瓦	4/10 〃
波形スレート	3/10 〃
シングルぶき	3/10 〃
金属板瓦棒	2/10 〃
アスファルト防水	1/100 〃

切妻 半切妻 入母屋 越屋根 片流れ 寄棟 マンサード バタフライ 陸屋根 のこぎり屋根 招き 方形 腰折れ（ギャンブレル）

シャーレン屋根（シェル屋根）

シェルは
貝がらのことです

体育館など
大スパンの建物に
使われます

仕上げ材料の性質と用途

部位	室 名	必要な性質	材 料 の 例
床	事 務 所 図書館閲覧室 病 院 の 病 室	美観、音が響かない	リノリウム、プラスチックタイル、アスファルトタイル
	銀 行 ロ ビ ー	美観、耐久性	大理石、テラゾ
	手 術 室	清潔、水洗可能	塩化ビニルシート
	学 校 教 室 体 育 館	弾力性、耐久性	フローリング
	放 送 室	吸音性、音が響かない	じゅうたん
	ホテルの客室・廊下	美観、音が響かない	じゅうたん
	和 風 居 間	はだざわり、美観	畳
	コンピュータ室	床下の配線の自由 フリーアクセス	
壁	放 送 ス タ ジ オ	吸音性	孔あきベニアの上に布張り、その他
	映画館観覧席	吸音性、不燃	孔あき金属板の裏にグラスウール
天井	学 校 教 室 美術館展示室	吸音性、耐久性	石こう吸音ボード、吸音プラスター
	病 室	美観、おちつき	石こうボード、難燃性繊維板
	住 宅 台 所	清潔、耐久性、不燃性	石こうボード、難燃性繊維板

仕上表

室名	床	幅木	壁	天井
玄関	クリンカータイル張り	クリンカータイル	化粧合板張り	クロス張り
台所	フロアリングボード張り	ラワンO.S 塗	不燃クロス張り	不燃クロス張り
居間	フロアリングボード張り	ラワンO.S 塗	化粧合板張り	クロス張り
浴室	磁器タイル	―	磁器タイル	ラスモルタル
和室	畳敷	―	京ジュラク	敷目板張り
子供室	フロアリングボード張り	ラワンO.S 塗	化粧合板張り	クロス張り

31 建築計画一般に関する用語

モジュールとは、建築生産における基準となる寸法または単位寸法のことをいい、和風住宅では半間（3尺〔90.9cm〕）を単位として、その倍数で平面がつくられています。この場合のモジュールは約90cmになります。1mを基準とするメーターモジュールもあります。このように建築の各部分が基準寸法をもとに一定の倍数関係にあること、または工業化や量産化を目的とすること、例えば柱間や窓の寸法を一定のルールに基づいて割り付けることをモジュラーコーディネーション（モジュラー割り）といいます。これにより、部材の量産化やプレハブ化が容易になります。

オープンシステムとは次の2つの意味に用いられます。①建物の各部分をそれぞれ独立した商品として生産し、現場で組み合わせることで建物をつくっていくことをいう。②学校運営方式の1つで、学年やクラスなどの枠を越え、自由で多様な学習活動を行わせるシステムで、アメリカの小学校では広く採用され、わが国でも行われています。

クローズドシステムとは、特定の形式をもった建築物の全体を1つの製品として標準化・工業化し、その中で部品の量産をする建築の工業化手法をいいます。

カーテンウォールとは、工場で製品化され、現場で足場なしで取り付ける外壁製品、つまり鉛直荷重は支持しない外壁（非耐力壁）をいい、一般には骨組の外側にファスナーで取り付けられます。

ツーバイフォー工法（枠組壁工法）とは、主として、2インチ×4インチ（ツーバイフォー）の断面をもつ木材を枠組にして合板パネルをつくり、それを組み合わせて壁および床を構成する壁構造の木造建築をいい、部材の接合は釘と補強金物によって行う単純な工法です。北アメリカでは広く採用され、わが国でも採用されてきています。

プレファブリケーション（プレハブ）とは、建築工業化・量産化の手法として、現場で組み立てる前にあらかじめ部材を工場でつくっておくことをいいます。

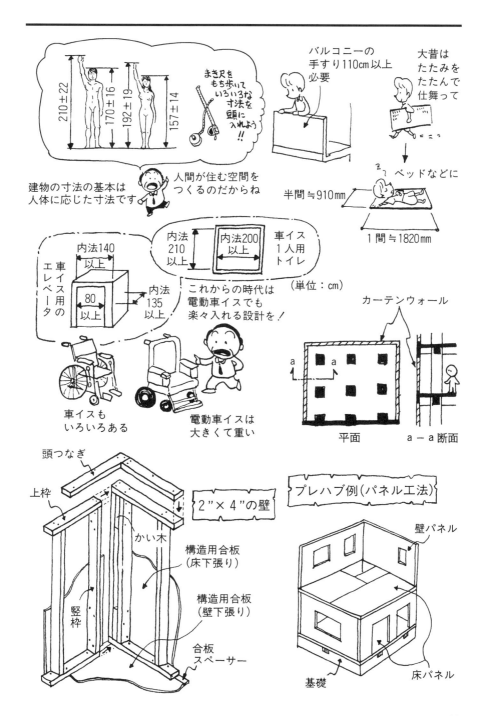

210±22　170±16　192±19　157±14

まき尺を
もち歩いて
いろいろな
寸法を
頭に
入れよう!!

建物の寸法の基本は
人体に応じた寸法です

人間が住む空間を
つくるのだからね

バルコニーの
手すり110cm以上
必要

大昔は
たたみを
たたんで
仕舞って

ベッドなどに

半間≒910mm

1間≒1820mm

内法140
以上

車イス用のエレベータ

80
以上

内法
135
以上

内法
210
以上

内法200
以上

車イス
1人用
トイレ

（単位：cm）

これからの時代は
電動車イスでも
楽々入れる設計を！

車イスも
いろいろある

電動車イスは
大きくて重い

カーテンウォール

a　a

平面

a－a断面

頭つなぎ

上枠

かい木

構造用合板
（床下張り）

構造用合板
（壁下張り）

合板
スペーサー

竪枠

2"×4"の壁

プレハブ例（パネル工法）

壁パネル

床パネル

基礎

69

2.1.1　用語の定義

| **32** | 建築物に関する用語・1 |

　建築とは、建築物を新築し、増築、改築または移転することをいいます。
建築物とは土地に定着する工作物のうち、屋根および柱もしくは壁を有するもの、つまり雨露を防ぎ人間生活を守るものをいい、法規的には、①屋根および柱または壁のあるもの。これに付属する門、へい。②観覧のための工作物。③地下または高架工作物内の事務所・店舗・興行場・倉庫等。④立体式駐車施設。⑤①〜④に設ける建築設備。

　工作物とは、煙突、広告塔、高架水槽、擁壁等をいいます。

　特殊建築物とは、学校、体育館、病院、劇場、集会所、旅館、共同住宅、百貨店等、多数の人が集まる施設で、災害が発生した場合に大惨事に至るおそれがあるもののほか、工場、倉庫、危険物の貯蔵場、火葬場等、用途が特殊な建築物をいいます。

　建築設備とは、建築物に設ける電気、ガス、給水、排水、換気、暖房、冷房、消火、排煙、汚物処理の設備、または煙突、昇降機もしくは避雷針をいいます。

　昇降機とは、エレベータ、エスカレータ、小荷物専用昇降機をいいます。

　小荷物専用昇降機とは、人が乗ることなく食糧品、料理、食品等を上下階に運搬する機械をいいます。

　居室とは、人間が居住、執務、作業、集会、娯楽その他これらに類する目的のために、継続的に使用する室（居間、寝室、会議室等）をいい、玄関、倉庫、便所等は除きます。なお、居室は採光、換気、天井高さ、内装等の制限を受けます。

　居室の床の高さ（1階床高）は、衛生上の観点から、木造で防湿措置のないものは、直下の地面からその床の上面までを45cm以上とします。

　主要構造部とは、壁、柱、床、梁、屋根、階段をいい、建築物の構造上重要でない、間仕切壁、間柱、最下階の床、小梁、ひさし、局部的な小階段、屋外階段その他、これらに類する建築物の部分は除きます。

　大規模建築物とは、高さが13mまたは軒の高さが9mを超える建築物をいい、種々の規制を受けます。

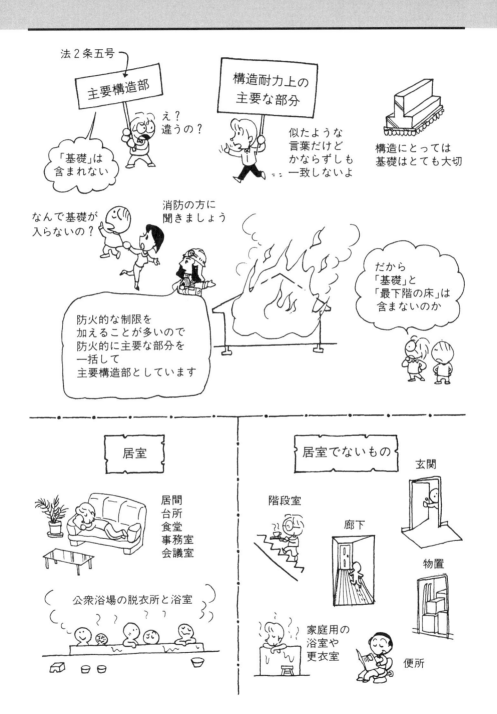

2.1.1　用語の定義

33　建築物に関する用語・2

　延焼のおそれのある部分とは、隣地境界線、道路中心線または同一敷地内の2以上の建築物（合計延べ面積が500m²以内の建築物は1の建築物とみなす）相互の外壁間の中心線から1階で3m以内、2階以上は5m以内の距離にある建築物の部分をいいます。ただし、防火上有効な公園、広場、川などの空地もしくは水面または耐火構造の壁に面する部分、隣地境界線などとの角度に応じた一定の範囲は除きます。

　大規模建築物の主要構造部については、主要構造部（床、屋根および階段を除く）のうち自重・積載荷重を支える部分が木材などの可燃材料でつくられた建築物で、①地上4階以上のもの、②高さ16mを超えるもの、③倉庫・自動車車庫などで高さ13mを超えるものは、通常火災終了時間が経過するまで倒壊・延焼しないものとし、④延べ面積が3000m²を超える建築物は、原則として主要構造部を耐火構造またはそれと同等のものとしなければなりません。延べ面積が1000m²を超える木造建築

物等は、その外壁および軒裏で延焼のおそれがある部分を防火構造とし、屋根が燃えず、燃え抜けないように、不燃材料などとすること、とされています。

　大規模の修繕とは、主要構造部の一種以上について行う過半の（50%を超える）修繕をいいます。

　大規模の模様替えとは、主要構造部の一種以上について行う過半の模様替えをいいます。

　敷地とは、1つの建築物または用途上不可分の関係にある2以上の建築物のある一団の土地をいいます。原則として1の建築物については1の敷地ですが、用途上不可分の関係にある2以上の建築物のある、例えば学校に複数の建築物があれば、その複数の建築物については、それぞれの敷地を特定しないで、1の敷地に全部の建築物を対応させるのです。

　特定行政庁とは、建築主事を置く市町村の区域についてはその市町村長をいい、これ以外の市町村の区域については都道府県知事をいいます。

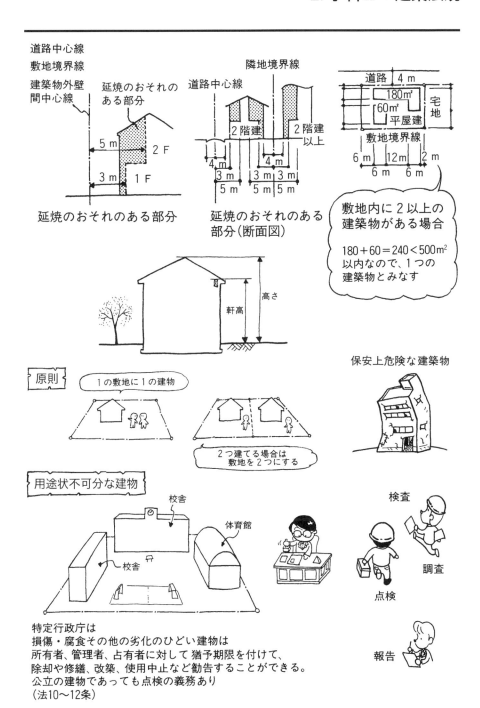

道路中心線
敷地境界線
建築物外壁
間中心線

延焼のおそれの
ある部分

5 m
2 F
3 m
1 F

延焼のおそれのある部分

隣地境界線
道路中心線

2階建
2階建
以上

4 m
3 m
5 m
4 m
3 m
5 m
3 m
5 m

延焼のおそれのある
部分（断面図）

道路 4 m
180㎡
60㎡
平屋建
宅地
敷地境界線
6 m 12m 2 m
6 m 6 m

敷地内に2以上の
建築物がある場合

180＋60＝240＜500㎡
以内なので、1つの
建築物とみなす

高さ
軒高

原則
1の敷地に1の建物

2つ建てる場合は
敷地を2つにする

保安上危険な建築物

用途状不可分な建物

校舎
体育館
校舎

検査
調査
点検

報告

特定行政庁は
損傷・腐食その他の劣化のひどい建物は
所有者、管理者、占有者に対して猶予期限を付けて、
除却や修繕、改築、使用中止など勧告することができる。
公立の建物であっても点検の義務あり
（法10〜12条）

2.1.1 用語の定義

34 建築物に関する用語・3

敷地面積とは、敷地の水平投影面積をいい、幅員4m未満の道路に接する敷地は、道路中心線から2m後退した線を道路の境界線とみなし、この部分は敷地面積に算入しません。なお、**敷地**とは1つの建築物または用途上不可分の関係にある2以上の建築物のある一団の土地をいいます。

建築面積とは、建築物の外壁または柱の中心線で囲まれた部分の水平投影面積をいい、軒、ひさし等1m以上突き出たものは、先端より1m後退した線までの部分は建築面積に含まれません。また、地階で、地盤面上1m以下の部分は建築面積に算入しません。

床面積とは、壁その他の区画の中心線で囲まれた水平投影面積をいい、階や室などの大きさを表します。なお、ポーチ、ピロティ等で、通行専用の場合は床面積に算入しません。

延べ面積とは、建築物の各階の床面積の合計をいい、容積率を計算する場合は、駐車場等の施設の床面積は延べ面積の $\frac{1}{5}$ まで延べ面積に算入しません。

建築物の高さとは、地盤面からの高さを原則とします。道路斜線制限の場合には、前面道路の路面の中心線からの高さを測ります。①階段室の塔屋部分はその部分の水平投影面積が、建築面積の $\frac{1}{8}$ 以内であれば、原則としてその部分の高さ12m（日影規制などは5m）までは高さに算入しない。②むね飾りや防火壁の屋上突出部分の高さ、煙突や避雷針の高さは建築物の高さに算入しない。

建築物の高さ制限については、絶対高さの制限、斜線制限による高さ制限、日影規制による高さ制限等があります。

軒の高さとは、地盤面から、建築物の小屋組またはこれに代わる横架材を支持する壁、敷桁または柱の上端までの高さをいいます。なお、軒の高さが9mを超えると一級建築士でないと設計できず、また、木造建築物でも構造計算が必要となります。

高さの基準点は、地盤面を基準点としますが、前面道路による斜線制限のみ道路中心線を基準点とします。

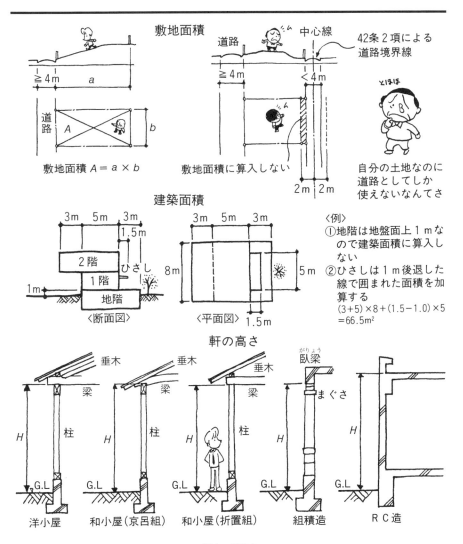

敷地面積

道路

敷地面積 $A = a \times b$

中心線

42条2項による
道路境界線

とほほ

敷地面積に算入しない

$\geqq 4m$　$< 4m$

2m　2m

自分の土地なのに
道路としてしか
使えないなんてさ

建築面積

3m 5m 3m
1.5m

2階
ひさし
1階
地階
1m
〈断面図〉

3m 5m 3m

8m
5m
1.5m
〈平面図〉

〈例〉
①地階は地盤面上1mなので建築面積に算入しない
②ひさしは1m後退した線で囲まれた面積を加算する
$(3+5) \times 8 + (1.5-1.0) \times 5 = 66.5m^2$

軒の高さ

垂木
垂木
垂木
臥梁
まぐさ

梁
梁
梁

H　柱
H　柱
H　柱
H
H

G.L
G.L
G.L
G.L
G.L

洋小屋
和小屋（京呂組）
和小屋（折置組）
組積造
RC造

高さの基準点

条文	法55条1項	法56条1項一号	法56条1項二号	法56条1項三号	法33条
内容	第一種・第二種低層住居専用地域内の高さの限度　$H \leqq 10m$ または $12m$	道路斜線 $H \leqq k \times W$	隣地斜線 $H \leqq h_0 + kD$	北側斜線 $H \leqq h_0 + kD$	避雷針設置
基準点	地盤面	前面道路の路面の中心	地盤面	地盤面	地盤面

2.1.1 用語の定義

35 建築物に関する用語・4

階数とは、建物の階層の数です。①地階・地上を含め、断面について床面の最も多い数をいう。②屋上部分の昇降機塔、装飾塔等で、水平投影面積が建築面積の $\frac{1}{8}$ 以下のものは階数に算入しない。③地階の倉庫、機械室等で、水平投影面積が建築面積の $\frac{1}{8}$ 以下のものは階数に算入しない。

地階とは、床が地盤面以下にある階で、床面から地盤面までの高さがその階の天井の高さの $\frac{1}{3}$ 以上のものをいいます。したがって、$\frac{1}{3}$ 未満の場合は地上階とみなします。いずれにしても地階については地上階よりも各種制限が厳しいわけです。

地階における住宅の居室などについては、技術的基準に適合していれば地階に居室を設けてもかまいません。

地盤面とは、建築物が周囲の地面と接する位置の平均の高さにおける水平面をいい、その接する位置の高低差が3mを超える場合においては、その高低差3m以内ごとの平均の高さにおける水平面をいいます。

平均地盤面とは、日影規制（p.120参照）を受ける建築物が周囲の地面と接する位置の平均の高さの水平面をいい、高低差が3mを超えても「地盤面」を求めるときのような分割はしないので、敷地に一つだけ存在します。

中高層の建築物とは、建築基準法56条の2（日影による中高層の建築物の高さの制限）の規定により、次のような高さの制限を受ける建築物をいいます。①第一種低層住居専用地域および第二種低層住居専用地域で、軒の高さ7mを超える建築物、または地階を除く階数が3以上の建築物。②上記以外のすべての地域および用途地域の指定のない地域では、高さが10mを超える建築物。

便所については、①下水道法に規定する処理区域においては水洗便所としなければならない。②終末処理場を有する公共下水道以外に汚物を放流しようとする場合は、し尿浄化槽を設けなければならない。

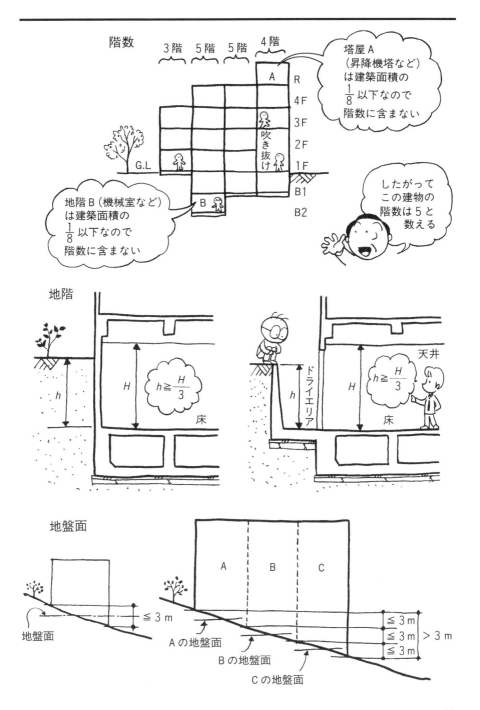

2.1.2 建築手続

36 建築手続に関する用語

確認とは、建築計画の内容が、建築基準法その他の関係法令に適合していることを公式に認定する行為をいい、建築主が確認申請書を特定行政庁または指定確認検査機関に提出し、建築主事または指定確認検査機関がこれを確認します。確認（建築確認）を要する建築物・工作物とは、建築物の建築に先立ち、確認を必要とするものです。①特殊建築物で、その用途に供する床面積が200㎡を超えるもの。②木造建築物で、階数が3以上、延べ面積が500㎡、高さ13m、軒高が9mのいずれか1つを超えるもの。③木造以外の建築物は、階数が2以上、延べ面積が200㎡を超えるもの。④建築設備および工作物も、規模と種類により確認を受けなければならない。確認がいらない場合は、防火地域外および準防火地域外において、建築物を増築し、改築し、または移転しようとする場合で、これらに係る面積の合計が10㎡以内の場合です。

建築主とは、建築物に関する工事の請負契約の注文者または請負契約によらないで、自らその工事をする者をいい、建築手続等はすべて建築主の責任です（除去届は施工者）。

建築主事とは、建築基準法に基づく確認に関する事務をつかさどるために都道府県、特定の市町村および特別区に置かれる、建築基準適合判定資格者検定に合格し登録を受けた者のうち知事などから任命された吏員（公務員）をいいます。

建築手続とは、建築基準法を順守させるための各種の手続をいい、確認申請、許可申請、建築工事届、工事完了届、除却届および定期報告があり、申請先は、都道府県、特定行政庁および建築主事です。

建築許可とは、建築基準法上、原則として禁止されている建築であっても、安全上・防火上・衛生上・都市計画上支障がないと認め、または公益上やむを得ないと認めた場合に、例外的に許可されることをいいます。許可の際、ほとんどの場合、建築審査会の同意を必要とし、用途地域の制限の緩和の場合は、公聴会の開催が必要です。

確認を必要とする建築物

区域	建築物の種類	規模	備考
全国	特殊建築物 （法別表1(い)欄）	用途に使用する床面積＞200m²	①建築 ②大規模の修繕 ③大規模の模様替 ④用途変更
	木造建築物	階数≧3　延べ面積＞500m² 高さ＞13m　軒の高さ＞9m	
	その他の建築物	階数≧2　延べ面積＞200m²	
都市計画区域内 準都市計画区域内 準景観地区内 知事指定区域内	すべての建築物		建築
除外	①防火地域・準防火地域外における増築・改築・移転での床面積≦10m² ②工場用仮設建築物、③災害時の応急仮設建築物 ④類似用途への変更		

建築申請の手続

条文	種類	申請者	内　　容	申請先	備　　　考
法6条	確認申請	建築主	建築計画の内容が法に適合するか申請する	建築主事または指定確認検査機関	①正副2通 ②法6条1項1号～3号に該当する場合は、受理した日から21日以内に、同条4号に該当する場合は7日以内に審査・確認をし、申請者に文書をもって通知する ③確認には、消防長等の同意が必要
法16条	建築工事届	建築主	建築物を建築する場合の届	都道府県知事	①床面積の合計10m²以内の場合不要 ②建築統計作成資料になる
	建築物除却届	施工者	建築物を除却する場合の届		
法48条など	許可申請	建築主築造者	建築基準法で原則的に禁止されているが、制限を緩和してもらうための申請	特定行政庁	建築審査会の同意、公開聴聞会などを必要とするものがある ①道の幅員、②道路内の建築制限、③壁面線の指定、④用途地域内の建築制限、⑤容積率の緩和など
法42条1項5号	道路の位置指定申請	築造者	土地を建築物の敷地として利用するため道路を築造する場合の申請	特定行政庁	①令144条の4（道に関する規準）に適合すること ②条例に適合すること ③公告し、申請者に通知する
法7条法7条の2	工事完了申請	建築主	建築物が工事完了した場合の届	建築主事または指定確認検査機関	①完了した日から4日以内に到達するように届ける ②届出を受理した日から7日以内に、規定に適合しているか検査をうけ、検査済証の交付を受ける ③検査済証の交付を受けた後でなければ、使用してはならない

違反に対する措置（法9条～9条の3、98条～107条）

1) 特定行政庁は、施工の中止、建築物の除却、移転、改築、使用禁止、使用制限等の必要な措置をとる
2) 最高で3年以下の懲役又は300万円以下の罰金となる（法人には最高1億円の罰金あり）
3) 免許又は許可の取消し、業務の停止処分その他の必要な措置を講ずる

違反の内容	処罰対象者
確認を要する建築物の確認を受けないで着工した工事	建築主・工事施工者
設計上の違反がある工事	設計者（設計者のない場合は工事施工者）
用途地域の規定に違反のある工事	建築主
工事現場の危害防止の規定に違反のある工事	工事施工者
届出・報告を怠った場合	届出の提出義務者
是正命令等に従わない場合	命令を受けた者

2.2.1 一般構造

37 階段および居室に関する用語

階段の寸法は各建築物の用途等により、次のように定められています。住宅の階段の寸法は、幅75cm以上、蹴上げ23cm以下、踏面15cm以上です。屋外階段の寸法は、避難規定による直通階段にあっては90cm以上、その他は60cm以上です。

階段の踊場とは、休息や転倒防止、階段の方向転換の目的で階段の途中に設ける踏面の広い平坦な部分をいい、小・中・高校と床面積1500m²を超える店舗、劇場、映画館などの客用階段では高さ3m以内ごとに踊場を設け、その他では4m以内ごとに設けなければなりません。

回り階段の踏面は、狭い方の端から30cmの位置で測ります。

蹴上げとは、階段の段差の寸法をいい、踏面とは階段の踏板の有効部分をいい、階段の勾配は蹴上げと踏面の比率で決まり、急勾配の階段は危険です。

階段および踊場の手すりは、必ず設置しなければならず、また階段およびその踊場には手すりを設けた側を除き側壁を設けなければなりません。

また階段の幅が3mを超える場合も中間に手すりを設けなければなりません。

屋外階段の構造は防災上の見地から、原則として木造としてはなりません。

直通階段とは、直接地上または避難階に通じている階段をいい、建築基準法で階段の設置義務をいうときは直通階段のことをいいます。

居室の床高および防湿は、床の高さについては真下の地面からその床の上面までを45cm以上とし、外壁の床下部には5m以下ごとに300cm²以上の床下換気孔を設け、ネズミよけの設備をします。なお、床下をコンクリート、たたき、その他の防湿材等で仕上げたときは床高は45cm未満でもよいとされます。

居室の天井高さは、①一般の居室（平均高さ）≧2.1m。②天井の高さが異なる場合はその平均高さによる。

階段の寸法

階段の種類	階段の幅 踊場の幅	蹴上げ の寸法	踏面の 寸法	踊場の 位置	直階段 の踊場 の踏幅
(1) 小学校の児童用	≧140 cm	≦16 cm*		≦3 m ごと	
(2) ①中学校・高校の生徒用 ②物品販売業を営む店舗 　（床面積の合計＞1500 m²) ③劇場、映画館、演芸場、観覧場、 　公会堂、集会場などの客用	≧140 cm	≦18 cm*	≧26 cm*	≦3 m ごと	
(3) ①〔地上階〕直上階の居室の床 　面積の合計＞200 m² ②〔地階・地下工作物内〕 　居室の床面積の合計＞100 m²	≧120 cm	≦20 cm	≧24 cm	≦4 m ごと	≧120 cm
(4) (1)(2)(3)までに掲げる階段以外、 および住宅以外	≧75 cm	≦22 cm*	≧21 cm*		
(5) 住宅		≦23 cm	≧15 cm		

*両側に手すりを設けるなど、国土交通大臣が定めた構造方法による場合は
　緩和される（H26 告示 709 号、H29 告示 868 号、R2 告示 202 号）
(注)階数 2 以下かつ延べ面積200m² 未満の(1)～(4)の建築物で、両側に手すり
　を設けるなどの措置に加えて階段付近に注意表示をしたものは住宅の階
　段と同じ寸法とすることができる（R2 告示 202 号）

階段の勾配

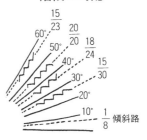

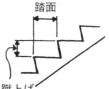

踏面

蹴上げ

直階段　　　折返し階段

曲り階段　　　回り階段

幅10cmまでは
階段の幅に
含むことができる

階段の幅

手すり

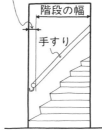

階段や踊場の幅は
原則として
有効内法寸法による

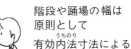

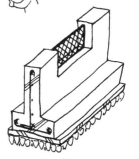

床下換気孔

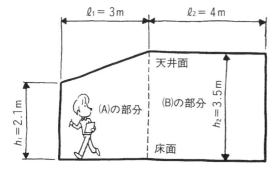

〈例〉

天井高さの異なる室の天井高さは
平均の高さを求めるとよい

$$H = \frac{(A)の面積＋(B)の面積}{\ell_1 + \ell_2}$$

つまり

$$H = \frac{\left(\dfrac{2.1+3.5}{2}\right) \times 3 + 3.5 \times 4}{3+4}$$

$$= 3.2 \text{ m}$$

2.2.1 一般構造

38 採光および換気・遮音に関する用語

採光に必要な開口部とは、自然光による採光つまり昼光照明を行うために、窓等の採光上有効な開口部を設けることが義務づけられ、これを**有効採光面積**といいます。国民の健康を保護する目的から有効採光面積は、①住宅では居室の床面積の $\frac{1}{7}$ 以上、②学校の教室では $\frac{1}{5}$ 以上、とされています。

有効採光面積の算定方法は令20条に規定され、基本的には実際の開口部の面積に採光上の性能を評価して得た**採光補正係数**を乗じた面積の合計とし、採光補正係数は地域の区分によって算定します

有効採光面積の計算方法の概略を示すと、①道路、川、公園等に面する場合は、開口部の全面積を有効とする。②住居系では 7m、工業系では 5m、商業系では 4m 以上の空地があれば、開口部の全面積を有効とする。③**天窓**については、計算値を3倍する。④**縁側のある場合の居室**については、幅90cm以上の縁側(ぬれ縁を除く)がある場合は、縁側のない場合の $\frac{7}{10}$ 倍として計算する。⑤**連続**する居室の採光については、随時開閉できるふすまや障子等で仕切られた2室は、1室とみなして有効採光面積の計算ができる。

換気設備の設置については次のように定められています。①居室の換気のための窓その他の開口部を設けなければならない。②換気に有効な部分の面積（開口可能な実面積）は、その居室の床面積の $\frac{1}{20}$ 以上とする。③特殊建築物の居室に設ける換気設備は、機械換気設備または中央管理方式の空気調和設備とする。④火を使用する室には換気設備を必要とする。⑤ふすま、障子等、随時開放できるもので仕切られた2室は、1室とみなす。

界壁の遮音とは、住戸の界壁に遮音性が義務づけられたもので、界壁は遮音上有害な空隙のない構造とし、小屋裏または天井裏に達する構造とし、定められた透過損失を有する必要があり、例えば鉄筋コンクリート造などの場合は厚さ 10cm 以上とします。

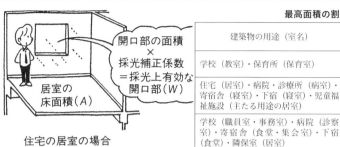

最高面積の割合

建築物の用途（室名）	$\dfrac{採光有効面積}{居室の床面積}$ の最低値
学校（教室）・保育所（保育室）	$\dfrac{1}{5}$
住宅（居室）・病院・診療所（病室）・寄宿舎（寝室）・下宿（寝室）・児童福祉施設（主たる用途の居室）	$\dfrac{1}{7}$
学校（職員室・事務室）・病院（診察室）・寄宿舎（食堂・集会室）・下宿（食堂）・隣保室（居室）	$\dfrac{1}{10}$

開口部の面積
×
採光補正係数
＝採光上有効な
開口部（W）

居室の
床面積（A）

住宅の居室の場合

$$\dfrac{W}{A} \geqq \dfrac{1}{7}$$

小・中学校の教室、
保育所の保育室には
照明設備の設置による
緩和措置がある
（昭和55建告1800号）

●**採光補正係数の算定式（令20条2項）**

採光補正係数 ＝ （採光関係比率 × A） － B

イ）開口部が道に面する場合で算定値が1未満の場合 …1.0
ロ）開口部が道に面しない場合で水平距離がCm以上であり、
　　かつ、算定値が1未満の場合 ……………………………1.0
ハ）開口部が道に面しない場合で水平距離がCm未満であり、
　　かつ、算定値が負数となる場合 ……………………… 0
ニ）算定値が3を超える場合……………………………… 3.0

	A	B	C
住居系の用途地域内	6	1.4	7m
工業系の用途地域内	8	1.0	5m
商業系の用途地域内	10	1.0	4m
用途地域の指定のない区域			

住居系用途地域の
場合はDが7m以上
あれば、すべての窓が
採光上有効な開口部

隣地境界線

D

建築物

有効採光面積の計算例

隣地境界線
または
同一敷地内
の建物

D＝1.8m

有効

H＝3m

H＝6m

H＝9m

第一種低層住居
専用地域の住宅
の居室とする

採光補正係数
算定式：$\left(\dfrac{D}{H}\right) \times 6-1.4$

(1.8/3)×6-1.4＝2.2

窓面積の220%が有効

(1.8/6)×6-1.4＝0.4

窓面積の40%が有効

(1.8/9)×6-1.4＝-0.2

マイナスになって
しまうので採光上有効
な開口部にならない

無効

1室と
みなすことが
できる

採光
→
→
→

ふすままたは
障子
（随時開放）

押入 ←

採光の計算のとき
床面積には
入れなくてOK

2.2.2 構造強度

39 構造に関する規定用語・1

構造設計の義務とは、建築物の安全確保のために、設計に先立ち構造計算が義務づけられることで、次の建築物がその対象となります。①木造の建築物で3以上の階数を有し、または延べ面積が500㎡、高さ13mもしくは軒の高さが9mを超えるもの。②木造以外の建築物で2以上の階数を有し、または延べ面積が200㎡を超えるものなど。

構造計算とは、構造物に加わる荷重、外力に対して安全であるように、応力を求め、断面を決定する計算をいい、次のようなものがあります。①高さが60mを超える建築物は、特別な構造計算を行い、国土交通大臣の認定が必要。②高さ31mを超える大規模建築物は、保有水平耐力計算や限界耐力計算、または①の計算を行う。③高さ31m以下の大規模建築物は、許容応力度等計算または①②の計算を行う。④中規模建築物は、構造耐力上主要な部分の応力度が許容応力度を超えないことを確かめる。

構造計算の原則については次のように定められています。①建築物全体が、建築物に作用する自重、積載荷重、積雪荷重、風圧、土圧および水圧ならびに地震その他の震動および衝撃に対して安全であること。②構造耐力上主要な部分は、地震力・風圧力に耐えるように、つりあいよく配置する。③構造耐力上主要な部分は、使用上の支障となる変形または振動が生じないような剛性および瞬間的破壊が生じないような靭性をもたせる。④構造耐力上主要な部分は、必要に応じて防腐もしくは摩損防止のための措置をした材料を使用する。

構造耐力上主要な部分については、建築基準法施行令で「基礎、基礎杭、壁、柱、小屋組、土台、斜材（筋違、方杖、火打材等）、床版、屋根版または横架材（梁、桁等）で、建築物の自重、積載荷重、積雪荷重、風圧、土圧、水圧、地震その他の震動・衝撃を支えるもの」と定義されています。

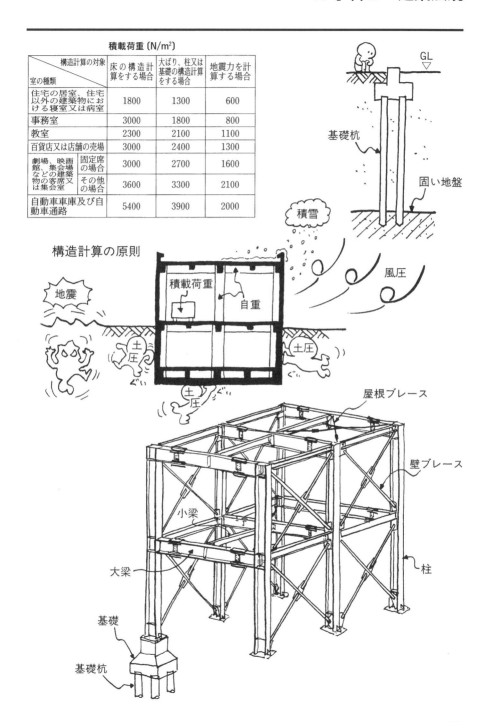

積載荷重 (N/m²)

室の種類 ＼ 構造計算の対象	床の構造計算をする場合	大ばり、柱又は基礎の構造計算をする場合	地震力を計算する場合
住宅の居室、住宅以外の建築物における寝室又は病室	1800	1300	600
事務室	3000	1800	800
教室	2300	2100	1100
百貨店又は店舗の売場	3000	2400	1300
劇場、映画館、集会場などの建築物の客席又は集会室　固定席の場合	3000	2700	1600
劇場、映画館、集会場などの建築物の客席又は集会室　その他の場合	3600	3300	2100
自動車車庫及び自動車通路	5400	3900	2000

GL

基礎杭

固い地盤

構造計算の原則

積載荷重

自重

地震

積雪

風圧

土圧

土圧

屋根ブレース

壁ブレース

小梁

大梁

柱

基礎

基礎杭

85

2.2.2 構造強度

40 構造に関する規定用語・2

　基礎に関する規定については、建築基準法施行令38条に次のように定められています。①建築物には、異なる構造方法による基礎を併用してはならない。②高さ13m、または延べ面積3000m²を超える建築物で、建築物に作用する荷重が最下階の床面積1m²につき100kNを超えるものの基礎の底部または杭の先端は、良好な地盤に達していること（右頁の表を参照）。なお、地盤とは岩盤の上にある土層部分をいう。③打撃、圧力または振動により設けられる基礎杭は、それを設ける際に作用する打撃力その他の外力に対して構造耐力上安全なものとする。④基礎に木杭を使用する場合は、平家建て木造建築物に使用する場合を除き、常水面下にあるようにする。ただし、①、②とも構造耐力上安全であると認められた場合を除きます。

　基礎と土台に関する規定（木造）については、木造建築物は特に低湿地等では、木材の腐敗が強度の低下につながるため、次のように定められています。①構造耐力上主要な部分である柱で、最下階の部分に使用するものの下部には、土台を設けなければならない。ただし、当該柱を基礎に緊結した場合、または平家建ての建築物で足固めを使用した場合においては、この限りでない。②土台は一体のコンクリート造の布基礎に緊結しなければならない。ただし、平家建ての建築物で延べ面積50m²以内のものは、この限りではありません。

　土台とは、木造建築物の柱を受け、その根元をつなぐ横材をいい、布基礎の上に置くときは、アンカーボルトで布基礎に緊結します。足固め（足堅め）とは、柱の足元を相互に連結して建物を安定させる補強のことをいい、土台と床が離れている場合や土台のない場合に用いる和風構造に見られる工法ですが、現在では社寺建築など床が高い建物にしか用いられません。木造とは木材でつくった構造をいい、木造建築とは主要構造部を木構造とした建築をいい、木材による構造を木構造といいます。

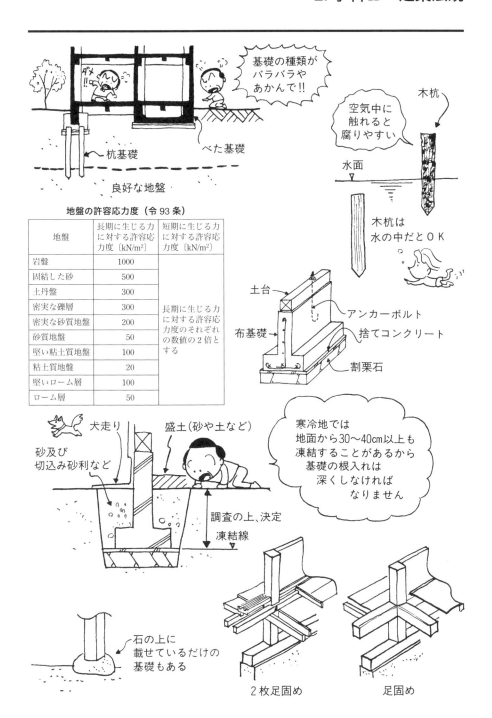

地盤の許容応力度（令93条）

地盤	長期に生じる力に対する許容応力度〔kN/m²〕	短期に生じる力に対する許容応力度〔kN/m²〕
岩盤	1000	長期に生じる力に対する許容応力度のそれぞれの数値の2倍とする
固結した砂	500	
土丹盤	300	
密実な礫層	300	
密実な砂質地盤	200	
砂質地盤	50	
堅い粘土質地盤	100	
粘土質地盤	20	
堅いローム層	100	
ローム層	50	

2.2.2 構造強度

41 構造に関する規定用語・3

木造の柱の小径については、柱の張り間方向および桁行方向の小径は、主要な横架材相互の垂直距離に対して、$\frac{1}{33}$ から $\frac{1}{20}$ までの数値を乗じ、求めた積を柱の小径とする（右頁の表を参照）。なお、柱の小径とは建築物の構造強度において、木造建築物の強度の主力をなす柱の太さの最小値を定めたものです。

横架材間の距離とは、一般に①柱と柱の間隔（スパン）、②土台と胴差の距離、③胴差と桁の距離をいいますが、②、③の横架材間の距離（垂直距離）によって柱の断面を決めるわけです。なお、横架材とは、梁・桁・胴差・土台など水平方向に架設される材をいい、胴差とは木構造の軸組の横架材の1つで、通し柱を2階以上の床位置で相互につなぎ、上階管柱の下端および下階管柱の上端をつなぐ材をいいます。管柱とは2階建て以上の木造建築の柱で、土台から軒まで通っていないで、中間の胴差、敷梁、頭つなぎなどで中断されているものです。

見附けとは材の正面またはその幅寸法をいいます。なお、厚みに相当する奥行の幅は見込みといいます。

軸組の長さの合計は、地震力・風圧力に対する軸組の必要長さ以上とします。なお、軸組とは土台、柱、胴差、桁、筋違などから構成される壁体の骨組です。

組積造に関する規定については、建築基準法施行令52～55条により、次のように定められています。①組積材を充分に水洗いし、目地塗面の全部にモルタル（セメント1、砂3の容積比または強度がこれ以上）を行きわたらせる。②一体の鉄筋コンクリート造または無筋コンクリート造の布基礎とする。③芋目地がないようにする。④壁の長さ（相対壁相互の中心距離）は10m以下とする。⑤壁の厚さは規定以上とする（右頁の表参照）。なお、組積造とは主体構造を石・れんが・コンクリートブロックなど塊状の材料を積み上げて造った構造をいいます。芋目地とは竪目地が2段以上、上下に連続した目地をいいます。

木造の柱の小径（令43条）

柱\建築物	①張り間方向、桁行方向が10m以上の柱 ②特殊建築物の柱		その他	
	最上階又は平屋の柱	その他の階の柱	最上階又は平屋の柱	その他の階の柱
(1) （土蔵造）壁の重量が特に大きい建築物	$\frac{1}{22}$	$\frac{1}{20}$	$\frac{1}{25}$	$\frac{1}{22}$
(2) （金属板など）屋根を軽い材料で葺いたもの	$\frac{1}{30}$	$\frac{1}{25}$	$\frac{1}{33}$	$\frac{1}{30}$
(3) （瓦など）その他	$\frac{1}{25}$	$\frac{1}{22}$	$\frac{1}{30}$	$\frac{1}{28}$

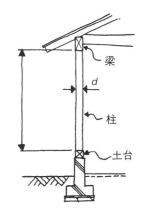

軸組の長さ

方向\軸組の長さ	必要な軸組（令46条表1）	地震力用（令46条表2）	風圧力用（令46条表3）
張り間	（壁の長さ）×（表の値）×数	（表の値）×床面積	（表の値）×見付け面積
桁行			

壁の厚さ（組積造）

建築物の階数\壁の長さ	5m以下の場合	5mを超える場合
階数が2以上の建築物	30cm以上	40cm以上
階数が1の建築物	20cm以上	30cm以上

・壁の厚さは、各階の壁の高さの$\frac{1}{15}$以上とする
・間仕切壁は、上記より10cm減じることができる（20cm以下は不可）

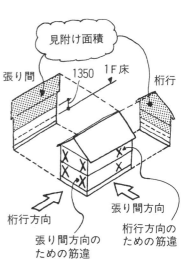

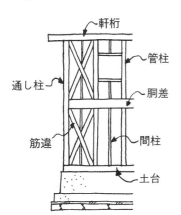

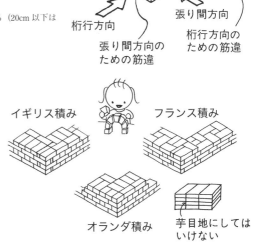

42 構造に関する規定用語・4

補強コンクリートブロック造の耐力壁の基礎については、基礎は耐力壁を支える上部壁と一体の鉄筋コンクリート布基礎とします。

補強コンクリートブロック造の耐力壁については、目地塗面の全部にモルタルをつめ、鉄筋をいれた空洞部、縦目地に接する空洞部はモルタル等で埋め、縦筋は空洞部内で継いではなりません。

鉄骨造に関する規定の概略は次のとおりです。①鉄骨圧縮材の有効細長比（p.156 参照）は柱にあっては 200 以下、柱以外のものにあっては 250 以下とする。②柱の脚部は、基礎にアンカーボルトで緊結する。③鋼材の接合は高力ボルト接合、溶接接合またはリベット接合とする。④継手または仕口は、その部分の存在応力を伝える構造とする。⑤高力ボルト等の相互間の中心距離は、その径の 2.5 倍以上とする。⑥高力ボルト孔の径は、ボルト径より 2 mm（ボルト径が 27 mm 以上のとき 3 mm）を超えて大きくしてはならない。建築学会の設計基準の方が厳し

い（p.289 参照）⑦鉄骨柱の防火被覆については、地上階数が 3 以上の建築物で、1 本の柱の火熱による耐力の低下で建築物全体が倒壊する恐れがある場合は、断熱性のある材料で被覆し 30 分の非損傷性を保持しなければならない。

鉄筋コンクリート造に関する規定については、①骨材、水、混和材料には、酸、塩、有機物または泥土を含まない。②コンクリートの強度については 4 週圧縮強度は 12 N/mm² 以上（軽量骨材を使用する場合は 9 N/mm² 以上）であること。③コンクリートの養生については、コンクリートの打込み中、および打込み後 5 日間は、コンクリートの温度が 2℃ を下がらないようにし、かつ、乾燥、振動等によって、コンクリートの凝結、硬化を妨げないようにする。④コンクリートの型枠および支柱の除去については、構造耐力上主要な部分の型枠および支柱は、コンクリートの自重および施工中の荷重による変形、ひび割れ等が発生しない強度になるまでは、取りはずさないこと。

鉄筋コンクリート（令72条〜79条）

鉄筋	鉄筋の末端は、かぎ状に折り曲げてコンクリートに十分定着させる
柱	①主筋は、4本以上とし、帯筋と緊結する ②帯筋の径は、6mm以上とし、間隔は15cm（横架材から上方または下方に柱の小径の2倍以内にある部分は10cm）以下でかつ最も細い主筋の径の15倍以下とする ③帯筋比は、0.2%以上とする ④柱の小径は、主要な支点間距離の$\frac{1}{15}$以上とする ⑤主筋の断面積の和は、コンクリート断面積の0.8%以上とする
床版	①厚さは、8cm以上とし、かつ短辺方向における有効張り間長さの$\frac{1}{40}$以上とする ②引張鉄筋の間隔は、短辺方向において20cm以下、長辺方向において30cm以下で、かつ床版の厚さの3倍以下とする
梁	①主要な梁は、複筋梁とする ②あばら筋は、梁丈の$\frac{3}{4}$以下の間隔で配置する
耐力壁	①厚さは、12cm以上とする ②開口部周囲に径12mm以上の補強筋を配置する ③径9mm以上の鉄筋を縦横に30cm以下の間隔で配置する ④壁式構造の耐力壁の長さは、45cm以上とし、その端部及び隅角部に径12mm以上の鉄筋を縦に配置する

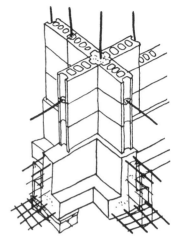

補強コンクリートブロック造

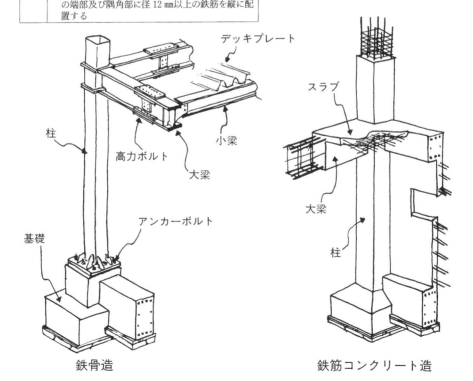

鉄骨造

鉄筋コンクリート造

43 構造に関する規定用語・5

鉄筋コンクリート造の鉄筋の継手については概略、次のように定められています。①**鉄筋の継手**は、構造部材における引張応力の小さい部分に設ける。②**鉄筋の継手の重ね長さ**は、右頁の表に示すとおり。③**被り厚さ**は右頁に示す表の値とする。

なお、**4週圧縮強度**とは、打設後、4週間経過したときのコンクリートの強度（圧縮強度）をいいます。コンクリート強度は打設後、日数が経過するにつれて強くなり、4週間経過すればその強度は安定します。

鉄筋コンクリート造の柱の構造については、柱は構造耐力上主要な部分であるため、柱は主筋の数を4本以上とし帯筋で補強しなければなりません。

鉄筋コンクリート造の床版の構造については、床版（床スラブ）も構造耐力上主要な部分であるため、①厚さは8cm以上とし、かつ、短辺方向における有効張り間長さの $\frac{1}{40}$ 以上とすること。②最大曲げモーメントを受ける部分における引張鉄筋の間隔は、短辺方向において20cm以下、長辺方向において30cm以下で、かつ、床版の厚さの3倍以下としなければならない。

鉄筋コンクリート造の梁の構造については、梁も構造耐力上主要な部分であるため、複筋梁とし、これにあばら筋を梁の丈の $\frac{3}{4}$（臥梁にあっては、30cm）以下の間隔で配置することを原則とします。

なお、**複筋梁**というのは、圧縮側にも鉄筋を入れた梁をいい、梁主筋は、径13mm以上を用いて2段以下に配筋し、鉄筋のあきは径の1.5倍以上、粗骨材最大寸法の1.25倍以上かつ25mm以上とします。

臥梁とは、コンクリートブロック造等の組積造において、壁体の頂部を固めるため水平にまわす鉄筋コンクリートの梁をいい、補強コンクリートブロック造において、臥梁は耐力壁の補強筋を定着させ、水平荷重に対して耐力壁を一体化し、鉛直荷重を分散して下階に伝え、強度を維持する役目をします。

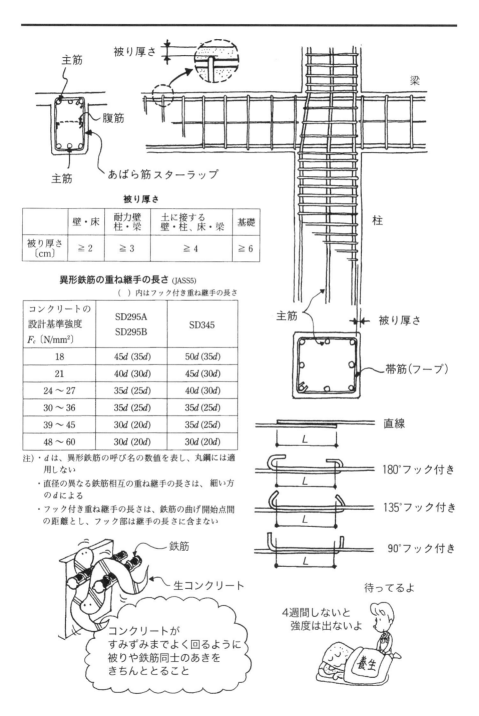

被り厚さ

	壁・床	耐力壁 柱・梁	土に接する 壁・柱、床、梁	基礎
被り厚さ 〔cm〕	≧ 2	≧ 3	≧ 4	≧ 6

異形鉄筋の重ね継手の長さ (JASS5)

（　）内はフック付き重ね継手の長さ

コンクリートの 設計基準強度 F_c〔N/mm²〕	SD295A SD295B	SD345
18	45d (35d)	50d (35d)
21	40d (30d)	45d (30d)
24 〜 27	35d (25d)	40d (30d)
30 〜 36	35d (25d)	35d (25d)
39 〜 45	30d (20d)	35d (25d)
48 〜 60	30d (20d)	30d (20d)

注）・d は、異形鉄筋の呼び名の数値を表し、丸鋼には適
　　用しない
　　・直径の異なる鉄筋相互の重ね継手の長さは、細い方
　　　の d による
　　・フック付き重ね継手の長さは、鉄筋の曲げ開始点間
　　　の距離とし、フック部は継手の長さに含まない

主筋

帯筋（フープ）

直線

180°フック付き

135°フック付き

90°フック付き

鉄筋

生コンクリート

コンクリートが
すみずみまでよく回るように
被りや鉄筋同士のあきを
きちんととること

待ってるよ

4週間しないと
強度は出ないよ

養生

2.2.3 耐火・防火構造

44 耐火構造・防火構造に関する用語

大規模建築物の構造制限とは、防火上等の見地から、高さ16m超、または地上4階以上および延べ面積3000m²を超える建築物の主要構造部を、防耐火上厳しく規制することです。

耐火構造とは、鉄筋コンクリート造、れんが造その他の構造で、壁、柱、床、梁および屋根が、通常の火災時の加熱に一定時間以上耐える性能（**耐火性能**）を有するものをいいます（右頁の表参照）。なお、耐火性能は、非損傷性・遮熱性・遮炎性で表します。

耐火建築物とは、主要構造部を耐火構造またはこれと同等とした建築物で、外壁の開口部で延焼のおそれのある部分に防火戸その他の防火設備を有するものをいいます。**準耐火建築物**とは、主要構造部を準耐火構造以上とし、上記と同様の防火設備を有するものです。**耐火建築物または準耐火建築物としなければならない建築物**は、大規模建築物、防火地域などにある一定規模のもの、特殊建築物のうち一定規模のものです。

防火構造とは、鉄網モルタル塗、しっくい塗等、耐火構造より防耐火性能は劣りますが、火災の延焼防止に有効な構造をいいます。

木造建築物等の防火構造については、延べ面積（同一敷地内に2棟以上あるときは、その延べ面積の合計）1000m²を超える木造建築物等は、外壁・軒裏で延焼のおそれのある部分は防火構造としなければなりません。

不燃材料とは、通常の火災時に20分間、燃焼せず、煙や有害ガスも出ない不燃性の建築材料をいい、コンクリート、れんが、瓦、ガラス、モルタル、鋼材等です。

準不燃材料とは、通常の火災時に10分間燃焼せず、煙も有害ガスも出ない材料で、不燃材料に準ずる不燃性能を有するものをいい、木毛セメント板、石こうボード等です。

難燃材料とは、燃焼速度が比較的遅く、火災初期5分間の不燃性を有する材料をいい、難燃合板、難燃繊維板等があります。

耐火性能

(1) 非損傷性

建築物の階／建築物の部分		最上階及び最上階から数えた階数が2以上で4以内の階	最上階から数えた階数が5以上で14以内の階	最上階から数えた階数が15以上の階
壁	間仕切壁（耐力壁に限る）	1時間	2時間	2時間
	外壁（耐力壁に限る）			
柱				3時間
床				2時間
梁				3時間
屋根		30分間		
階数		30分間		

鉄筋コンクリート造
（RC）

(2) 遮熱性：壁・床に通常火災の火熱が1時間（非耐力壁である外壁の延焼のおそれのある部分以外は30分）加えられた場合に、加熱面以外の面が可燃物燃焼温度（最高200℃、平均160℃）以上にならない。

(3) 遮炎性：外壁・屋根に屋内で発生する通常火災の火熱が1時間（非耐力壁である外壁の延焼のおそれのある部分以外の部分と屋根は30分）加えられた場合に、屋外に火炎を出すような損傷を生じない。

れんが造

防火構造

下地材		仕上材		塗厚さの最小値
壁・床	不燃材	鉄網モルタル塗		1.5cm
		木毛セメント板張 石こうボード張	＋ モルタル塗 しっくい塗	1.0cm
		木毛セメント板＋ モルタル塗 しっくい塗 ＋金属板		―

瓦

ガラス

モルタル

防火材料

不燃材料 （法2条9号） （令108条の2）	コンクリート、れんが、瓦、鉄鋼、アルミニウム、ガラス、モルタル、しっくいなど
準不燃材料 （令1条5号）	木毛セメント、石こうボードなど国土交通大臣が指定するもの
難燃材料 （令1条6号）	難燃合板、難燃繊維板、難燃プラスチック板など国土交通大臣が指定するもの

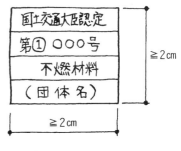

表示マーク

2.2.3 耐火・防火構造

45 防火戸・防火区画等に関する用語

長屋・共同住宅の各戸の界壁は、準耐火構造とし、強化天井の部分を除き、小屋裏または天井裏に達するようにします。

建築物の間仕切壁については、学校、病院、診療所、児童福祉施設等、ホテル、旅館、下宿、寄宿舎、マーケット等の防火上主要な間仕切壁は、準耐火構造とし、強化天井の部分を除き、小屋裏または天井裏まで達するようにします。なお、間仕切壁とは、建物内の空間を仕切る内壁をいい、構造設計では耐力壁以外のものは、非構造壁として区別しています。

防火壁とは、耐火構造として自立できる構造の壁をいい、延べ面積1000m²を超える建築物は、防火壁・防火床によって有効に区画し、かつ、各区画の床面積の合計をそれぞれ1000m²以内とします。ただし、耐火建築物または準耐火建築物等はこの限りではありません。木造建築物の防火壁については、防火壁を無筋コンクリート造または組積造としてはなりません。防火区画とは、火災が発生した場合に延焼の拡大防止およ

び避難を容易にするため、一定面積ごとや吹き抜け部分などに設ける耐火構造などの床、壁または特定防火設備、防火設備などで仕切られる区画をいいます。特定防火設備とは、防火区画の開口部、避難階段、特別避難階段等の開口部等に主に用いられ、60分の遮炎性能があるもので、次のいずれかに該当する構造の戸です。①骨組を鉄製とし、両面にそれぞれ厚さが0.5mm以上の鉄板を張ったもの。②鉄製の鉄板の厚さが1.5mm以上のもの。③鉄骨または鉄筋コンクリート製で厚さが3.5cm以上のもの。④土蔵造の戸で厚さが15cm以上のもの。防火設備とは、20分間の遮炎性能があるもので、①鉄製で鉄板の厚さが0.8mm以上1.5mm未満のもの。②鉄骨または鉄筋コンクリート製で厚さが3.5cm未満のもの。③土蔵造の戸で厚さが15cm未満のもの。④鉄および網入ガラスで造られたもの。⑤骨組を防火塗料を塗布した木材製とし、屋内面に厚さが0.9cm以上の石こうボードなどを張り、屋外面に亜鉛引鉄板を張ったもの。

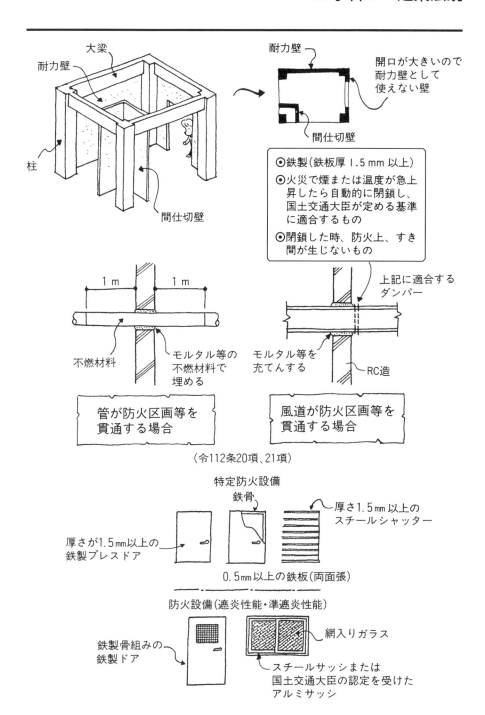

大梁

耐力壁

柱

間仕切壁

耐力壁

開口が大きいので
耐力壁として
使えない壁

間仕切壁

⊙鉄製（鉄板厚1.5mm以上）
⊙火災で煙または温度が急上
　昇したら自動的に閉鎖し、
　国土交通大臣が定める基準
　に適合するもの
⊙閉鎖した時、防火上、すき
　間が生じないもの

1m　1m

不燃材料

モルタル等の
不燃材料で
埋める

管が防火区画等を
貫通する場合

上記に適合する
ダンパー

モルタル等を
充てんする

RC造

風道が防火区画等を
貫通する場合

（令112条20項、21項）

特定防火設備

鉄骨

厚さ1.5mm以上の
スチールシャッター

厚さが1.5mm以上の
鉄製プレスドア

0.5mm以上の鉄板（両面張）

防火設備（遮炎性能・準遮炎性能）

鉄製骨組みの
鉄製ドア

網入りガラス

スチールサッシまたは
国土交通大臣の認定を受けた
アルミサッシ

2.2.4 内装制限

46 内装制限に関する用語

内装制限とは、防火・避難の見地から、内装材に不燃材料や準不燃材料、難燃材料を使用しなければならない制限(規制)をいい、概略、次のように定められています。①一定面積以上の特殊建築物や、階数3以上で500m²超、階数2で1000m²超、平家建てで300m²超のもの、無窓の居室をもつ建築物、火気使用の建築物は内装制限を受ける。②自動車車庫、自動車修理工場は構造、床面積に関係なく内装制限を受ける。③内装制限の対象は居室の天井・壁(床から1.2m以下を除く場合がある)と通路・階段の天井・壁とする。④住宅以外の調理室、浴室、ボイラ室等の火気を使用する室は、主要構造部が耐火構造の場合を除きすべて内装制限を受ける。⑤火災時に避難上支障のないものとして告示で定める部分には制限を適用しない。

法22条指定区域とは、特定行政庁が防火地域および準防火地域以外の市街地について指定する地域いい、その区域内では次のような制限を受けます。①耐火建築物および準耐火建築物以外の建築物の屋根は、通常火災による火の粉により、発炎せず、また屋内に達する損傷を生じないものとしなければならず、具体的には不燃材料で造り、または葺く、準耐火構造とするなどしなければならない。②木造建築物等(主要構造部のうち荷重を支える部分が木材・プラスチックなどの可燃物であるもの)は、その外壁のうち、延焼のおそれのある部分を準防火性能を有する土塗壁などとし、または延焼防止についてこれと同等以上の効力を有する構造としなければならない。

準耐火建築物とは、耐火建築物以外の建築物で次の①または②のいずれかに該当し、外壁の開口部で延焼のおそれのある部分に防火戸その他の防火設備を有するものをいいます。①主要構造部を準耐火構造としたもの。②①に掲げる建築物以外の建築物であって、①に掲げるものと同等の準耐火性能を有するものとして、主要構造部の防火の措置その他の事項について政令で定める技術的基準に適合するもの。

内装制限

	用　途　等	主要構造部が耐火構造*1	主要構造部が準耐火構造*2	そ　の　他
①	劇場・映画館・演芸場・観覧場・公会堂・集会場	客席≧400 m²	客席≧100 m²	
②	病院・診療所（患者の収容施設があるものに限る）・ホテル・旅館・下宿・共同住宅・寄宿舎・児童福祉施設等*3	3階以上の合計≧300 m²	2階部分≧300 m²（病院・診療所は病室がある場合のみ）	床面積合計≧200 m²
③	百貨店・マーケット・展示場・キャバレー・カフェー・ナイトクラブ・バー・ダンスホール・遊技場・公衆浴場・待合・料理店・物品販売店（>10 m²）	3階以上の合計≧1000 m²	2階の合計≧500 m²	床面積合計≧200 m²
④	自動車車庫・自動車修理工場	全　部　適　用		
⑤	地階又は地下工作物内に設ける居室を①～③の用途を供する特殊建築物	全　部　適　用		
⑥	学校・体育館・高さ31 m以下の②の用途部分を除くすべての用途	○階数3以上→延べ面積>500 m² ○階数2→延べ面積>1000 m² ○階数1→延べ面積>3000 m²		
⑦	無窓の居室〔開放できる窓等（天井から8.0 cm以内）が居室床面積の1/50未満〕	当該居室床面積>50 m²		
⑧	採光無窓の居室〔令第20条の有効採光のない温湿度調整を要する作業室等〕	全　部　適　用		
⑨	住宅及び併用住宅の調理室・浴室等	―	階数2以上の建築物の最上階以外の階	
⑩	住宅以外の調理室・浴室・乾燥室・ボイラー室等	―	全部適用	

*1　主要構造部を1時間準耐火基準に適合する準耐火構造とするものを含む
*2　これと同等のものを含み、1時間準耐火基準に適合するものを除く
*3　不要構造部が耐火構造または準耐火構造の建築物で、100m²（共同住宅の住戸は200m²）以内ごとに防火区画された居室部分は除く

火災があっても20分間は燃えない

変形や亀裂がない
有毒ガスを出さない

ほとんど燃えない

10分間の火災に耐える

5分間の火災に耐える

難燃処理で
燃えにくくしている

2.2.5　避難施設

47　避難階段に関する用語

　直通階段については、①屋外に設ける直通階段は原則として木造としてはならない。②劇場、病院、その他の用途に使用する居室のある階については、規模に応じて直通階段を2以上設け、2方向避難を確保すること（右表参照）。

　直通階段までの歩行距離は、居室内の最奥の位置から出入口を通って、直通階段までの距離をいいます（右表参照）。

　避難階段とは、避難階以外の階から避難階または地上に通じる直通階段（屋内階段、屋外階段）で、火災の際に安全に避難できるようにしたものです。**屋内避難階段**は耐火構造の壁で囲い、室内の仕上材料は不燃材料にし、非常用照明装置を設けます。避難階段は建物の5階以上の階、また地下2階以下の階に通じる階段に適用されます。なお、**避難階**とは直接地上へ通じる出入口のある階をいいます。**特別避難階段**とは、階段室と屋内とがバルコニー、または排煙設備を有する付室を通じて連絡する形式の避難階段をいい、付室は非常用エレベータのロビーと兼用されることが多いのです。特別避難階段は15階以上の建物あるいは5階以上の物品販売の店舗等、または地下3階以下の階に通じる階段に設置が義務づけられます。

　廊下の幅とは、内法幅をいい、用途により、2.3 m以上、1.8 m以上、1.6 m以上、1.2 m以上の4種に区分されます（右表参照）。なお、**内法幅**とは向かい合う2部材間の内側から内側までの寸法をいいます。

　屋外への出口については概略、次のように規定されています。①劇場、映画館等客用に供する屋外への出口の戸は内開きとしてはならない。②物品販売業を営む店舗の避難階に設ける屋外への出口の幅の合計は、床面積が最大の階における床面積100 m²につき60 cmの割合で計算した数値以上とする。③屋内から屋外への出口は、鍵を使わずに誰にでも開けられるようにする。④5階以上に売場のある百貨店等には、避難用の屋上広場を設ける。

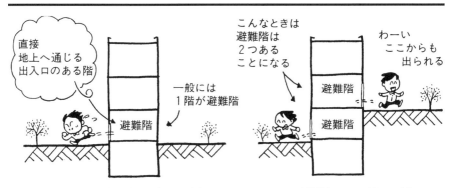

2以上の直通階段が必要（令121条）

用途		その階の居室等の床面積の合計	
		主要構造部が準耐火構造、又は不燃材料	その他の場合
1	劇場、映画館等の客席、物品販売店（床面積＞1500m²）	床面積に関係なく、すべて適用する	
2	キャバレー、カフェー、バーなど	すべて適用する（5階以下に条件つき緩和あり）	
3	病院、診療所の病室 児童福祉施設	＞100m²＊	＞50m²＊
4	ホテル、旅館、下宿の宿泊室 共同住宅の居室 寄宿舎の寝室	＞200m²	＞100m²＊
5 その他	6階以上の階で、居室を有するもの	すべて適用する（条件つき緩和あり）	
	避難所の直上階の居室	＞400m²	＞200m²
	その他の階の居室	＞200m²	＞100m²

避難階段の設置（令122条）

直通階段が通じている階	設けなければならない階段
5階以上	避難階段
地下2階以下	
3階以上の物品販売店舗（延べ面積＞1500m²）	
15階以上	特別避難階段
地下3階以下	
5階以上の物品販売店舗（延べ面積＞1500m²）	

＊階数3以下で延べ面積200m²未満の建築物のうち一定条件を満たすものは適用除外

直通階段までの歩行距離（令120条）

居室の種類	階数 建築物の構造及び内装	14階以下			15階以上	
		主要構造部が準耐火構造又は不燃材料で造られている場合		その他	主要構造部が準耐火構造又は不燃材料で造られている場合	
		内装制限あり	内装制限なし		内装制限あり	内装制限なし
1	無窓の居室（採光有効面積1/20未満の居室） 百貨店、マーケットなど法別表1(い)欄(4)項に掲げる特殊建築物の主たる用途に供する居室	40m以下	30m以下	30m以下	30m以下	20m以下
2	病院、ホテルなど法別表1(い)欄(2)項に掲げる特殊建築物の主たる用途に供する居室	60m以下	50m以下		50m以下	40m以下
3	その他の居室			40m以下		

廊下の幅（令119条）

用途・規模	廊下の幅	
	両側に居室がある場合	その他
小・中・高校の児童・生徒用	2.3m以上	1.8m以上
病院の患者用 共同住宅の住戸もしくは居室の床面積の合計が100m²を超える階の共用のもの 居室の床面積の合計が200m²（地階では100m²）を超える階のもの（3室以下の専用のものを除く）	1.6m以上	1.2m以上

2.2.5　避難施設

48　非常用の照明装置等に関する用語

非常用の照明装置とは、地震、火災等の災害の際の停電時の避難行動をスムーズにするための照明装置をいい、次のような機能が要求されます。①直接照明とし、床面で 1lx 以上の照度を確保すること。②照明器具のうち、主要部分は難燃材料で造り、またはおおうこと。③予備電源を設けること。なお、**非常用の照明装置の設置を要する建築物**は、①特殊建築物の居室、②階数が 3 以上で延べ面積が 500 m² を超える建築物の居室、③延べ面積が 1000 m² を超える建築物の居室、④無窓の居室、⑤これらの居室から地上に通じる出口に至るまでの通路、廊下、階段等、です。住宅、病院（病室）、学校などや容易に避難できる居室、採光上有効な開口部のある通路は除きます。

非常用の進入口とは、消火作業や救助活動のために消防隊が容易に建物内に入れるように設ける開口部をいい、建築物の高さが 31 m 以下の部分にある 3 階以上の階には原則として非常用の進入口を設けなければなりません。

無窓の居室とは、窓その他の開口部を有しない居室をいい、無窓の居室、無窓階等はその安全確保の見地から、構造上や避難施設について特に厳しい規制を受けます。なお、無窓の居室については、その目的等によって次のように大別されます。①採光上（自然採光は行わず人工照明だけを利用する必要がある場合）の無窓の居室。この場合は採光に有効な部分の面積の合計が、当該居室の床面積の $\frac{1}{20}$ 未満のもの。②換気上（自然換気を行わず人工換気・空調としなければならない必要がある場合）の無窓の居室で、この場合は、開放できる部分（天井または天井から下方 80 cm 以内の距離のある部分に限る）の面積の合計が、当該居室の床面積の $\frac{1}{50}$ 未満のもの。

無窓建築とは、窓をなくし、自然採光・自然換気の代わりに、人工照明・空気調和による空間をもつ建築物をいい、大きな壁面を構造要素として用いることができるので、工場や倉庫等に採用されることが多いのです。

建築基準法の非常用の照明

平常時は消えている

停電時だけ点灯

消防法の誘導灯は停電時はもちろん平常も点灯しています

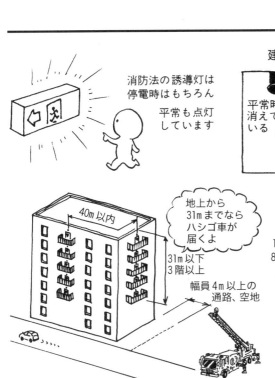

40m 以内

地上から31mまでならハシゴ車が届くよ

31m 以下 3 階以上

幅員4m以上の通路、空地

非常用進入口の設置義務

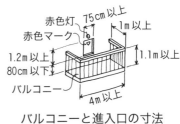

赤色灯
赤色マーク
75cm 以上
1m 以上
1.2m 以上
80cm 以下
1.1m 以上
バルコニー
4m 以上

バルコニーと進入口の寸法

赤色

非常用進入口

無窓建築

倉庫

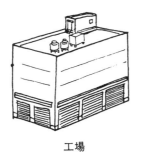

工場

美術館
博物館

2.3.1　道路

| 49 | 道路に関する用語 |

　集団規定とは、都市を構成する建築物の集団としてのあり方について定められた建築基準法第3章の規定をいい、原則として集団規定は都市計画区域内と準都市計画区域内に限り適用されます。

　道路とは、原則として次に該当する幅員が4m以上（特定行政庁が指定する区域内においては6m以上）のものをいいます。①道路法、都市計画法、土地区画整理法などによる道路。②規定が適用されるに至った際、現に存在していた道（公道・私道の別を問わない）。③2年以内の事業執行予定道路。④位置指定道路。

　みなし道路とは、規定が適用されるに至った際、現に建築物が建ち並んでいる幅員4m未満の道で、特定行政庁が指定したもので、2項道路とも呼ばれ、概略次のような規制を受けます。①**道路の境界線**は中心線より2mのところにする。②がけ地、川、線路敷地等の道路境界線は、がけ地等の道の側の境界線より4mのところとする。③1.8m未満の道を指定する場合は、建築審査会の同意

を必要とする。

　敷地と道路との関係については、次のような規制を受けます。①建築物の敷地は、道路に2m以上接しなければならない。ただし、建築物の周囲に広い空地があるなど、安全上支障がない時はこの限りではない。②特殊建築物、階数が3以上である建築物、無窓居室を有する建築物、延べ面積1000m²を超える建築物等には、地方公共団体は敷地が道路に接する部分の長さ等について、条例で必要な制限を付加することができる。

　道路内の建築制限に関しては、建築物や擁壁は、原則として道路内にまたは道路に突き出して建築し、または築造してはなりません。

　壁面線による建築制限については、景観と環境の向上を図るため必要に応じて、特定行政庁は壁面線を指定でき、建築物の壁もしくはこれに代わる柱、高さ2mを超える門やへいは、壁面線を超えて建築してはなりません。

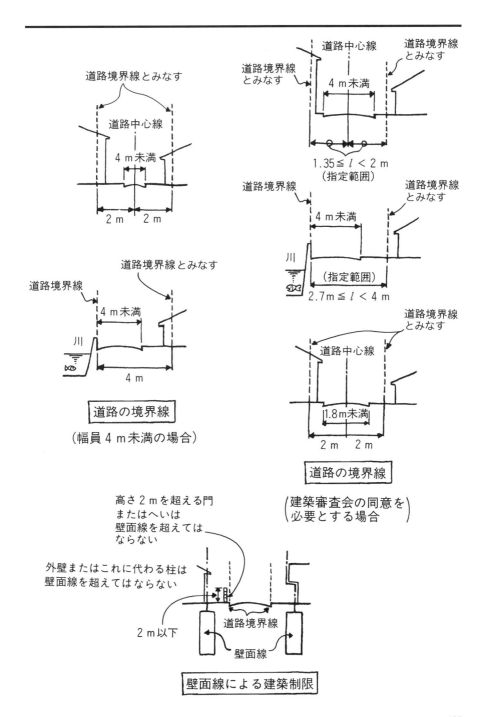

道路境界線とみなす

道路中心線

4 m未満

2 m　2 m

道路中心線

道路境界線
とみなす

道路境界線
とみなす

4 m未満

$1.35 \leqq l < 2\,\mathrm{m}$
（指定範囲）

道路境界線

道路境界線
とみなす

4 m未満

川

（指定範囲）
$2.7\,\mathrm{m} \leqq l < 4\,\mathrm{m}$

道路境界線

道路境界線とみなす

4 m未満

川

4 m

道路の境界線

（幅員 4 m未満の場合）

道路境界線
とみなす

道路中心線

1.8 m未満

2 m　2 m

道路の境界線

(建築審査会の同意を)
(必要とする場合　　)

高さ 2 mを超える門
またはへいは
壁面線を超えては
ならない

外壁またはこれに代わる柱は
壁面線を超えてはならない

2 m以下

道路境界線

壁面線

壁面線による建築制限

2.3.2 用途地域

50 用途地域に関する用語

用途地域とは、都市計画法、建築基準法により、土地および建築物の用途について、その地域の性格を害するものを制限し、ひいては都市の各土地が最も合理的に使用されるように規制する地域をいいます。用途地域では建築物の用途が制限され、また高さ、建ぺい率、容積率等の形態や密度の規制を受けます。

用途地域にわたる場合とは、2種類以上の用途地域に、建築物の敷地がまたがる場合をいい、高さ制限はそれぞれの地域により、建ぺい率や容積率の算定については、それぞれの用途地域の限度の和をもって限度とします。

用途地域内の建築制限については、建築物は用途地域により、その用途が右頁の表のように制限されます。

敷地が用途地域内外にわたる場合の建築制限については、敷地全部に対し、その敷地の過半が属する地域の規定が適用されます。

都市計画区域とは、市町村の行政区域のうち、現在の市街地および将来市街地として予想される区域を含み、都市として総合的に整備、開発、保全する必要がある区域で都道府県が指定する区域をいいます。**準都市計画区域**とは、都市計画区域外で土地利用の整序を行うことなく放置すれば将来一体の都市としての整備・保全に支障がある区域で、都道府県が指定するものです。都市計画区域内と準都市計画区域内のみ建築基準法第3章が適用されます。

そして都市計画区域は市街化区域と市街化調整区域に分けられます。これを**区域区分（線引き）**といいます。**市街化区域**とは、すでに市街地を形成している区域および概ね10年以内に優先的かつ計画的に市街化を図るべき区域をいい、市街化区域には原則として、用途地域が定められ、住居関係地域、商業関係地域、工業関係地域に大別され規制が行われます。**市街化調整区域**とは、市街化を抑制すべき区域をいい、市街化調整区域では、原則として用途地域を定めず、したがって農林漁業以外の開発行為は原則として知事の開発許可を受けなければなりません。

用途地域内の建築制限

建築物の種類	第一種低層住居専用	第二種低層住居専用	第一種中高層住居専用	第二種中高層住居専用	第一種住居	第二種住居	準住居	田園住居	近隣商業	商業	準工業	工業	工業専用
住宅：住宅、共同住宅、寄宿舎、下宿	●	●	●	●	●	●	●	●	●	●	●	●	
住宅：一定規模以下の兼用住宅	●	●	●	●	●	●	●	●	●	●	●	●	
公共公益：図書館	●	●	●	●	●	●	●	●	●	●	●	●	
公共公益：病院			●	●	●	●	●		●	●	●		
公共公益：学校 幼稚園、小・中・高校	●	●	●	●	●	●	●	●	●	●	●		
公共公益：学校 大学、高等専門学校			●	●	●	●	●		●	●	●		
公共公益：神社、寺院、教会	●	●	●	●	●	●	●	●	●	●	●	●	●
公共公益：老人ホーム、福祉ホーム	●	●	●	●	●	●	●	●	●	●	●	●	
公共公益：老人福祉センター、児童厚生施設	①	①	●	●	●	●	●	①	●	●	●	●	
公共公益：公衆浴場、診療所、保育園	●	●	●	●	●	●	●	●	●	●	●	●	●
公共公益：巡査派出所、公衆電話所	●	●	●	●	●	●	●	●	●	●	●	●	●
商業：店舗・飲食店 床面積 150㎡以内*		●	●	●	●	●	●	●	●	●	●	●	⑦
商業：店舗・飲食店 床面積 500㎡以内*			●	●	●	●	●	⑤	●	●	●	●	⑦
商業：店舗・飲食店 上記以外					②	③	⑧	⑧	●	●	●	●	⑦
商業：事務所 50㎡以内の兼用住宅	●	●	●	●									
商業：事務所 上記以外					②	③	●	⑥	●	●	●	●	●
商業：ホテル・旅館					③	●	●		●	●	●		
商業：娯楽施設 カラオケボックス						⑧	⑧		●	●	●	⑧	⑧
商業：娯楽施設 マージャン屋、パチンコ屋						⑧	⑧		●	●	●	⑧	
商業：娯楽施設 ボーリング場、スケート場					③	●	●		●	●	●		
商業：娯楽施設 キャバレー、料理店										●	●		
商業：娯楽施設 劇場・映画館 200㎡未満							●		●	●	●		
商業：娯楽施設 劇場・映画館 200㎡以上									●	●	●		
商業：自動車教習所、15㎡を超える畜舎					③	●	●		●	●	●	●	●
工場：工場 作業所面積 50㎡以下				④	●	●	●		●	●	●	●	●
工場：工場 作業所面積 150㎡以下									●	●	●	●	●
工場：工場 作業所面積 150㎡を超える											●	●	●
工場：危険物 処理の量 非常に少ない					②	③	●		●	●	●	●	●
工場：危険物 処理の量 少ない											●	●	●
工場：危険物 処理の量 やや多い												●	●
工場：危険物 処理の量 多い												●	●

● ：建築可能　　▨ ：建築禁止

* 2階以下、用途限定
① 一定規模以下のものに限り建築が可能
② 用途に供する部分が2階以下、かつ1500㎡以下の場合に限り建築が可能
③ 用途に供する部分が3000㎡以下の場合に限り建築が可能
④ パンなどの食品製造(使用原動機0.75kW以下)に限る
⑤ 農業の利便増進に必要なものに限り建築が可能
⑥ 農産物の生産・貯蔵用は建築が可能
⑦ 物品販売店舗、飲食店は建築禁止
⑧ 10000㎡以下に限り建築が可能

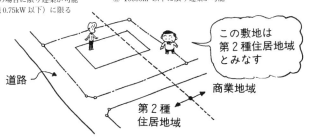

2.3.2 用途地域

51 用途地域の種類に関する用語

住居関係地域とは、住居環境を保護する用途地域をいい、次のように分けられます。第一種低層住居専用地域は、低層住宅に係る良好な住居の環境を保護するために定める地域をいい、第二種低層住居専用地域は主として、低層住宅に係る良好な住居の環境を保護するために定める地域です。第一種中高層住居専用地域は、中高層住宅に係る住居の環境を保護するために定める地域をいい、第二種中高層住居専用地域は、主として中高層住宅に係る良好な住居の環境を保護するために定める地域です。第一種住居地域は、住居の環境を保護するために定める地域をいい、第二種住居地域は主として、住居の環境を保護するため定める地域です。準住居地域とは、道路の沿道としての住居の環境を保護するため定める地域をいいます。田園住居地域は、農業の利便の増進と調和した低層住宅の環境を保護するために定める地域です。

商業関係地域とは、住居環境の保護ではなく、商業その他の業務の利便の増進を目的とした地域をいい、次の2つに分けられます。近隣商業地域は、近隣の住宅地の住民に対する日用品の供給を行うことを主たる内容とする商業、その他の業務の利便を増進するため定める地域をいい、商業地域は主として、商業その他の業務の利便を増進するため定める地域をいいます。

工業関係地域とは、工業の利便を増進することが主目的である地域をいい、次の3つに分けられます。準工業地域とは、主として環境の悪化をもたらすおそれのない工業の利便を増進するため定める地域、いわば公害発生のすくない工業地域をいい、工業地域は、主として工業の利便を増進するため定める地域をいいます。工業専用地域は工業の利便を増進するため定める地域で、コンビナートのような危険度の高い工業地帯をいいます。

用途地域内の建築物は、**50**の表のような建築制限を受け、かつ、地域に応じて建ぺい率、容積率、斜線制限、日影規制等が適用されます。

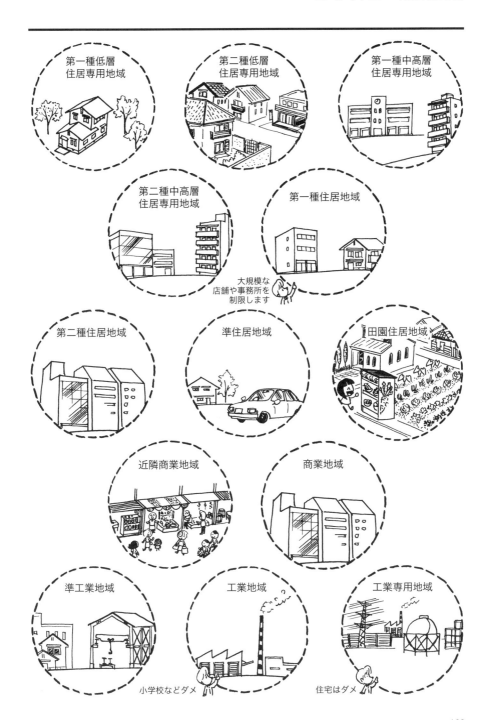

第一種低層住居専用地域

第二種低層住居専用地域

第一種中高層住居専用地域

第二種中高層住居専用地域

第一種住居地域

大規模な店舗や事務所を制限します

第二種住居地域

準住居地域

田園住居地域

近隣商業地域

商業地域

準工業地域

工業地域

小学校などダメ

工業専用地域

住宅はダメ

2.3.2　用途地域

52　地域・地区に関する用語

地域・地区とは、都市計画法の規定に基づき、都市計画において定められる用途地域、特別用途地区、高度利用地区、特定街区、防火地域、風致地区等の地区または区域を総称していいます。

高度地区とは、用途地域内において市街地の環境を維持し、または土地利用の増進を図るため、建築物の高さの最高限度または最低限度を都市計画として定める地区をいいます。

高度利用地区とは、用途地域内の市街地における土地の合理的、かつ、健全な高度利用と都市機能の更新とを図るため、容積率の最高限度および最低限度、建ぺい率の最高限度、建築面積の最低限度ならびに壁面の位置の制限を都市計画として定める地区をいいます。

特別用途地区とは、用途地域内において、特別の目的からする土地利用の推進、環境の保護を図るため定める地区であり、その指定は都市計画として市町村が決定します。

都市施設とは、道路、公園、水道、河川、学校、病院、市場、一団地の住宅施設、一団地の官公庁施設、公衆電気通信の用に供する施設等を総称していい、都市施設の区域内においては建築物の建築は制限されます。すなわち、階段が2以下で、かつ、地階を有しない木造の建築物の改築または移転のみが、軽易な建築行為として認められます。

防火地域または準防火地域とは、市街地における火災の危険を防除するため定める地域です。

景観地区・準景観地区とは、市街地の良好な景観の保全を図るため定める地区をいいます。

風致地区とは、都市の風致を維持するため定める地区です。

臨港地区とは、港湾を管理するため定める地区をいいます。

いずれにしても、地域・地区内における建築物その他の工作物については、それぞれ当該の地域・地区に対応した制限が規定されています。

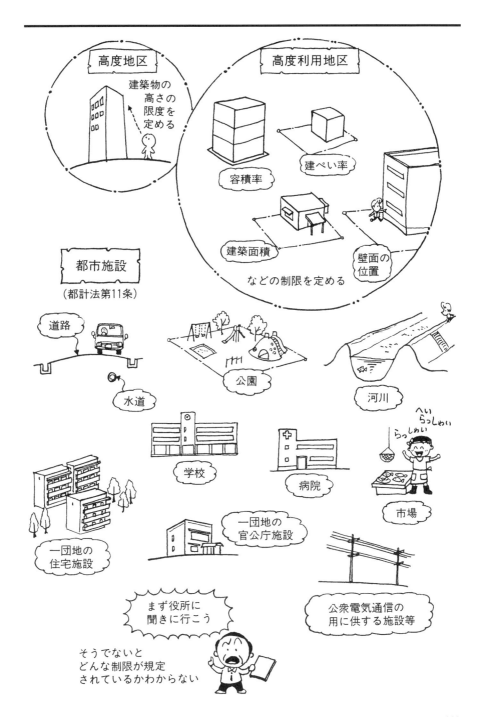

53 建ぺい率に関する用語

密度規定とは、一定地域の建築物の量や人口を調整するための規制で、建ぺい率と容積率の規定があります。

建ぺい率とは、建築物の建築面積（同一敷地内に2以上の建築物のある場合においては、その建築面積の合計）の敷地面積に対する割合、すなわち $\frac{建築面積}{敷地面積}$ の値をいいます。建ぺい率は基本的には用途地域等の区分により右頁の表に示すような制限（指定建ぺい率）を受け、これを一般に**建ぺい率の限度**と呼んでいます。ただし、次のような例外規定があります。①指定建ぺい率が $\frac{8}{10}$ 以外の地域で防火地域内の耐火建築物等、または準防火地域内の耐火建築物等または準耐火建築物等には、制限の数値に $\frac{1}{10}$ を加算する。②**街区の角にある敷地**またはこれに準じる敷地で、特定行政庁が指定するものには、制限の数に $\frac{1}{10}$ を加算する。例えば、第一種住居地域で防火地域の指定があり、敷地が特定行政庁で指定した街区の角にある耐火建築物の場合の建ぺい率の限度は、 $\frac{6}{10} + \frac{1}{10} + \frac{1}{10} = \frac{8}{10}$ 以下となる。③防火

地域内にある耐火建築物等は、商業地域および指定建ぺい率が $\frac{8}{10}$ の地域では、制限は適用しない。つまり理論的には $\frac{10}{10}$ まで建築できる。④**建ぺい率の制限を受けない建築物**は、③のほか、交番、公衆便所、公共用歩廊に類するものや、公園、広場、道路、川等の内にある建築物で安全上、防火上、衛生上支障がないと認めて特定行政庁が許可したもの。⑤**敷地が建ぺい率の制限の異なる2以上の地域にわたる場合の建ぺい率制限**においては、それぞれの敷地部分の面積に当該地域または区域の建ぺい率の限度を乗じて得た数値の合計が、その敷地に建てられる建築物の建築面積の限度となる。⑥**敷地が防火地域の内外にわたる場合の建ぺい率の制限**については、建築物の全部が耐火建築物等であれば、その敷地はすべて防火地域にあるものとみなす。⑦敷地が準防火地域と防火・準防火地域外にわたる場合、建築物の全部が耐火建築物等または準耐火建築物等であれば、その敷地はすべて準防火地域内にあるとみなす。

建ぺい率

	指定建ぺい率☆*1	① 角地等*2	② 防火地域内の耐火建築物等*4	③ 準防火地域内の耐火建築物等または準耐火建築物等*5	①かつ② または③
一種・二種低層住専地域、一種・二種中高層住専地域、田園住居地域、工業専用地域	30、40、50、60%	☆欄＋10%	☆欄＋10%	☆欄＋10%	☆欄＋20%
一種・二種準住居、準工業地域	50、60%		制限なし		制限なし
	80%				
近隣商業地域	60%		☆欄＋10%		☆欄＋20%
	80%		制限なし		制限なし
商業地域	80%				
工業地域	50、60%		☆欄＋10%		☆欄＋20%
用途地域無指定区域	30、40、50、60、70%*3		☆欄＋10%		☆欄＋20%

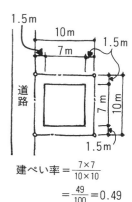

$$建ぺい率 = \frac{7 \times 7}{10 \times 10}$$

$$= \frac{49}{100} = 0.49$$

＊1 これらの数値のなかから、都市計画で決定する（無指定除く）
＊2 角地等の指定は、特定行政庁が行う
＊3 これらの数値のなかから、特定行政庁が都道府県都市計画審議会の議を経て決定する
＊4 耐火建築物またはこれと同等以上の延焼防止性能を有する建築物
＊5 準耐火建築物またはこれと同等以上の延焼防止性能を有する建築物

制限の異なる2以上の地域にわたる敷地の建ぺい率の制限

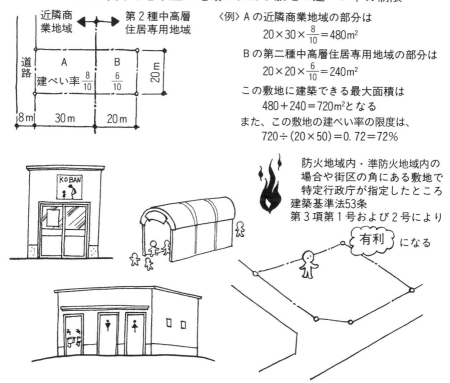

〈例〉Aの近隣商業地域の部分は
$$20 \times 30 \times \frac{8}{10} = 480 m^2$$

Bの第二種中高層住居専用地域の部分は
$$20 \times 20 \times \frac{6}{10} = 240 m^2$$

この敷地に建築できる最大面積は
$$480 + 240 = 720 m^2 となる$$

また、この敷地の建ぺい率の限度は、
$$720 \div (20 \times 50) = 0.72 = 72\%$$

防火地域内・準防火地域内の場合や街区の角にある敷地で特定行政庁が指定したところ
建築基準法53条
第3項第1号および2号により

有利 になる

2.3.3 密度・形態規定

54 第一種・第二種低層住専・田園住居地域内の規制／敷地面積の規制

外壁の後退距離については、第一種低層住居専用地域、第二種低層住居専用地域または田園住居地域内においては、建築物の外壁またはこれに代わる柱の面から敷地境界線までの距離（道路境界線を含む）は、その地域の都市計画で定められた限度（1.5m または 1.0m）以上でなければならないとされ、これを外壁の後退距離といいます。ただし、外壁の後退距離が都市計画で定められていない場合は制限はありません。そして外壁の後退距離の部分で次のいずれかに該当する場合は、外壁等が後退しなくてもよいのです。①外壁等またはこれに代わる柱の中心線の長さの合計が3m以下。②物置等で、軒の高さが2.3m以下で、かつ、床面積の合計が5m² 以内。

第一種低層住居専用地域、第二種低層住居専用地域または田園住居地域内における建築物の高さの制限に関しては、①建築物の高さの限度は10m または12mのうち都市計画で定められたものとする。②敷地面積および敷地内空地の規模が右頁の表で定めるもの以上である建築物で、特定行政庁が良好な住居の環境を害するおそれがないと認めたものについては12m 以下とする。③高さの算定については、塔屋等の屋上突出部分（建築面積の $\frac{1}{8}$ 以内の場合）の高さが5m 以下のものについては、当該建築物の高さに算定しない。④ただし、学校等用途上やむを得ない、また、低層住宅に係る良好な住居の環境を害するおそれがないと特定行政庁が許可したものについては、高さの限度を超えて建築できる。

敷地面積の最低限度については、次のように規制されています。①都市計画で建築物の敷地面積の最低限度が定められたときは、当該最低限度以上でなければならない。②最低限度は200m² を超えてはならない。③ただし、次の建築物の敷地はこの限りではない。イ）建ぺい率の限度が $\frac{8}{10}$ の地域で、防火地域内の耐火建築物等。ロ）公衆便所、巡査派出所その他。ハ）その敷地の周囲に広い公園、広場、道路を有する建築物であって特定行政庁が許可したもの。

外壁等が後退しなくてもよい場合

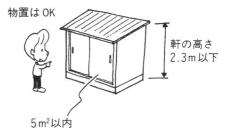

1m又は1.5m
（都市計画で定める）

道路

A

①a＋b＋c＋d＋e≦3mの場合
②A部分の用途が物置等で
　軒の高さ≦2.3mかつ床面積≦5m²の場合

物置はOK

軒の高さ
2.3m以下

5m²以内

高さの限度が10mと定められた地域で、12m以下とすることができる敷地面積および空地の規模

敷地面積 の規模	建ぺい率の最高限度	空地率 (空地面積／敷地面積)
1500m² 以上*	3/10の場合	8/10以上
	4/10の場合	7/10以上
	5/10の場合	6/10以上
	6/10の場合	5/10以上
	7/10の場合	4/10以上
	8/10の場合	3/10以上
	定められていない （適用を受けない場合）	1/10以上

＊特定行政庁は、街区の形状、宅地の規模その他土
　地の状況により、1500m²以上とすることが不適当
　であると認める場合には、規則で750m²以上、
　1500m²未満の範囲内で別に定めることができる

10
m
又
は
12
m
以
下

良好な住居環境

日照　　採光　　通風

そよ
そよ

など保護

2.3.3　密度・形態規定

55　容積率に関する用語

容積率とは、建築物の延べ面積（同一敷地内に2以上の建築物がある場合においては、その延べ面積の合計）の敷地面積に対する割合、つまり$\dfrac{\text{延べ面積}}{\text{敷地面積}}$の値をいいます。容積率は用途地域等の区分により制限を受け、かつ、前面道路の幅員により基本的には右頁の表に示すような制限を受けます。詳しくは次のような規定があります。①一般の場合の制限と前面道路による制限が同時に生じる場合はより厳しい制限の数値とする。②**敷地が容積率の制限の異なる2以上の地域または区域にわたる場合の容積率の制限**については、それぞれの制限の限度に当該の敷地面積を乗じたものの合計以下とする。③建築物の地階でその天井が地盤面からの高さ1m以下にあるものの住宅・老人ホーム・福祉ホームなどの用途に供する床面積は、当該用途の床面積の$\dfrac{1}{3}$まで、容積率算定用の床面積に算入しない。④**容積率算定における自動車車庫の床面積の扱い**については、自動車車庫や自動車等の駐車部分の床面積は、建築物の延べ面積の$\dfrac{1}{5}$を限度として、延べ面積の合計より除く。

容積率の制限の緩和については次の場合に適用されます。①計画道路に面する場合、壁面線指定の場合、機械室等の床面積が著しく大きい場合、敷地の周囲に広い公園、広場等の空地を有する場合といった、特定行政庁が支障がないと許可した場合。②建築物の敷地が、幅員15m以上の道路いわゆる**特定道路**に接続する幅員（W_r）が6m以上12m未満の前面道路のうち当該特定道路からの延長（L）が70m以内の部分において接する場合、前面道路の幅員に、

$$W_a = \frac{(12 - W_r)(70 - L)}{70}$$

だけ加算される。

計画道路（都市計画道路）とは、都市計画法に基づき、都市計画施設として都市計画が定められたものをいいます。したがって、現に道路がなくとも道路があるとみなされるわけです。

容積率

用途地域	(一) 都市計画（無指定区域で指定行政庁）による指定値〔%〕	(二) 道路幅員 W〔m〕が 12m 未満の場合
一種・二種低層住専地域 田園住居地域	50、60、80、100、150、200	左の数値以下、かつ、$W \times 40\%$ 以下
一種・二種中高層住専地域	100、150、200、300、400、500	左の数値以下、かつ、$W \times 40\%$ 以下 （特定行政庁が指定した場合は 60% 以下）
一種・二種・準住居地域*		
近隣商業、準工業地域*	100、150、200、300、400、500	左の数値以下、かつ、$W \times 60\%$ 以下 （特定行政庁が指定した場合は 40% 又は 80% 以下）
商業地域	200、300、400、500、600、700、800、900、1000、1100、1200、1300	
工業、工業専用地域	100、150、200、300、400	
用途地域無指定区域	50、80、100、200、300、400	

*高層住宅誘導地区内、これらの用途地域内にある建築物で、住宅の用途に供する部分の床面積が、延べ面積の2/3以上のものについては、（一）の指定値の1.5倍以内の範囲内で緩和がある（令135条の14）

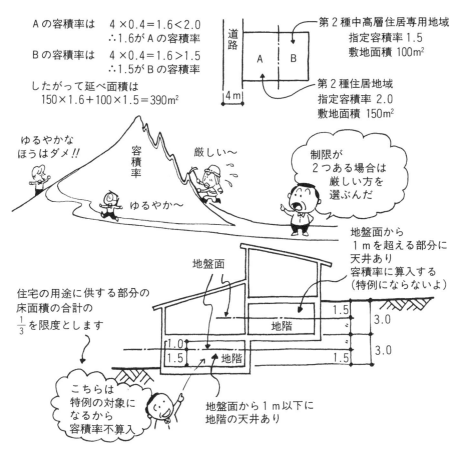

Aの容積率は　4×0.4＝1.6＜2.0
　　　　　　　∴1.6がAの容積率

Bの容積率は　4×0.4＝1.6＞1.5
　　　　　　　∴1.5がBの容積率

したがって延べ面積は
　150×1.6＋100×1.5＝390m²

第2種中高層住居専用地域
指定容積率1.5
敷地面積 100m²

第2種住居地域
指定容積率 2.0
敷地面積 150m²

道路　4m　A　B

ゆるやかなほうはダメ!!
容積率
厳しい〜
ゆるやか〜
制限が2つある場合は厳しい方を選ぶんだ

地盤面から1mを超える部分に天井あり容積率に算入する（特例にならないよ）

住宅の用途に供する部分の床面積の合計の1/3を限度とします

地盤面
地階
地階
1.5
1.0
1.5
3.0
3.0
1.5

こちらは特例の対象になるから容積率不算入

地盤面から1m以下に地階の天井あり

117

56 斜線制限に関する用語・1

　形態規定とは、建築物の形態に直接影響を与える規制をいい、高さ制限、斜線制限、日影規制等があります。

　斜線制限とは、敷地に接する道路幅や、隣地境界線と建築物の距離によって用途地域別に規定される建築物の高さに対する制限です。すなわち、前面道路の反対側や隣地境界線からの距離に比例させて建築可能範囲を規定するので斜線制限というのです。そして基本的な高さ制限（斜線制限）を示すと右頁の表のとおりであり、また、高さの限度は、各種制限による最小の高さとするのです。

　道路斜線制限とは、道路の幅員により斜線をとり、その線の内部にしか建築できないというもので、①道路斜線制限のみ、**前面道路中心線**（雨水の排水等のため幅員の中央部が一番高くつくられるわけで、道路の境界線より高くなり、前面道路の路面の中心から、前面道路の斜線制限の高さを測る）を高さの基準点とする。②前面道路による道路の斜線制限には適用範囲がある。つまり道路斜線制限は敷地内のすべてに及ぶのではなく、右図の L の範囲となる。

　③**道路斜線の適用距離**は地域・区域と容積率により、20m、25m、30m、35m などの数値が決まる。

　前面道路とは、道路の定義による道路（**49** を参照）の他、次に示す場合も前面道路とみなします。①土地区画整理事業を施行した地区等の街区の整った地区内の街区で、特定行政庁が指定するものについてはその街区の接する道路（通常の敷地単位の規制ではなく、街区を1つの敷地とみて街区の接する道路をその敷地の前面道路とみなす）。②敷地が都市計画道路に接する場合または敷地内に都市計画道路がある場合で、特定行政庁が交通上、安全上、防火上、衛生上支障がないと認めた建築物については、その計画道路。

　街区とは、主として道路で囲まれた一地域をいいます。そして、その街区に統一感をもたせるために容積率や高さの限度、壁面の位置の制限を別に定める地域を**特定街区**といいます。

高さ制限

項目＼用途地域	第一種低層住居専用	第二種低層住居専用	田園住居地域	第一種中高層住居専用	第二種中高層住居専用	第一種住居	第二種住居	準住居	その他無指定
道路斜線（勾配）	$\dfrac{1.25}{1}$								$\dfrac{1.5}{1}$
隣地斜線（立ち上がり＋勾配）	—			$20\text{m}+\dfrac{1.25}{1}$					$31\text{m}+\dfrac{2.5}{1}$
北側斜線（立ち上がり＋勾配）	$5\text{m}+\dfrac{1.25}{1}$			$10\text{m}+\dfrac{1.25}{1}$		—			
最高限度	10m または 12m			制限なし					

前面道路との関係についての建築物の各部分の高さ

	建築物がある地域又は区域	容積率の限度	距離（L）	数値
1	第一・二種低層住専地域 第一・二種中高層住専地域 田園住居地域 第一・二住居、準住居地域	20/10 以下の場合 20/10 を超え 30/10 以下の場合 30/10 を超え 40/10 以下の場合 40/10 を超える場合	20m 25m 30m 35m	1.25
2	近隣商業地域 商業地域	40/10 以下の場合 40/10 を超え 60/10 以下の場合 60/10 を超え 80/10 以下の場合 80/10 を超え 100/10 以下の場合 100/10 を超え 110/10 以下の場合 110/10 を超え 120/10 以下の場合 120/10 を超える場合	20m 25m 30m 35m 40m 45m 50m	1.5
3	準工業地域 工業地域 工業専用地域	20/10 以下の場合 20/10 を超え 30/10 以下の場合 30/10 を超え 40/10 以下の場合 40/10 を超える場合	20m 25m 30m 35m	1.5
4	用途指定のない区域	20/10 以下の場合 20/10 を超え 30/10 以下の場合 30/10 を超える場合	20m 25m 30m	1.25 又は 1.5

道路斜線制限の適用範囲

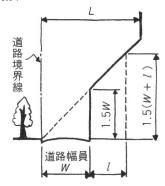

道路斜線制限

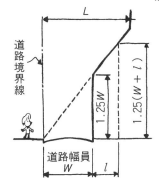

住居系用途地域又は無指定区域　　　商業系・工業系用途地域又は無指定区域

2.3.3　密度・形態規定

57　斜線制限に関する用語・2

　2以上の前面道路がある場合は、次のような道路斜線制限の緩和があります。①幅員の最大な前面道路の境界線からの水平距離が、その前面道路の幅員の2倍以内で、かつ、35m以内の区域およびその他の前面道路の中心線からの水平距離が10mを超える区域については、すべての前面道路が幅員の最大な前面道路と同じ幅員を有するものとみなす。②①以外の区域（前面道路の中心線から10m以内の区域）で、なお、前面道路が2以上ある場合には、幅の広い方の前面道路からその幅員の2倍以内で、かつ、35m以内の区域は、2番目に前面道路の広い道路と同じ幅員を有するものとみなす。

　セットバックとは、建物を道路境界線や隣地境界線から後退させて建築することをいい、セットバックにより市街地の日照、通風の悪化を緩和します。

　セットバックによる道路斜線制限の緩和については、①前面道路の境界線から後退した建築物について、斜線勾配の起点が、道路の反対側の境界線からセットバック距離の分だけ後退した地点になる。②適用距離の起点も①と同じ地点になる。

　隣地斜線制限とは、隣地境界線からの斜線制限をいい、概略次のように規制されます。隣地境界線から当該建築物の敷地内の位置までの距離に、第一種・第二種低層住居専用地域、田園住居地域以外の住居関係の5地域内では、1.25を乗じた積に20mを加えた数値にします。その他の地域では、隣地境界線からの距離に2.5を乗じた積に31mを加えた数値を高さの限度とします。隣地境界線とは、隣地と敷地の境界線をいいます。

　セットバックした場合の隣地斜線制限の緩和については、住居系用途地域では地上20m、その他の用途地域では地上31mを超える部分における壁面と隣地境界線との間の距離だけ隣地境界線が反対側にあるものとみなして、隣地斜線制限を適用します。

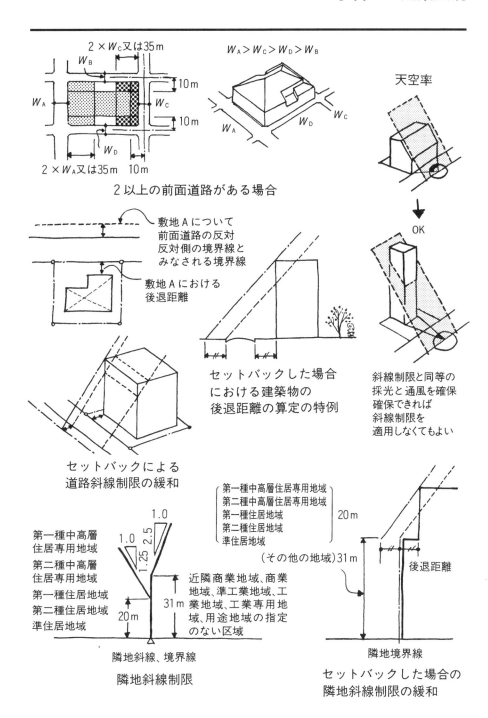

$W_A > W_C > W_D > W_B$

天空率

2 以上の前面道路がある場合

敷地 A について
前面道路の反対
反対側の境界線と
みなされる境界線

敷地 A における
後退距離

OK

セットバックした場合
における建築物の
後退距離の算定の特例

斜線制限と同等の
採光と通風を確保
確保できれば
斜線制限を
適用しなくてもよい

セットバックによる
道路斜線制限の緩和

第一種中高層住居専用地域
第二種中高層住居専用地域
第一種住居地域
第二種住居地域
準住居地域

20 m

（その他の地域）31 m

後退距離

第一種中高層
住居専用地域
第二種中高層
住居専用地域
第一種住居地域
第二種住居地域
準住居地域

1.0
1.0 2.5
1.25
20 m
31 m

近隣商業地域、商業
地域、準工業地域、工
業地域、工業専用地
域、用途地域の指定
のない区域

隣地斜線、境界線

隣地斜線制限

隣地境界線

セットバックした場合の
隣地斜線制限の緩和

2.3.3 密度・形態規定

58 日影規制に関する用語

日影規制とは、建築基準法の日影による中高層の建築物の高さの制限の規定のことをいいます。地方真太陽時の冬至日の午前 8 時から午後 4 時まで（北海道では午前 9 時から午後 3 時まで）、平均地盤面から一定の高さの測定面において、敷地の周囲の一定範囲内に右頁の表の時間日影を生じないようにするという規定です。日影規制対象区域外にある高さ 10 m を超える建築物で、対象区域内に日影を生じるものは、規制の対象になります。

北側斜線制限とは、日照の確保のため当該敷地北側に規制される斜線制限をいい、概略、次のような規制を受けます。建築物の各部分の高さは、その部分から前面道路の反対側の境界線または隣地境界線までの真北方向の水平距離に 1.25 を乗じたものに、第一種低層住居専用地域、第二種低層住居専用地域、田園住居地域内においては 5 m、第一種中高層住居専用地域、第二種中高層住居専用地域内においては 10 m を加えたもの以下とします。すなわち、2

つの低層住居専用地域と田園住居地域は 5 m 立ち上がって 1.25 の勾配の斜線制限を、2 つの中高層住居専用地域では 10 m 立ち上がって 1.25 の勾配の斜線制限を受けます。この 5 m、10 m は、当該建築物の部分の真北方向の隣地境界線または反対側の道路境界線の地点です。

日影規制対象区域の北側斜線制限については、第一種・第二種中高層住居専用地域内で、地方公共団体の条例で日影制限を受ける地域を指定した場合は、北側斜線制限の適用は受けません。

建築物の敷地が北側で水面、線路敷地に接する場合の北側斜線制限の緩和については、北側の隣地境界線は、水面、線路敷地等の幅の $\frac{1}{2}$ だけ外側にあるものとみなします（公園や広場の場合は緩和が適用されません）。

日影規制（法56条の2、法別表4）

対象地域	制限を受ける建築物	平均地盤面からの高さ	測定時間	測定範囲内での規制時間	
				5 < l ≦ 10	l > 10
第一種低層住居専用第二種低層住居専用田園住居	軒高 > 7m階数 ≧ 3（地階を除く）	1.5m	冬至日の地方真太陽時午前8時〜午後4時（北海道内は午前9時〜午後3時）	3時間（2時間）	2時間（1.5時間）
				4時間（3時間）	2.5時間（2時間）
				5時間（4時間）	3時間（2.5時間）
第一種中高層住居専用第二種中高層住居専用	高さ > 10m	4m6.5m		3時間（2時間）	2時間（1.5時間）
				4時間（3時間）	2.5時間（2時間）
				5時間（4時間）	3時間（2.5時間）
第一種住居第二種住居準住居近隣商業準工業				4時間（3時間）	2.5時間（2時間）
				5時間（4時間）	3時間（2.5時間）

北海道内は（ ）の時間

平均地盤面とは建築物の四面の断面図を並べ、それら四面を積算したものの平均です

通常の「地盤面」とは異なり３m以内ごとの平均をとらないよ

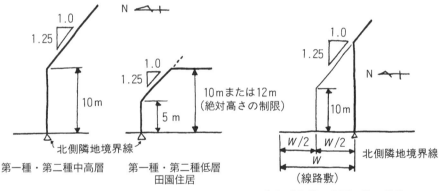

第一種・第二種中高層　　第一種・第二種低層田園住居

北側斜線制限

敷地が北側で水面、線路敷等に接する場合の 北側斜線制限の緩和

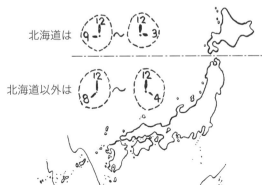

北海道は

北海道以外は

2.3.4 防火規定

59 防火・準防火地域の建築制限に関する用語

防火地域内の建築物に関しては、防火地域内においては、階数が 3 以上であり、または延べ面積が 100 m² を超える建築物は耐火建築物またはこれと同等の延焼防止性能を有する建築物とし、その他の建築物は耐火建築物・準耐火建築物またはこれと同等の延焼防止性能を有する建築物としなければならないことを原則とします。

準防火地域内の建築物に関しては、準防火地域内においては、地上 4 階以上である建築物または延べ面積が 1500 m² を超える建築物は耐火建築物またはこれと同等の延焼防止性能を有する建築物とし、地上 3 階で延べ面積が 1500 m² 以下または地上 2 階以下で延べ面積が 500 m² を超え 1500 m² 以下の建築物は耐火建築物・準耐火建築物またはこれと同等の延焼防止性能を有する建築物としなければならないことを原則とします。

準防火地域内の木造建築物等（地上 2 階以下、500 m² 以下）については、その外壁および軒裏で延焼のおそれのある部分を防火構造または同

等の延焼防止性能を有する構造とし、開口部に屋外火災の火炎を 20 分間防ぐ防火設備を設けます。これに附属する高さ 2 m を超える門またはへいや防火地域内の建築物に付属する門またはへいは、延焼防止上支障のない構造にします。

防火地域・準防火地域内におけるその他の制限については、次のように規定されています。①建築物の屋根で耐火構造または準耐火構造でないものは不燃材料で造るか、葺かなければならない。②外壁が耐火構造のものは、外壁を隣地境界線に接して設けることができる。

建築物が防火地域・準防火地域の内外にわたる場合の措置については、①建築物の全部について制限の厳しい方の地域に属するものとして規定を適用する。②制限の緩い方の地域において防火壁で区画された場合は、防火壁外の部分については、制限の緩い方の地域の規定を適用する。

防火地域及び準防火地域における建築制限

	防火地域	準防火地域
耐火建築物等[*1]	階数≧3（地階を含む） 延べ面積＞100m²	階数≧4（地階を除く） 延べ面積＞1500m²
耐火建築物等又は 準耐火建築物等[*2]	上記以外のその他の建築物 （階数≦2かつ延べ面積≦100m²）	階数＝3（地階を除く）かつ延べ面積≦1500m² 階数≦2（地階を除く）かつ1500m²≧延べ面積＞500m²
防火構造 防火設備	延べ面積≦50m²の平家の附属建築物は外壁・軒裏を防火構造とし、外壁開口部設備を20分間防火設備[*3]とする	階数≦2（地階を除く）かつ延べ面積≦500m² ・木造建築物等…外壁・軒裏で延焼のおそれのある部分を防火構造とし、外壁開口部設備を20分間防火設備とする ・上記以外………外壁開口部設備を20分間防火設備とする （いずれも、同等の延焼防止性能を有する建築物とすることができる）
屋　根	①不燃材料で造り、又は葺く ②準耐火構造 ③耐火構造の屋外面を断熱・防水	
門・へい 看板	・建築物に付属する高さ＞2mの門・へいは、延焼防止上支障のない構造とする ・看板などの工作物で屋上に設けるものまたは高さ＞3mのものは、不燃材料で造りまたは覆う	木造建築物等に付属する高さ＞2mの門・へいは延焼防止上支障のない構造（門・へいが1階にあるとした場合に延焼のおそれのある部分を不燃材料で造りまたは覆う）とする

＊1：主要構造部を耐火構造または同等とし、外壁開口部設備を防火設備とした建築物、またはこれと同等の延焼防止性能を有する建築物

＊2：主要構造部を準耐火構造または同等とし、外壁開口部設備を防火設備とした建築物、またはこれと同等の延焼防止性能を有する建築物

＊3：屋外火災に対して20分間の遮炎性能を有する防火設備

(注)　防火地域・準防火地域内に主要構造部を不燃材料（外壁開口部設備は20分間防火設備）とした卸売市場の上家・機械製作工場などは、規模にかかわらず建築できる

建築物が防火地域・準防火地域の内外にわたる場合

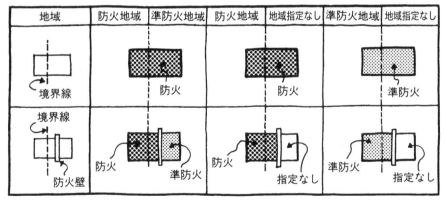

60　工事現場の危害防止等に関する用語

建築協定とは、一定区域内の土地の所有者等がその区域内の建築物の敷地、位置、構造、意匠等について定めた基準で、特定行政庁の認可を必要とします。法令上、建築協定については概略、次のように定められています。市町村は、その区域の一部について、住宅地としての環境または商店街としての利便を高度に維持増進するなど、建築物の利用を増進し、かつ、土地の環境を改善するために必要と認める場合においては、土地の所有者、借地権者等がその土地について一定の区域を定め、建築協定を締結することができる旨を条例で定めることができるものです。

建築協定の締結には所有者等の全員の合意が必要で、廃止には過半数の合意が必要です。

工事現場の危害の防止については、次のように規定されています。建築物の建築、修繕、模様替えまたは除却のための工事の施工者は、当該工事の施工に伴う地盤の崩落、建築物または工事用の工作物の倒壊等による危害を防止するために必要な措置を講じなければなりません。

工事中における安全上の措置等に関する計画の届出に関しては、右頁の表に示す建築物の工事の施工中に当該建築物を使用する場合には、安全上、防火上または避難上の措置に関する計画を作成して、特定行政庁に届け出なければなりません。

建築物の建築に伴うトラブルを予防するため、建築に先立ち建築予定地に建築計画の概要を記した**建築計画事前公開板**を掲示しなければなりません。**建築計画概要書**は、建築主、敷地の位置、主要用途、建築物の高さ、階数、構造、敷地面積、延べ面積、設計者、施工者、代表者などの概要や建築物の図面などを含む書面のことをいい、特定行政庁は、閲覧の請求があれば、これを閲覧させなければなりません。

建築物の維持保全については次のように定められています。建築物の所有者、管理者または占有者は、その建築物の敷地、構造および建築設備を常時適法な状態に維持するように努めなければなりません。

危害の防止措置 (法90条)

条文	措置	内　　容	具体的な方法
令136条の2の20	仮囲い	①木造の建築物で高さが13mもしくは軒の高さが9mを超える工事 ②木造以外の建築物で、2以上の階数を有する工事	地盤面より高さ1.8m以上の仮囲いをする
令136条の3	根切り、山留め工事などの危害の防止	①根切り工事、山留め工事等の基礎工事を行う	地下に埋設されたガス管などの損壊による危害の発生を防止する措置をとる
		②地階の根切工事、深い根切工事	地盤調査により作成した施工図に基づいて行う
		③建築物、工作物に近接して土地の掘削を行う	傾斜又は倒壊による危害の発生を防止する措置をとる
		④深さ1.5m以上の根切り工事を行う	山留めを行う（土圧計算をして安全を確かめる）
		⑤根切り及び山留めについて	施工中必要に応じて点検を行い、安全な状態を維持する
令136条の5	落下物の防護	①工事現場の境界線から5m以内で、かつ地盤面からの高さが3m以上の場所から、飛散するおそれのあるものを投下する	ダストシュートを用いる
		②工事現場の境界線から5m以内で、かつ地盤面からの高さが7m以上あるところで建築工事を行う	工事現場の周囲その他危害防止上必要な部分、鉄網又は帆布で覆う
令136条の6	建て方	荷重又は外力による倒壊	仮筋かいを取りつける 鉄骨造に対する仮締
令136条の7	工事用材料の集積	①倒壊、崩落	危害の少ない場所で、安全にする
		②山留めの周辺、架構の上に材料を集積する	予定した荷重以上の荷重を与えない
令136条の8	火災の防止	火気の使用	不燃材料の囲いを設ける

工事中における安全上の措置等に関する届出 (法90条の3、令147条の2)

	用　　途	規　　模
①	百貨店、マーケット、物品販売業を営む店舗（床面積＞10m²）、展示場	3階以上の階又は地階におけるその用途に供する部分の床面積の合計が、1500m²を超えるもの
②	病院、診療所（患者の収容施設があるものに限る）、児童福祉施設	5階以上の階におけるその用途に供する部分の床面積の合計が1500m²を超えるもの
③	劇場、映画館、演芸場、観覧場、公会堂、集会場、ホテル、旅館、キャバレー、カフェー、ナイトクラブ、バー、ダンスホール、遊技場、公衆浴場、待合、料理店、飲食店	5階以上の階又は地階におけるその用途に供する部分の床面積の合計が2000m²を超えるもの
	①、②の用途	
④	地下の工作物内に設ける建築物	居室の床面積の合計が1500m²を超えるもの

特殊建築物等の所有者は、特殊建築物調査資格者に安全性を定期に調査させ、結果を特定行政庁へ報告する

石綿を使用した建物を解体する場合、石綿取扱作業主任者の届出が必要です

2.4.1　都市計画法

61　都市計画法に関する用語

　都市計画とは、都市の健全な発展と秩序ある整備を図るため土地利用、都市施設の整備および市街地開発事業に関する計画をいいます。

　開発行為とは、主として建築物の建築または特定工作物の建設の用途に供する目的で行う土地の区画形質の変更をいいます。開発の規模が市街化区域内で1000㎡以上となるときは知事の許可を必要とします。市街化調整地域においては、原則として開発行為は行えません。

　開発行為の許可とは、都市計画区域・準都市計画区域で行う開発行為において原則として必要となるものです。市街化調整区域内の開発行為は原則として禁止されており、知事の許可は限定的です。

　都市計画区域とは、市または町村（人口・就業者数その他の事項が政令で定める要件に該当するもの）の中心の市街地を含み、一体の都市として総合的に整備、開発、保全すべき区域であって、都道府県知事が指定したものです。

　単体規定とは、建築物自体の個々の安全・衛生・防火上の制限をいい、集団規定とは、建築物が集団で存在する都市の健全性を保持するために建築物に加えられる規制をいいます。

　地区計画とは、建築物の形態、公共施設その他の施設の配置等から見て、一体としてそれぞれの区域の特性にふさわしい態様を備えた良好な環境の各街区を整備し、および保全するための計画をいいます。

　特定工作物は次の2つがあります。第一種特定工作物とは、周辺地域の環境の悪化をもたらすおそれのある工作物で、コンクリートプラント、アスファルトプラント、クラッシャープラント、危険物の貯蔵または処理に係る工作物等をいいます。

　第二種特定工作物とは、大規模な工作物で次に示すもののうち、その規模が1ha以上のものをいいます。ゴルフコース、野球場、庭球場、遊園地、動物園、その他のレジャー施設などです。

都市計画の内容・決定

計画名	都市計画の内容	決定者	条文
都市計画区域	都市として総合的に整備し、開発し、保全する必要がある区域	都道府県	法5条
準都市計画区域	将来における一体の都市としての整備・開発・保全が、必要な区域	都道府県	法5条の2
市街化区域等	①市街化区域、②市街化調整区域	都道府県	法7条
地域・地区	①用途区域、②特別用途区域、③高度地区、高度利用地区、④特定街区、⑤防火地域、準防火地域、⑥美観地区、⑦風致地区、⑧駐車場整備地区、⑨臨港地区、⑩歴史的風土特別保存地区、⑪緑地保全地区、⑫流通業務地区、⑬その他	都道府県 ⑨⑩⑪⑫⑬ 市町村 ①②③④⑤⑥⑦⑧⑬	法8条
都市計画施設 (都市施設)	①交通施設、②公共空地、③供給施設、処理施設、④水路、⑤教育文化施設、⑥医療施設、社会福祉施設、⑦市場、と畜場、火葬場、⑧その他	規模により　都道府県／市町村	法11条
市街地開発事業	①都市区画整備事業、②新住宅市街地開発事業、③工業団地造成事業、④市街地再開発事業、⑤新都市基盤整備事業、⑥住宅街区整備事業、⑦防災街区整備事業	都道府県	法12条

開発行為等の規制

開発行為	①区画の変更 ②敷地内に道路または排水施設を設ける ③農地や山林を宅地にするため、切土、盛土、または整地を行う ④従前宅地であった土地に新たに切土、盛土を行う ⑤地盤を改良する ⑥取付道路、排水施設を新設または整備する
開発許可が不要のもの	①市街化地域内で行う、1000m² 未満の開発行為（令19条） ②市街化調整区域内の農林漁業用建物または従事する者の住宅（令20条） ③駅舎、医療機関、学校、社会福祉施設など公益上必要な建物（令29条） ④国や県などが行う開発行為 ⑤都市計画事業の施行として行う開発行為 ⑥土地区画整備事業の施行として行う開発行為 ⑦市街地再開発事業の施行として行う開発行為 ⑧住宅街区整備事業の施行として行う開発行為 ⑨防災街区整備事業の施行として行う開発行為 ⑩公有水面埋立法による埋立地で、竣工許可の告示前に行う開発行為 ⑪非常災害の応急措置として行う開発行為 ⑫ 10m² 以内の増改築、または倉庫などの建築等軽易なもの（令22条）

都市計画施設等の区域内における建築の規制

建築の許可	①都市計画施設の区域内 ②市街地開発事業の施行区域内
建築許可対象外	①都市計画事業の施行（令37条） ②非常災害のため必要な応急措置 ③その他、政令で定める軽易な行為
許可の基準	①都市計画に適合 ②階数が2以内で、かつ地階を有しないこと ③主要構造部が木造、鉄骨造、CB造であることで、容易に移転、除却できるもの

都市計画区域外単体規定
例：行政区域等
都市計画区域内
単体規定＋集団規定

都市計画区域内の適用規定

コンクリートプラント
第一種特定工作物

第二種特定工作物

62 建築士法に関する用語・1

建築士とは、一級建築士、二級建築士、木造建築士といいます。一級建築士とは、国土交通大臣の免許を受け、一級建築士の名称を用いて、設計、工事監理等の業務を行うものをいい、二級建築士とは、都道府県知事の免許を受け、二級建築士の名称を用いて、設計、工事監理等の業務を行うものをいい、木造建築士とは、都道府県知事の免許を受け、木造建築士の名称を用いて、設計、工事監理等の業務を行う者をいいます。

建築士でなければできない設計・監理の範囲については、一級建築士ではすべての建築物。二級建築士の場合、①学校、病院、劇場、映画館、観覧場、公会堂、オーディトリアム付き集会場、百貨店で500㎡以内、②木造建築物で高さ13m以下かつ軒高9m以下、③木造建築物で階数1または延べ面積1000㎡以下、④木造以外の建築物では延べ面積300㎡・高さ13m・軒高9mまで。木造建築士の場合は、①木造建築物では延べ面積300㎡以下、②木造建築物

以外の建築物では延べ面積30㎡・高さ13m・軒高9m以下（資格不要のもの）。

設計図書とは、建築物の建築工事実施のために必要な図書（現寸図その他これに類するものを除く）および仕様書をいいます。つまり、設計の段階で作成される配置図、平面図、立面図、矩計図、詳細図等の基本図面および仕様書を指すのです。

設計図書の保存については、建築士事務所の開設者は、その事務所の業務として行った設計図書は、作成してから（竣工検査が終了した時点から）5年間保存することが義務づけられています。

設計とは、その者の責任において設計図書を作成することをいい、作成した者を設計者といいます。

工事監理とは、その者の責任において、工事を設計図書と照合し、それが設計図書どおりに実施されているかいないかを確認することをいい、工事監理を行う技術者（建築士）を工事監理者といいます。

二級建築士の設計・工事監理の範囲

構造 / 階段高さ / 延べ面積	木造			RC造、S造、石造、れんが造 CB造、無筋コンクリート造		すべて
	平屋	2階	3階	高さ<13m かつ軒高<9m		高さ>13m 又は軒高>9m
				階数≦2	階数≧3	
0〜30	誰でもよい			誰でもよい		
30〜100				二級建築士		
100〜300	木造建築士 二級建築士 一級建築士			一級建築士		
300〜500						
500〜1000	※	※	※	一級建築士		
1000〜	※					

注1：※では学校、病院、劇場、映画館、観覧場、公会堂、集会場、百貨店は一級建築士でなければならない
　2：都道府県は条例で延べ面積の制限を別に定めることができる

設計図書 / 設備図 / 構造図 / 意匠図 / 設計図 / 図面につけるよ / 特記仕様書 / 本になってるよ / 共通仕様書 / 現場説明書（質問回答書も含みます）

工事監理 / 設計図どおりになっているかな？ / 読み方は一緒だけど字と内容が違うよ / 工事管理 / 工事をつつがなく完成させるために行う必要な手だてのこと

2.4.2　建築士法

63　建築士法に関する用語・2

工事施工者とは、建築基準法の規定による、建築物、その敷地もしくは工作物に関する工事の請負人または請負契約によらないで自らこれらの工事をする者をいいます。

建築士の業務については、次のように規定されています。①その業務を誠実に行い、建築物の質の向上に努めなければならない。②設計を行う場合においては、これを法令または条例の定める建築物に関する基準に適合するようにしなければならない。③工事監理を行う場合において、工事が設計図書のとおりに実施されていないと認めるときは、直ちに工事施工者に注意を与え、工事施工者がこれに従わないときは、その旨を建築主に報告しなければならない。④建築工事の契約に関する事務、指導監督、調査、鑑定、手続の代理等の業務を行うことができる。

設計の変更については、他の建築士の設計した設計図書の一部を変更しようとするときは、当該建築士の承諾を求めなければなりません。承諾が得られないときには、自己の責任（設計等のできる範囲に限る）において設計図書の一部を変更することができます。

建築士の業務に必要な表示行為については次のように規定されています。①建築士が設計を行った場合において、その設計図書に一級または二級建築士たる表示をして記名および捺印をしなければならない。②工事監理を終了したときは、直ちにその結果を文書で建築主に報告しなければならない。

建築士事務所の登録については次のように定められています。他人の求めに応じて報酬を得て設計、工事監理、工事契約事務、工事指導監督等の業務を行うことを業としようとする一級建築士または二級建築士は、一級建築士事務所または二級建築士事務所を定めて、その事務所の所在地の都道府県知事の登録を受けなければなりません。登録の有効期間は5年間で、継続する場合は更新の登録を受けなければなりません。

建築士事務所

登　　録	管　　理	設計図書
①他人の求めに応じ、報酬を得て、建築士としての業務を行おうとする者は、建築士事務所の登録をする ②登録は5年間有効とする（更新の手続きが必要） ③建築士事務所の名称・所在地などの変更があった場合、2週間以内に都道府県知事に届け出る	①建築士事務所は，それぞれ専任の建築士が管理する ②事務所の開設者は省令で定める業務に関する所定の帳簿を備えつけ、設計図書を5年間保存する ③事務所の開設者は公衆の見やすいところに省令で定める標識を掲示する	①建築物の配置図、各階平面図、2面以上の立面図、2面以上の断面図 ②大規模建築物の基礎伏図、各階床伏図、小屋伏図、構造詳細図、構造計算書

2.4.3 建設業法

64 建設業法に関する用語

建設工事とは、土木建築に関する工事で、①土木一式工事、②建築一式工事、③大工工事、④左官工事等をいいます。

建設業とは、建設工事の完成を請け負う業者をいい、総合、専門、元請、下請とかの名義を問いません。

特定建設業とは、1件の建設工事で4000万円（建築工事業は6000万円）以上の下請契約を結ぶ建設業をいい、それ以外は一般建設業といいます。

建設業者とは、建設業の許可（1の都道府県で営業する場合は管轄する都道府県知事、2以上の都道府県で営業する場合は国土交通大臣の許可）を受けて建設業を営む者をいいます。ただし、一式工事15000万円未満等の軽微な建設工事は許可不要です。許可は5年毎に更新を必要とします。

建設工事の請負契約については次のように定められています。①請負契約の当事者は、各々の対等な立場における合意に基づいて公正な契約を締結し、信義に従って誠実にこれ

を履行する。②工事契約書には、工事内容、請負代金の額、着工および完成時期、紛争解決方法等を記載し、署名または記名押印して交互に交付するものとする。③原価に満たない金額を、請負代金の額とする契約をしてはならない。④注文者の地位を利用して、使用資材等の購入を強制してはならない。⑤建設業者が適正な見積りができるような一定の見積り期間を設ける。⑥建設業者がその請け負った工事を一括して下請することを禁止する。⑦施工に著しく不適当と認められる下請負人があるときは、注文者はその変更を請求することができる。

建設業者は、その請け負った建設工事を施工するときは、当該工事現場に主任技術者をおかなければなりません。

特定建設業者は、下請代金の額が4000万円（建築工事業は6000万円）以上の場合は、その工事現場に監理技術者をおかなければなりません。

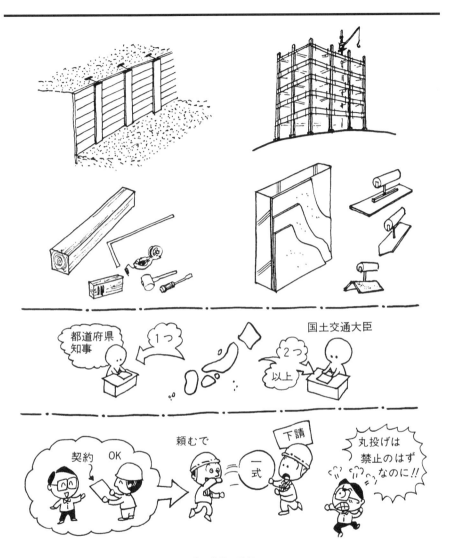

施工技術の確保

建　築　士	主任技術者	監理技術者
①建築物の設計 ②工事監理 ③建築工事の指導監督	①建設業者 ②請負契約の工事施工 ③許可を受けようとする建設業の工事に関し、学歴＋3年実務、または10年の実務経験 ④建設工事の施工の技術上の管理	①特定建設業者 ②請負契約の工事施工 ③主任技術者の資格があり、かつ請負代金の額が4500万円以上の工事で2年以上の指導監督の実務経験 ④建設工事の施工の技術上の管理

2.4.4 消防法

65 消防法に関する用語

特定行政庁または建築主事などは、建築物の許可、認可または確認をする場合、建築物の工事施工地または所在地を管轄する消防長または消防署長の同意を得なければなりません（防火・準防火地域以外の戸建て住宅など例外あり）。

消防用設備等とは、消防法上、消防の用に供する設備（消火設備、警報設備、避難設備）、消防用水、消火活動上必要な施設に大別されます。

防火対象物とは、消防用設備等の設置や維持管理が義務づけられる建築物等をいい、映画館、百貨店、ホテル、病院、工場、地下街等、22の項目に分類されます。防火対象物には、用途・規模に応じて、消火設備などの設置が義務づけられます。

百貨店、病院、ホテル等、不特定多数が出入りするものや、老人福祉施設や幼稚園等いわゆる社会的弱者の人々が利用する建物等、地下街に設けるものは**特定防火対象物**として区分し、消防用設備の設置義務が法改正時に遡って適用されます。

危険物施設とは、危険物の製造所、貯蔵所、取扱所等を総称していい、**危険物**は発火、引火性が大きく、燃焼速度が速く、消火困難性が大きい物質をいい、危険性に応じ第1〜6類まで、6つに区分されています。

防火管理者とは、防火対象物について、①消防計画の作成、②消火、通報および避難の訓練の実施、③消防用設備等の点検、整備、④火気の使用や取扱いに関する監督、⑤その他防火管理上必要な業務、以上の業務を行う管理者。

消防設備士とは、特定の消防用設備等の工事および整備・点検の業務を行える有資格者（甲種）をいい、乙種では整備・点検のみが行えます。

危険物取扱者とは、危険物施設において危険物の取扱業務が行える有資格者をいい、甲種（すべての危険物の取扱い、立会いができる）、乙種（一定の類の危険物の取扱い、立会いができる）、丙種（ガソリン、灯油等に限り取扱いのみ行える）に分けられます。

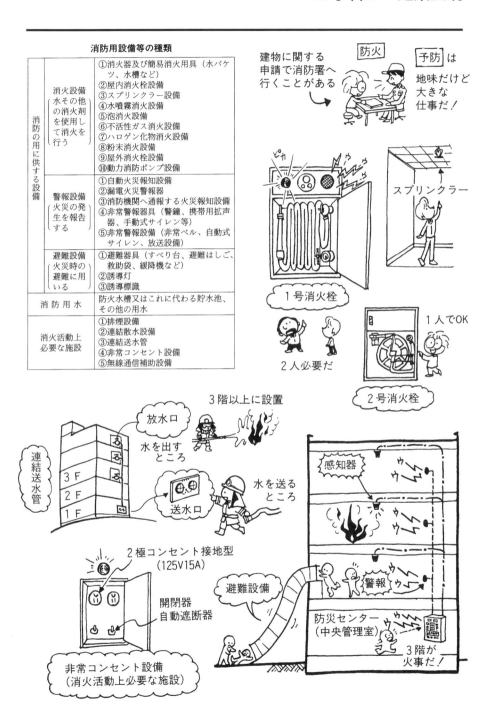

消防用設備等の種類

消防の用に供する設備	消火設備（水その他の消火剤を使用して消火を行う）	①消火器及び簡易消火用具（水バケツ、水槽など） ②屋内消火栓設備 ③スプリンクラー設備 ④水噴霧消火設備 ⑤泡消火設備 ⑥不活性ガス消火設備 ⑦ハロゲン化物消火設備 ⑧粉末消火設備 ⑨屋外消火栓設備 ⑩動力消防ポンプ設備
	警報設備（火災の発生を報告する）	①自動火災報知設備 ②漏電火災警報器 ③消防機関へ通報する火災報知設備 ④非常警報器具（警鐘、携帯用拡声器、手動式サイレン等） ⑤非常警報設備（非常ベル、自動式サイレン、放送設備）
	避難設備（火災時の避難に用いる）	①避難器具（すべり台、避難はしご、救助袋、緩降機など） ②誘導灯 ③誘導標識
消防用水		防火水槽又はこれに代わる貯水池、その他の用水
消火活動上必要な施設		①排煙設備 ②連結散水設備 ③連結送水管 ④非常コンセント設備 ⑤無線通信補助設備

建物に関する申請で消防署へ行くことがある

防火　予防は

予防は地味だけど大きな仕事だ！

ピカ

スプリンクラー

1号消火栓

2人必要だ

1人でOK

2号消火栓

3階以上に設置

放水口　水を出すところ

連結送水管

3F　2F　1F

送水口　水を送るところ

感知器

ウウ

2極コンセント接地型
(125V15A)

開閉器
自動遮断器

非常コンセント設備
（消火活動上必要な施設）

避難設備

警報　ウウ

防災センター
（中央管理室）

3階が火事だ！

2.4.5 その他の法令

66 その他の法令に関する用語

民法による規定は概略、次のとおりです。①雨水を隣地に注ぎこむような工作物を設置してはならない。②囲いの設置、保存の費用は相隣者が半分ずつ負担する。③建物を建てる場合は、境界線から50cm以上離す。④境界線から1m未満の距離に、他人の宅地を観望できる窓、縁側を設ける時は目隠しをつけることが必要。なお、これらの規定を所有権の限界といいます。

宅地造成等規制法による規定の主なものは次のとおりです。①がけとは、地表面が水平面に対し30度を超える角度をなす土地をいう。②擁壁（切土または盛土による斜面の土の崩壊を防止するために設ける土止め壁）には、壁面の3m²以内ごとに内径7.5cm以上の水抜穴を設ける。

宅地建物取引業法の規定の主なものは次のとおりです。①営業所には宅地建物取引主任者をおかなければならない。②免許は5年ごとに更新を必要とする。なお、宅地建物取引主任者とは、宅地または建物の売買、交換、賃貸の代理および媒介を行う有資格者をいい、物件に対する重要事項の説明が義務づけられています。

風俗営業とは、キャバレー、料理店、カフェー、喫茶店・バー（照度、面積などに条件あり）、マージャン屋、パチンコ屋等をいい、営業については所在地を管轄する都道府県公安委員会の許可（風俗営業等の規制及び義務の適正化等に関する法律に基づく）が必要です。

建築施工管理技士とは、建築工事の施工管理を担当するための建設業法に基づく資格で、工事現場では建築施工管理技士の配置が義務づけられます。なお、一級と二級があり、二級は躯体、仕上げ、建築の3種類に分けられます。

土地家屋調査士とは、他人の求めに応じ報酬を得て、不動産の表示に関する登記に必要な土地または家屋に関する調査、測量または申請手続等を業として行う土地家屋調査士法に基づく有資格者をいいます。

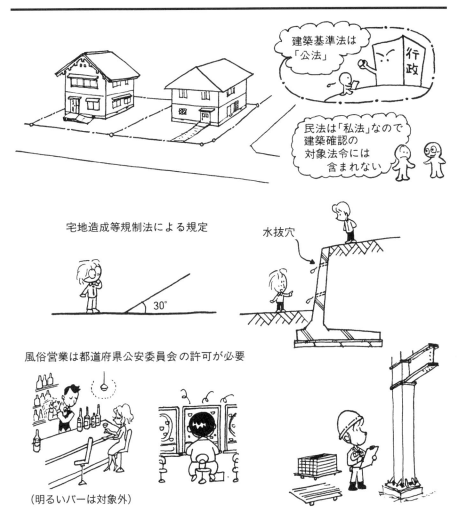

建築基準法は「公法」

民法は「私法」なので建築確認の対象法令には含まれない

宅地造成等規制法による規定

水抜穴

30°

風俗営業は都道府県公安委員会 の許可が必要

（明るいバーは対象外）

その他の法規

法律名	法律の概要
不動産の鑑定評価に関する法律	①不動産の鑑定評価に関し、不動産鑑定士等の資格及び不動産鑑定について必要な事項を定める ②土地等の適正な価格の形成に資する ③「不動産の鑑定評価」とは、所有権以外の権利の経済的価値を判定し、その結果を価格に表示することをいう ④鑑定業務は不動産鑑定士又は不動産鑑定士補に限る
バリアフリー法	①社会生活に身体の機能上の制限を受ける者が円滑に利用できるようにする ②特定建築物とは、病院、劇場、観覧場、集会場、展示場、百貨店などをいう ③特定施設とは、出入口、廊下、階段、昇降機、便所などをいう

3.1.1 荷重・外力

67 荷重・外力に関する用語

外力とは、構造物の外部より作用する力をいい、固定荷重、積載荷重、積雪荷重、風圧力、地震力、土圧、水圧などがあります。

荷重とは、固定荷重、積載荷重、積雪荷重のように、一般に重力によって生じる外力で、鉛直荷重ともいいます。これに対し、風圧力、地震力は水平力といいます。

固定荷重とは、構造物の躯体(建築物の構造主体)の重量と仕上材料の重量を合計したものです。

積載荷重とは、構造物の床に加わる人間ならびに物品の荷重で、一般的に単位面積に対する重量で表し、建物の用途と部位によって設計用に標準値が与えられており、建築基準法では同じ用途の室でも、床の構造計算をする場合と大梁・柱・基礎の構造計算をする場合、地震力を計算する場合とで積載荷重を区別しています。

積雪荷重とは、積雪の重量で、一般地域では積雪1cm当たり20N/m²以上の重さが屋根にかかります。多雪地域の積雪荷重は、特定行政庁が定める数値とします。また、積雪荷重は、屋根勾配に応じて低減することができ、勾配60°を超えると0にすることができます。

建築物に常時作用している荷重を長期荷重(常時荷重)と呼ぶことがあります。一般地域では固定荷重と積載荷重を長期荷重とし、特定行政庁が指定する多雪地域では、積雪荷重も長期荷重として扱います。

地震、暴風、積雪等の非常時荷重と長期荷重をそれぞれ組み合わせた荷重の状態を短期荷重と呼ぶことがあります。

地震力とは、地震の動的な揺れを、各階の床に作用する水平力とするものです。建築基準法では、建築物の地上部分の地震力については、当該部分から上部の固定荷重と積載荷重との和に当該高さにおける地震層せん断力係数を乗じて計算することとされています。地震層せん断力係数は、その地域の地震の頻度、建築物のもつ振動特性、高さ方向の分布係数、標準せん断力係数などから求めます。

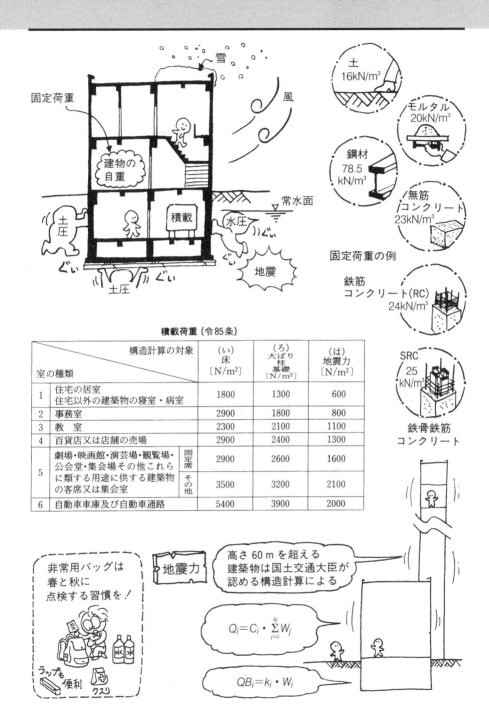

固定荷重

雪

風

建物の自重

常水面

土圧

積載

水圧

地震

土圧

土
16kN/m³

モルタル
20kN/m³

鋼材
78.5
kN/m³

無筋
コンクリート
23kN/m³

固定荷重の例

鉄筋
コンクリート（RC）
24kN/m³

SRC
25
kN/m³

鉄骨鉄筋
コンクリート

積載荷重（令85条）

室の種類 / 構造計算の対象		（い）床〔N/m²〕	（ろ）大ばり柱基礎〔N/m²〕	（は）地震力〔N/m²〕
1	住宅の居室 住宅以外の建築物の寝室・病室	1800	1300	600
2	事務室	2900	1800	800
3	教室	2300	2100	1100
4	百貨店又は店舗の売場	2900	2400	1300
5	劇場・映画館・演芸場・観覧場・公会堂・集会場その他これらに類する用途に供する建築物の客席又は集会室　固定席	2900	2600	1600
	その他	3500	3200	2100
6	自動車車庫及び自動車通路	5400	3900	2000

非常用バッグは
春と秋に
点検する習慣を！

ラップも
便利

クスリ

地震力

高さ60mを超える
建築物は国土交通大臣が
認める構造計算による

$$Q_i = C_i \cdot \sum_{j=i}^{N} W_j$$

$$QB_i = k_i \cdot W_i$$

3.1.1 荷重・外力

68 風圧力・力の性質に関する用語

風圧力とは、建築物の外周面に作用する暴風時の外力をいい、建築基準法では風圧力は、速度圧に風力係数を乗じて計算することになっています。

速度圧（動圧）は、屋根の高さや建築物の周辺の状況（粗度）などによる係数 E とその地方の風害の程度に応じて国土交通大臣が定める風速 V_0（30 〜 46m/ 秒）の 2 乗に 0.6 を乗じたものです。

風力係数は、建築物の形状によって決まる外圧係数と内圧係数の差になります。施行令 87 条 2 項と平成 12 建告 1454 号を参照してください。

力とは、運動している物体の速度を変えたり、これを止めたりする作用。あるいは静止している物体に運動を起こさせる作用をいいます。力の単位は N です。手のひらに乗せた 100g の重りは、下向きに約 1N の力を生じさせます。

力の三要素とは、力の大きさ、作用線、方向をいいます。

力のつり合い条件とは、いくつかの力を受ける物体が、つり合うための条件のことで、図式的には示力図（力の合成、力の分解のとき用いる力のベクトルの多角形）および連力図（いくつかの平行力または平行に近い力の合力の作用線を求めるため、示力図と共につくられる図）が閉じることです。数式的には、座標軸（原点 0 で互いに直交する 3 軸〔X 軸、Y 軸、Z 軸〕）方向の各分力の和およびある点に対する力のモーメントの和がそれぞれ 0 となることで与えられます。

力のモーメントとは、作用する力の大きさと回転の軸から力の作用点までの垂直距離との積をいい、右図において軸 O に関する力のモーメントは、

$$M = F \cdot \mathrm{OB}$$

なお、単位は SI 単位では N・m です。

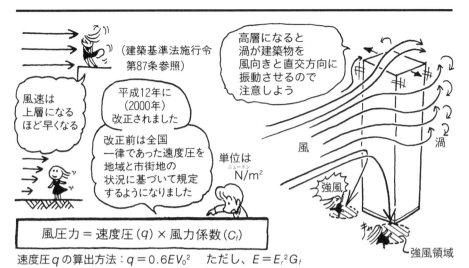

風圧力 ＝ 速度圧 (q) × 風力係数 (C_f)

速度圧 q の算出方法：$q = 0.6EV_0^2$　　ただし、$E = E_r^2 G_f$

$H \leqq Z_b$ のとき　$E_r = 1.7(Z_b/Z_G)^\alpha$
$H > Z_b$ のとき　$E_r = 1.7(H/Z_G)^\alpha$

地表面粗度区分	Z_b	Z_G	α	G_f（ガスト影響係数）			
				$H \leqq 10$	$10 < H < 40$	$40 \leqq H$	
Ⅰ　都市計画区域外で極めて平坦な区域	5 m	250 m	0.10	2.0	左欄と右欄の線形補間	1.8	これらの区域特定行政庁規則で定める
Ⅱ　都市計画区域内で海岸から 500 m 以内の区域等	5 m	350 m	0.15	2.2		2.0	
Ⅲ　Ⅰ　Ⅱ　Ⅳ以外の区域	5 m	450 m	0.20	2.5		2.1	
Ⅳ　都市計画区域内で都市化が極めて著しい区域	10 m	550 m	0.27	3.1		2.3	

H：建築物の高さと軒高の平均〔m〕

風力係数 C_f の算出方法：$C_f = C_{pe} - C_{pi}$

C_{pe}：閉鎖型・開放型の建築物の外圧係数（屋外から当該部分を垂直に押す方向を正とする）
C_{pi}：閉鎖型・開放型の建築物の内圧係数（室内から当該部分を垂直に押す方向を正とする）

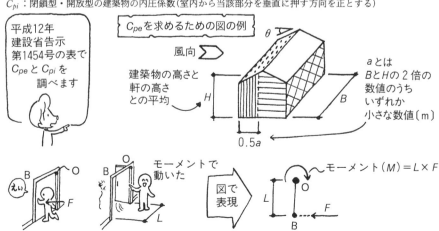

3.1.2 材料力学

69 力の性質に関する用語

偶力とは、大きさが等しく、平行で向きが反対の1対の力をいいます。合力（2つ以上の力を合成した力）は求めることはできません。偶力はものを回転させる力があります。これを偶力のモーメントといい、力のモーメントと同じように、

$$M = P \times a$$

で求めることができ、単位・符号とも力のモーメントと同じです。

力の合成とは、2つ以上の力が同時に作用するとき、これらの力の作用と全く同一の効果を生ずる力を求めることをいいます。

図式解法とは、計算でなく、作図によって応力の大きさ等を求める方法をいいます。図式解法では示力図および連力図を用い、算式解法では座標軸方向の分力（力が分解された場合の個々の力）の和をベクトル合成します。

力の分解とは、1つの力をこれと同じ効果をもついくつかの力に分けることをいい、分けた力を分力といい、分けられたそれぞれの力を元の力の分力といいます。

分割モーメント（分配モーメント）とは、節点モーメントの総和を、部材ごとの分割率に応じて分配したときのモーメントです。すなわち、部材の節点に曲げモーメントが作用したとき、その節点に剛接されている部材の剛比（部材の剛度〔部材の断面2次モーメントを材長で割った値で、材の曲りにくさを示す〕を標準剛度で割った値）に比例して分配されるモーメントをいいます。

曲げモーメントとは、部材を湾曲させる働きをする力によって断面に発生しているモーメントをいい、構造部材の応力を代表する1つです。

力の作用線とは、力の作用点を通り、力の方向へ延長した線をいい、力の作用点は力が作用している点で、力の方向とは力のベクトルの作用する方向をいいます。なお、ベクトルとは力、速度のように大きさ、方向（向きを含む）によって定まる量をいいます。

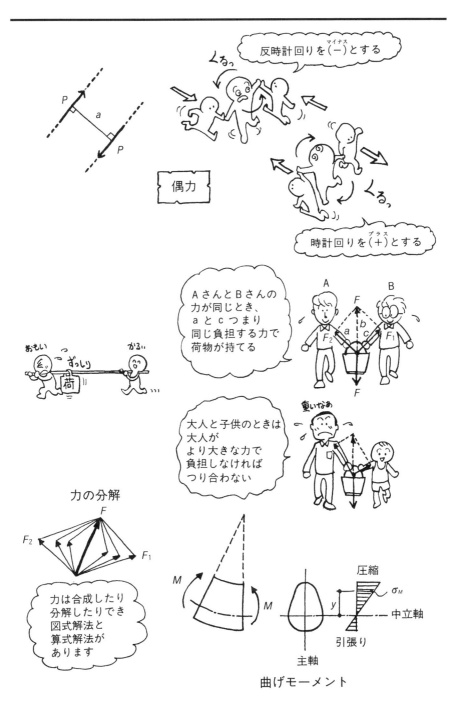

反時計回りを(−)とする

偶力

時計回りを(+)とする

AさんとBさんの力が同じとき、aとcつまり同じ負担する力で荷物が持てる

おもい　かるい　ずっしり　荷

大人と子供のときは大人がより大きな力で負担しなければつり合わない

重いなあ

力の分解

力は合成したり分解したりでき図式解法と算式解法があります

圧縮
σ_M
中立軸
引張り
主軸

曲げモーメント

3.1.2 材料力学

70 | 断面の性質に関する用語

断面一次モーメント S は次の値（単位は cm^3、m^3）をいいます。①図形の断面積 A と、その断面の図心から X 軸までの距離 y の積で求まる。つまり、$S_x = A \times y$。②図心の位置を求める場合は、$y = S_x / A$。

断面一次モーメントは図心を求める場合に利用します。

図心とは、部材断面の重心、その点を通る任意の軸に対する断面一次モーメントが 0 である点です。重心とは、断面の図心、剛体の全重力の作用点をいいます。なお、図心と重心の両者は一般に同じ意味に扱われています。

断面二次モーメントとは、断面の微小面積に軸までの距離の 2 乗を乗じ断面全体について積分した値をいいます。図心についての断面二次モーメントは、部材の曲げ応力度やたわみを求めるときに利用します。

断面係数とは、断面の図心を通る軸に関する断面二次モーメントを図心から断面の縁までの距離で除した値をいい、曲げ材の縁応力度（最大引張応力度や最大圧縮応力度）の算出、すなわち曲げ材の設計に用いられる係数です。

断面二次半径とは、断面二次モーメントを断面積で除した値の平方根をいい、断面二次半径や断面係数は値が大きいほど、曲げや座屈に強く、座屈の計算に用いられる係数です。つまり、圧縮力を受ける長柱の座屈の計算に用いられます。

断面主軸とは、断面の図心を通る直交 2 軸のうち、その軸に対する断面二次モーメントが最大・最小となる軸（強軸、弱軸）をいいます。

断面性能とは、部材の断面形状による負担能力の程度を比較するための尺度をいいます。

断面計算とは、構造計算の分野の 1 つで、曲げモーメント、軸方向力、せん断力等の応力に対して、安全であるような部材断面を決定するために行う計算です。すなわち、応力計算より得られる応力を組み合わせ、断面部材がそれに抵抗できるようにその断面の大きさや材料強度などを設計することをいうのです。

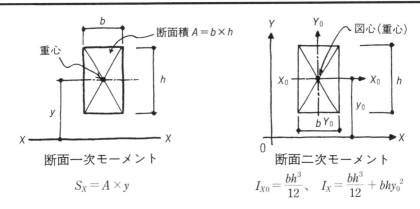

断面一次モーメント

$$S_X = A \times y$$

断面二次モーメント

$$I_{X0} = \frac{bh^3}{12}、 \quad I_X = \frac{bh^3}{12} + bhy_0{}^2$$

断面の諸定数

断　　　　　面	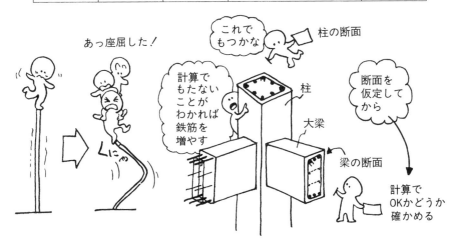 円 d	矩形 $h \times b$	$h_0 \times b_0$ 形	$h \times b$ 中空
断　面　積 A 〔cm²〕	$A = \dfrac{\pi d^2}{4}$ ≒$0.785d^2$	$A = bh$	$A = bh - b_0 h_0$	$A = bh$
重心軸から縁までの距離 y_1、y_2 〔cm〕	$y_1 = y_2 = \dfrac{d}{2}$	$y = h$	$y_1 = y_2 = \dfrac{h}{2}$	$y_1 = y_2 = \dfrac{h}{2}$
断　面　二　次モ ー メ ン ト I 〔cm⁴〕	$I = \dfrac{\pi d^4}{64}$ ≒$0.049d^4$	$I = \dfrac{bh^3}{3}$	$I = \dfrac{bh^3 - b_0 h_0^3}{12}$	$I = \dfrac{bh^3}{12}$
断　面　係　数 Z 〔cm³〕	$Z = \dfrac{\pi d^3}{32}$ ≒$0.098d^3$	—	$Z = \dfrac{bh^3 - b_0 h_0^3}{6h}$	$Z = \dfrac{bh^2}{6}$
断面二次半径 i 〔cm〕	$i = \dfrac{d}{4}$	$i = \dfrac{h}{\sqrt{3}}$ ≒$0.577h$	$i = \sqrt{\dfrac{bh^3 - b_0 h_0^3}{12(bh - b_0 h_0)}}$	$i = \dfrac{h}{\sqrt{12}}$ ≒$0.289h$

71 応力度とひずみ度に関する用語・1

部材に生ずる力（応力）とは、外力（荷重）の作用する部材の内部に生じる抵抗力（内力）をいい、応力は荷重の働き方により**引張応力**、**圧縮応力**、**せん断応力**、**曲げ応力**、**ねじり応力**に大別されます。

応力度とは、断面の単位面積当たりの応力をいい、次式で示します。

$$応力度 = \frac{応力}{断面積}$$

応力度の単位は N/mm²、kN/m² などです。

垂直応力度とは、部材のある断面に対して、垂直な方向に作用する応力度で次の2つがあります。**引張応力度**とは引張応力による応力度で、**圧縮応力度**は圧縮応力による応力度をいいます。

せん断応力度は、長方形断面の場合は $1.5 \times \frac{せん断力}{断面積}$、円形断面の場合は $\frac{4}{3} \times \frac{せん断力}{断面積}$ になります。

曲げ応力度の最大値となる縁応力度は、$\frac{曲げモーメント}{断面係数}$ になります。

材端モーメントとは、部材の端部に作用して材を曲げようとする力をいいます。

ひずみ度とは、材料の形が応力や温度・乾燥等によって変化する度合をいい、次の3つに大別されます。**縦ひずみ度**とは、材軸と方向のひずみ量 $\triangle l$ を元の長さ l で除したものをいい、**横ひずみ度**は材軸と直角方向のひずみ量 $\triangle d$ を元の幅 d で除したもので、**せん断ひずみ度**はせん断力を受ける部材が $\triangle s$ だけずれを生じて変形するときの角変化をいいます。

フックの法則とは、弾性体（材料）にあってひずみ度と応力度が比例するという法則です。

ポアソン比とは、部材に生ずる横ひずみ度と縦ひずみ度との比をいい、ポアソン比の逆数を**ポアソン数**といいます。ポアソン比は材料ごとに一定で、鋼材は 0.3、コンクリートでは 0.17 です。

ヤング係数（ヤング率）とは、弾性材料の応力度とひずみ度の比（単位は N/mm²）をいい、**縦弾性係数**または**弾性係数**とも呼ばれています。

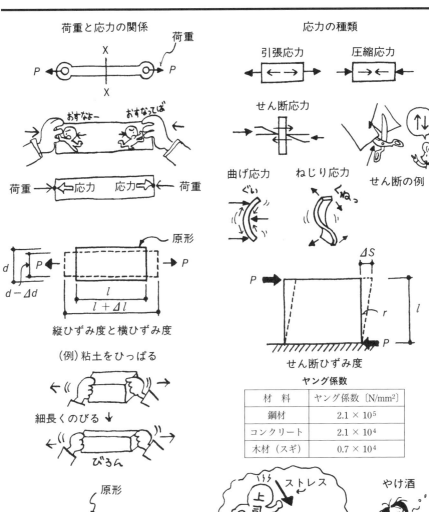

荷重と応力の関係

応力の種類

引張応力　圧縮応力

せん断応力

せん断の例

曲げ応力　ねじり応力

縦ひずみ度と横ひずみ度

せん断ひずみ度

ヤング係数

材　料	ヤング係数〔N/mm²〕
鋼材	2.1×10^5
コンクリート	2.1×10^4
木材（スギ）	0.7×10^4

（例）粘土をひっぱる

細長くのびる ↓

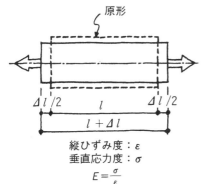

原形

縦ひずみ度：ε
垂直応力度：σ
$$E = \frac{\sigma}{\varepsilon}$$
$E =$ ヤング係数

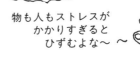

ストレス　やけ酒

物も人もストレスが
かかりすぎると
ひずむよな〜〜

3.1.2 材料力学

72 応力度とひずみ度に関する用語・2

長期に生ずる力（長期応力）とは長期荷重によって生じる力をいい、短期に生ずる力（短期応力）とは、短期荷重によって生じる力プラス長期応力をいいます。

縁応力度とは、曲げ材の部材断面の縁端に生じている応力度です。

曲げ強度とは、材料が曲げを受けて破壊するときの強さで、破壊するときの曲げモーメントを断面係数で除した値で表します。

偏心荷重とは、力の作用線が断面の図心から離れた位置に作用する軸方向の荷重、つまり、軸方向において、材軸からはずれて作用する荷重をいい、偏心荷重により断面には軸方向力（材軸方向に働く引張力と圧縮力の総称）のほかに偏心モーメント（偏心荷重と偏心距離との積で表される曲げモーメント）が作用します。

偏心距離とは、材に働く軸方向力が材断面の図心上に作用せず、図心と e だけ離れているとき、この距離 e を偏心距離といいます。

温度応力とは、温度変化により構造物は伸縮しますが、構造物の支持条件によっては自由に伸縮できず、その変形が拘束されこのとき生じる応力をいいます。

たわみとは、構造物が荷重を受け変化するときの変位量で、材軸に垂直に表れるもの、すなわち、外力によって部材がわん曲する直角方向の変位量をいい、部材軸方向のものは伸びまたは縮みといいます。

たわみ角とは、部材が外力等によって変位したとき、曲線上のある点で変形曲線に引いた接線と変形前の材軸とのなす角、すなわち、わん曲後、ある点で引いた接線が元の材軸とのなす角をいい、特に節点によく用いられるので節点角や節点回転角ともいわれます。

節点とは、2つ以上の骨組部材相互の接合点をいいます。

エネルギー法とは、外力のなした仕事と内力のなした仕事は等しいという法則を用いて部材に生ずる力と変形を求める方法で、骨組の構造解析手法の1つで、振動計算にも利用されます。

長期応力と短期応力

応力の種類	荷重外力の状態	一般の場合	最深積雪量 1m 以上の多雪地域
長期応力	常時	G (固定) $+ P$ (積載)	$G + P + S$
	積雪時	$G + P$	$G + P + 0.7S$
短期応力	積雪時	$G + P + S$ (積雪)	$G + P + S$
	暴風時	$G + P + W$ (風圧)	$G + P + W$
			$G + P + 0.35S + W$
	地震時	$G + P + K$ (地震)	$G + P + 0.35S + K$

・許容応力度等計算、保有水平耐力計算に用いる組合せ
・建物の転倒、柱の引抜きなどの検討の場合、積載荷重は適当に減らす

**偏心荷重Nによって
作用する曲げをモーメント**

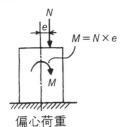

偏心荷重

$M = N \times e$

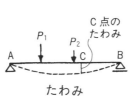

たわみ

中央で一番たわむ

イスの真ん中に立っても大丈夫

イスの端に片足で立つと…

← 偏心したので倒れる

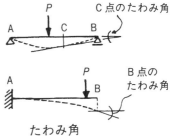

たわみ角

はりの変形

荷重状態	<image: P at center, A C B, l/2 + l/2>	<image: W distributed, A C B, l/2 + l/2>	<image: P at A, B fixed, l>
たわみ δ	$\delta_{max} = \delta_C = \dfrac{1}{48} \cdot \dfrac{P l^3}{EI}$	$\delta_{max} = \delta_C = \dfrac{5}{385} \cdot \dfrac{w l^4}{EI}$	$\delta_{max} = \delta_A = \dfrac{1}{3} \cdot \dfrac{P l^3}{EI}$
たわみ角 θ	$\theta_A = \dfrac{1}{16} \cdot \dfrac{P l^2}{EI}$ $\theta_B = -\dfrac{1}{16} \cdot \dfrac{P l^2}{EI}$	$\theta_A = \dfrac{1}{24} \cdot \dfrac{w l^3}{EI}$ $\theta_B = -\dfrac{1}{24} \cdot \dfrac{w l^3}{EI}$	$\theta_A = -\dfrac{1}{2} \cdot \dfrac{P l^2}{EI}$

3.1.3 部材・トラス・ラーメン

73 部材に関する用語

部材とは、骨組を構成する単位となる要素いわゆる棒材をいい、骨組とは線材を組み合わせた架構物をいいます。骨組構造とは、線材を組み合わせた架構構造のことで、トラス構造、ラーメン構造を総称していいます。

安定とは、構造物が外力を受けても移動したり、塑性変形することなく、反力と部材応力で力のつり合い条件を満足する構造物の状態をいい、逆に外力を受けたとき骨組全体が移動したり、倒壊したり、力のつり合い条件を満足しない構造物を不安定といいます。なお、反力とは外力を受けても構造物が移動、回転しないように支点を設けたとき、外力に対する抵抗力として支点に生ずる力です。すなわち、反力もまた構造物に作用する力です。

静定とは、構造物に外力が作用した場合、力のつり合い条件のみで反力や応力が定まることをいい、静定な状態にある構造物を静定構造物といい、静定梁・静定ラーメン・静定トラスなどがあります。静定構造物は、

支点の反力数や節点の拘束数を1つでも減らすと不安定になります。

不静定とは、力のつり合い条件だけでは構造物の反力が求められず、構造物の変形をも合わせ考えなくてはならないような構造物の状態をいい、不静定である構造物を不静定構造物といいます。なお、不静定構造物のうち、支点を変えて反力数を少なくすることにより静定構造物になるものを外的不静定、部材の節点の拘束数を少なくすることにより静定構造物になるものを内的不静定といいます。

部材応力とは、外力によって部材内部に働いている応力をいいます。

梁とは、柱頂部で柱相互に架け渡す水平材です。すなわち、集中荷重・分布荷重・移動荷重などを受ける横架材で、主に曲げモーメント、せん断力で抵抗する部材で、床荷重を柱に伝達するとともに、柱と協力して水平力に抵抗します。梁は種々に分類されますが、基本的には静定梁と不静定梁に分けられます。

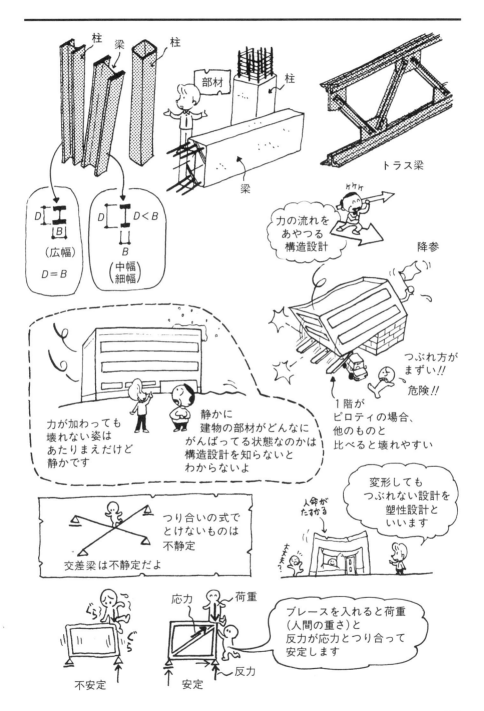

柱
梁
柱

部材
柱
梁

トラス梁

D 工 B （広幅） $D＝B$

D $D＜B$ B （中幅 細幅）

力の流れを
あやつる
構造設計

降参

力が加わっても
壊れない姿は
あたりまえだけど
静かです

静かに
建物の部材がどんなに
がんばってる状態なのかは
構造設計を知らないと
わからないよ

つぶれ方が
まずい!!
危険!!

1階が
ピロティの場合、
他のものと
比べると壊れやすい

変形しても
つぶれない設計を
塑性設計と
いいます

つり合いの式で
とけないものは
不静定

交差梁は不静定だよ

人命が
たすかる

大丈夫！！

応力 荷重

反力

不安定

安定

ブレースを入れると荷重
（人間の重さ）と
反力が応力とつり合って
安定します

3.1.3 部材・トラス・ラーメン

74 梁・柱に関する用語

静定梁とは、静定な状態にある梁、つまり、力のつり合い条件だけで支点反力、応力が求められる梁で、次の2つがあります。①**単純梁**は支点の一端がピン（回転端）で、他端がローラー（移動端）で支持された梁。②**片持梁**は一端固定、他端自由の支持条件をもつ梁。

不静定梁とは不静定な状態にある梁、すなわち、部材の変形の境界条件を用いなければ、支点反力、部材に生ずる力が求められない梁をいい、次のようなものがあります。①**固定梁**は両端が固定支点あるいは、一端固定他端ローラー（またはピン）等の梁。②**連続梁**は3個以上の支点で支持される形式の梁。

境界条件とは、構造物に生ずる力と変形を解析する際に、部材の端部において満足すべき応力・変形の条件をいいます。境界条件は境界での構造物の状態（例えば固定端）から定まり、端部の支持形式によって差があります。

柱とは、屋根や床の荷重を支え、基礎に伝える役割をもつ鉛直部材

で、梁と協力して水平力に対しても抵抗します。柱に生ずる力としては軸方向力、せん断力を同時に受けることが多く、合成応力を考慮して計算する必要があります。柱は長柱と短柱に分けられます。なお、**合成応力（組合せ応力）**とは、曲げと圧縮などのように各種の応力の組み合わさったものです。

長柱とは、細長比が大きい（一般に細長比が100以上の領域）柱で、座屈によって破壊するような柱をいいます。**短柱**は、圧縮力で断面が決定される細長比が小さい（一般に細長比が100未満）柱をいい、座屈が生じず、圧縮によって破壊する柱です。鉄筋コンクリートや鉄骨鉄筋コンクリートの柱は、一般に短柱として扱われます。腰壁などによって極端な短柱になると、地震時にせん断破壊しやすくなります。

細長比とは、圧縮材において、座屈長さを断面の回転2次半径で除したもので、細長比が大きいほど圧縮材の座屈強さは小さくなります。

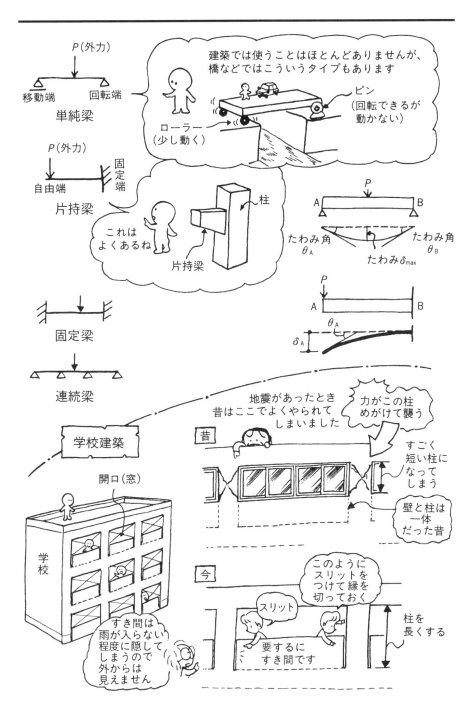

P（外力）

移動端　回転端

単純梁

建築では使うことはほとんどありませんが、橋などではこういうタイプもあります

ピン
（回転できるが動かない）

ローラー
（少し動く）

P（外力）

固定端
自由端

片持梁

これはよくあるね

柱

片持梁

P

A　　　　　B

たわみ角
θ_A　　　たわみ角
θ_B

たわみδ_{max}

P

A　　　　B

θ_A

δ_A

固定梁

連続梁

学校建築

開口（窓）

学校

地震があったとき昔はここでよくやられてしまいました

力がこの柱めがけて襲う

昔

すごく短い柱になってしまう

壁と柱は一体だった昔

今

このようにスリットをつけて縁を切っておく

スリット

要するにすき間です

柱を長くする

すき間は雨が入らない程度に隠してしまうので外からは見えません

3.1.3 部材・トラス・ラーメン

75 座屈に関する用語

座屈とは、長柱など、細長い部材に圧縮力を与えていくと、ある限界の大きさを境に屈曲し出す（急に横方向に湾曲が起こる）現象をいい、圧縮材が座屈を生じうる最小の荷重、つまり座屈して曲がり出し、それ以上の荷重増加に耐えられなくなるときの限界荷重を**弾性座屈荷重**といいます。弾性座屈荷重（N_k）は柱がわずかに湾曲した状態でつり合うときの荷重として、数学的に次式の解が与えられています。

$$N_k = \frac{\pi^2 \cdot E \cdot I}{l_k{}^2} \;〔\text{N}〕$$

l_k：柱の座屈長さ

E：主材のヤング係数

I：柱の断面二次モーメント

上式により、弾性座屈荷重は座屈長さの2乗に反比例し、ヤング係数、断面二次モーメントに正比例することがわかりますが、上式を**オイラー式**といいます。なお、圧縮材の座屈荷重を材の断面積で割った値を**弾性座屈応力度**といいます。

座屈長さとは、与えられた圧縮材と同じ断面を同じ座屈荷重をもつ両端ピン支持の圧縮材を考えたとき、後者の材長を前者の座屈長さといいます。与えられた圧縮材の材長を l とすれば、座屈長さ l_k は次のよう表されます。①一端固定、他端自由のとき：$l_k = 2l$。②両端ピン支持のとき：$l_k = l$。③一端固定、他端ピンのとき：$l_k ≒ 0.7l$。④両端固定のとき：$l_k = 0.5l$。なお、座屈長さを弱軸まわりの断面二次半径で割った値を**有効細長比**といいます。

座屈係数とは、圧縮材の設計応力度を求めるときに使用する係数です。通常、$\omega = \frac{f_c}{f_k}$（f_c：許容圧縮応力度、f_k：許容座屈応力度）で表します。

また、座屈低減係数 η は座屈係数 ω の逆数（$\eta = \frac{1}{\omega}$）で、$\eta = \frac{f_k}{f_c}$、$f_k = \eta f_c$ の関係があり、木材の許容座屈応力度を求めるときに用いられます。η の値は細長比によって決まります。圧縮木材の設計では、圧縮応力度が許容座屈応力度以下になるようにします。**座屈曲線**とは、中心圧縮材の細長比と座屈応力度との関係を表した曲線です。

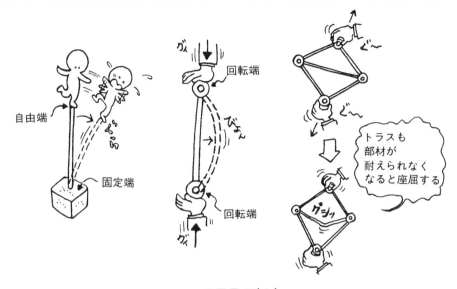

座屈長さ（l_k）

名称	両端ピン	一端固定 他端ピン	両端固定	一端固定 他端自由	一端固定 他端固定移動	一端固定 他端ピン移動
材端の支持状態						
l_k	l	$0.7l$	$0.5l$	$2l$	l	$2l$

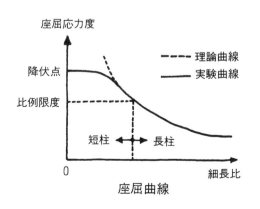

座屈曲線

鉄骨梁に横補鋼材（座屈止め）を入れたりします

スチフナー

座屈止め

3.1.3 部材・トラス・ラーメン

76 トラスに関する用語

トラスとは、部材の節点がピン接合となっている三角形を単位とした構造骨組みをいい、鉄骨屋根や木造屋根の架設に用います。トラスの節点に外力が作用する場合、各部材には軸方向力のみ作用します。トラスは三角形の構成の方法により、キングポストトラス、クインポストトラス、ハウトラス、フィンクトラス、プラットトラス、ワーレントラス等があります。なお、**軸方向力**とは、部材の材軸方向に働く応力で、引張力と圧縮力の総称です。

静定トラスとは静定な状態にあるトラス、すなわち、力のつり合い条件式からすべての支点反力、部材応力が求まるトラスをいい、①同一平面内にある直線部材を三角形状に滑節点（ピン）で組み合わせた骨組である。②外力は節点に作用する。③トラス部材には軸方向力のみが生じる。④トラス応力の記号とその符号は、

引張（＋）……（○→　　←○）
圧縮（－）……（○←　　→○）
とします。

不静定トラスとは、力のつり合い条件からだけではすべての支点反力、部材に生ずる力が求められないトラスをいいます。

節点法とは、1つの節点を中心としてその節点に集まるすべての部材に作用する軸方向力と荷重・反力のつり合い条件から部材に生ずる力を求める静定トラスの解法で、図式解法と算式解法に大別されます。

クレモナ法（クレモナの図式解法）とは示力図を用いる節点法の図式解法のうち、節点ごとの示力図を1つにまとめて解く方法です。すなわち、初めに外力と反力による示力図を描き、各節点の示力図を順次加えてすべてのトラス部材に生ずる力を求めます。

切断法とは、部材に生ずる力を、求めようとする部材を含む任意の切断面でトラスを切断し、切断面の片側に働く外力と切断された部材に生ずる軸方向力との力のつり合いから、トラスの部材に生ずる力を求める方法で、カルマンの図式解法とリッターの算式解法があります。

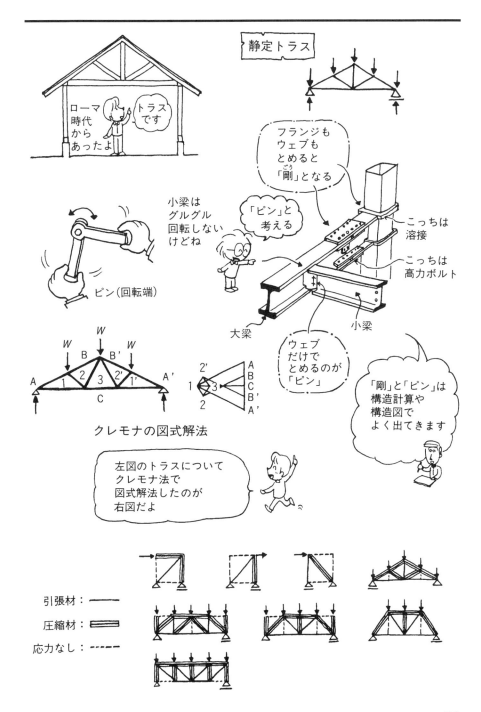

3.1.3 部材・トラス・ラーメン

| **77** | ラーメンに関する用語 |

支点とは、構造物を支える部分、すなわち、構造物を地盤または他の構造物と連結する点をいい、力学的には理想化して用い、固定端・移動端・回転端に分けられます。

節点とは、部材と部材の接合部のことで、滑節点（ピン）と剛節点があります。

ラーメン（剛節架構）とは、柱・梁といった部材の各節点が剛に接合されて一体となっている（節点の一部がピンであるものも含む）骨組をいい、主として曲げによって外力に抵抗する骨組です。支持の状態から片持梁系ラーメン、単純梁系ラーメン、ヒンジ系ラーメン、不静定ラーメン等があり、その形態により門形ラーメン、山形ラーメン等に分けられます。

3ヒンジラーメンとは、2支点と部材中間の点がピン（ヒンジともいい、節点または支点で、回転が自由な点）である単一ラーメンで、静定です。

アーチとは、材軸が曲線状をなす骨組をいい、主として軸方向圧縮力により力が伝達されるものです。円弧アーチ、放物線アーチ、尖りアーチ等があります。

たわみ角法とは、ラーメンの変形（節点角と部材角）を未知数に選び、節点回りのモーメントつり合い式と各層のせん断力のつり合い式を連立して解く、不静定ラーメン解法です。

水平力分担率（横力分担率）とは、不静定ラーメンの各柱が負担するせん断力の割合をいい、水平力 P が作用すると、各柱は水平剛性に比例したせん断力を負担します。なお、水平力とは、地震力・風圧力等に代表される、構造物に水平に作用する力をいいます。

反曲点とは、ラーメン部材の曲げモーメントが0である点をいい、反曲点を境として材の両側における曲率の正負の符号が異なっており、曲り方が逆向きになります。反曲点距離とは、反曲点が生じる材の端から反曲点までの距離をいいます。反曲点高さとは、柱において柱脚から反曲点までの距離をいうのです。なお、柱脚とは柱の脚部をいい、上部の柱の軸方向力・曲げモーメント、せん断力等を基礎に伝える部分です。

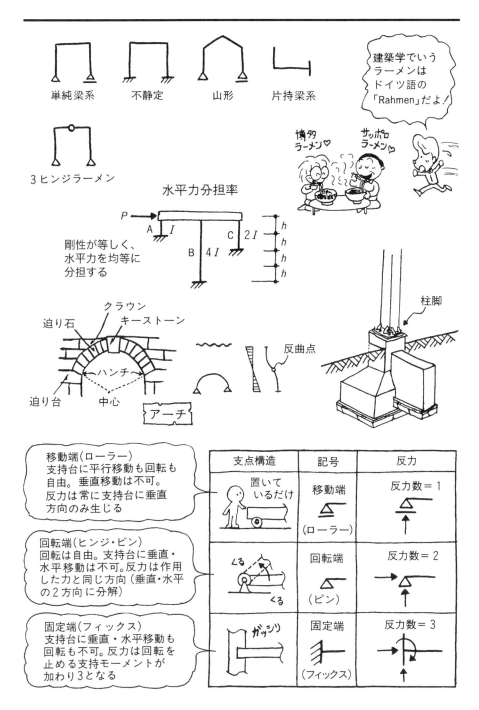

単純梁系　不静定　山形　片持梁系

建築学でいう
ラーメンは
ドイツ語の
「Rahmen」だよ！

3ヒンジラーメン

水平力分担率

博多ラーメン♡　サッポロラーメン♡

P

A I　C $2I$　h
h
B $4I$　h
h

剛性が等しく、
水平力を均等に
分担する

クラウン
キーストーン
迫り石
ハンチ
迫り台
中心
アーチ

反曲点

柱脚

支点構造	記号	反力
置いているだけ 移動端（ローラー）	移動端 （ローラー）	反力数＝1
くる 〈る	回転端 （ピン）	反力数＝2
ガッシリ	固定端 （フィックス）	反力数＝3

移動端（ローラー）
支持台に平行移動も回転も
自由。垂直移動は不可。
反力は常に支持台に垂直
方向のみ生じる

回転端（ヒンジ・ピン）
回転は自由。支持台に垂直・
水平移動は不可。反力は作用
した力と同じ方向（垂直・水平
の2方向に分解）

固定端（フィックス）
支持台に垂直・水平移動も
回転も不可。反力は回転を
止める支持モーメントが
加わり3となる

78 構造設計に関する用語

構造設計とは、構造力学および構造計算に基づいて建築物の用途・規模等に応じ材料や構造形式を選定し、主として構造の立場から建築設計に関与することをいいます。

許容応力度とは、材料について危険と考えられる応力度を安全率で除したもので、構造物に計算上生じている応力度の値がこの値以下になるようにしなければなりません。材料の性質によって、破壊時の応力度や降伏点の応力度を安全率で割った値となっていますが、一般的には建築基準法で定められた値によって設計されます。**安全率**とは、構造物全体あるいはそれを構成する各部材の安全の程度を示す設計係数をいい、設計に当たり構造各部に破壊、大変形を生じないよう、計算応力度が材料強さの $\frac{1}{S}$ 以下となるように形状寸法を決定し、この S を安全率といいます。**終局耐力（極限強さ、終局強さ、破壊強度）**とは、応力度－ひずみ度曲線における最大応力度、すなわち、構造物や構成部材が破壊するときの強さをいいます。

層間変形角とは、建物が地震力や風圧力によって変形するとき、ある階の床と直上または直下の床との水平方向の変位（ある階の層間変位〔cm〕）をその階高（cm）で除した値をいい、層間変形角（θ_i）は次式で与えられます。

$$\theta_i = \frac{\delta_i}{h_i} \quad \text{（右頁の図を参照）}$$

層間変形角は建築基準法により、原則として $\frac{1}{200}$（内外装材に著しい損傷のおそれのない場合は $\frac{1}{120}$）以内とする必要があります。

剛性率とは、ある階の層間変形角の逆数（$\frac{1}{\theta_i} = \frac{h_i}{\delta_i}$）を建築物全体の層間変形角の逆数の平均で除したもので、高さ方向の各階の剛性分布の良否をチェックする指標とされ、建築基準法により0.6以上とする必要があります。

保有水平耐力とは、建物の水平力に対する終局耐力のことをいい、建物の一部または全体が崩壊するときの水平せん断力の和として求められます。必要保有水平耐力と比較して、それ以上であることで、大地震時の耐震安全性を確かめるのです。

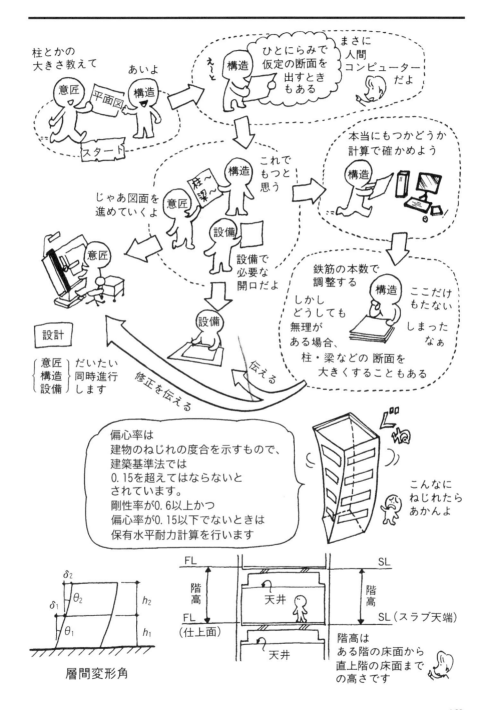

柱とかの大きさ教えて

あいよ

意匠 平面図 構造

スタート

え～と 構造 ひとにらみで仮定の断面を出すときもある

まさに人間コンピューターだよ

これでもつと思う

宿題～

意匠 構造

じゃあ図面を進めていくよ

設備

設備で必要な開口だよ

意匠

本当にもつかどうか計算で確かめよう

構造

鉄筋の本数で調整する

構造 ここだけもたない

しまったなぁ

しかしどうしても無理がある場合、柱・梁などの断面を大きくすることもある

設備

設計
意匠
構造　だいたい同時進行します
設備

修正を伝える

伝える

偏心率は建物のねじれの度合を示すもので、建築基準法では0.15を超えてはならないとされています。
剛性率が0.6以上かつ偏心率が0.15以下でないときは保有水平耐力計算を行います

こんなにねじれたらあかんよ

δ_2 θ_2 h_2
δ_1 θ_1 h_1

層間変形角

FL
階高
天井
FL（仕上面）
天井

SL
階高
SL（スラブ天端）

階高はある階の床面から直上階の床面までの高さです

3.2.2　基礎構造

79　地盤に関する用語

　地盤とは、岩盤の上にある土層部分のことです。地盤に関しては次の点をよく理解してください。①一様な地盤が続く場合、基礎の根入れ深さを増せば支持力が増大し、また、底面が大きいほど支持力が増大する。②粘土質地盤は、長期間圧縮力を受けると圧密沈下を起こしやすい。③内部摩擦角の小さい粘土地盤上の基礎では、基礎幅を増しても支持力は変わらない。④一様な砂質土地盤では、一様な基礎幅を増せば支持力が増大する。⑤軟弱な砂質層では、地震時に液状化現象を起こすことがある。⑥ボーリング調査による標準貫入試験の N 値は、土の締まり具合の程度を判断する目安となり、N 値が高い程、締まりがよい。

　沈下とは地盤や構造物が沈む現象をいい、地盤沈下は地盤が種々の要因で沈下する現象をいい、構造設計上は即時沈下と圧密沈下に分けて考えられることが多く、一様沈下と不同沈下について検討されます。

　圧密沈下とは、圧密により生じる地盤や盛り土の沈下をいい、建築物の不同沈下の原因となります。なお、圧密とは、土中の間げき水が上載荷重の影響を受けて、徐々に排水され、土が圧縮していく現象をいい、長期間にわたって進行し、沈下変形を生じます。圧密は透水性の悪い粘土質の地盤に生じやすいのです。

　不同沈下（不等沈下）とは、地盤沈下による構造物の各部の沈下量が等しくないことをいいます。

　液状化現象（クイックサンド）とは、地盤が振動（地震）によって間げき水圧が上り、砂のせん断抵抗がなくなり、液体のように流動性を帯び構造物の支持力を失う現象をいい、地下水などで飽和した砂地盤で発生します。

　内部摩擦角とは、物体（主として土の場合に用いる）の内部で物体のすべり面に沿って相互移動するとき、すべり始めるときの垂直応力度とせん断抵抗を2辺とする直角三角形の斜辺が垂直軸となす角をいいます。内部摩擦角は砂質土の性質を示す指標とされます。

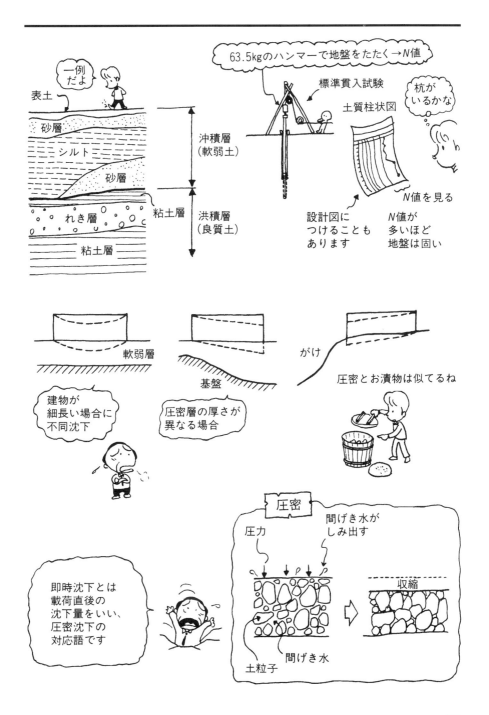

3.2.2 基礎構造

80 基礎に関する用語

基礎とは、柱、壁、土台および束などからの荷重を地盤または地業に伝えるために設ける構造部分です。すなわち、建物上部構造の荷重を地業、地盤に伝える下部構造の総称で、広義には地業を含めて基礎といい多種に分類されます。なお、上部構造と対比して呼ぶとき基礎構造といいます。基礎構造に関しては次の点をよく理解してください。①1つの建築物に、異種の基礎を併用してはいけない。②不同沈下を防止するには地中梁の剛性を大きくする。③基礎スラブの配筋に対するコンクリートの被り厚さは6cm以上必要。④鉄筋コンクリート造の基礎の設計では、一般に、風圧力の考慮は不必要。⑤地中梁のない独立基礎で他の条件が同一なら、偏心のある場合は、偏心のない場合より底面を大きくする必要がある。

基礎構造の設計に当たっては、標準貫入試験や載荷で地盤の性質や支持力を求め、これらの条件に応じた工法を選択する必要があります。

基礎底とは、基礎の底面をいい、

基礎スラブとは、基礎のスラブ、つまり上部構造の応力を地盤または地業に伝えるために設けられる構造部分をいいます。基礎梁とは、建物の各基礎を結ぶ水平材、すなわち、建物の柱下部の基礎をつなぐ梁をいい、柱脚の曲げモーメントおよびそれによるせん断力を負担し、また、この梁の剛性を大にすることによって基礎の不同沈下を防ぎ建物全体の剛性を高めます。つなぎ梁とは、独立基礎を相互に継ぐ梁をいい、基礎梁と同義です。地中に設けられるので地中梁とも呼ばれます。

地業とは、基礎スラブを支えるために、それより下に割ぐり、杭などを設けた部分のことです。またはその作業をいい、割栗地業、砂利地業、杭地業などがあります。

割栗石（割石）とは、割栗地業(割石地業)を行うための10〜15cm程度の大きさの石をいいます。

支持力とは、直接基礎、杭、ピアなどによって伝達された荷重を支え得る地盤の力をいいます。

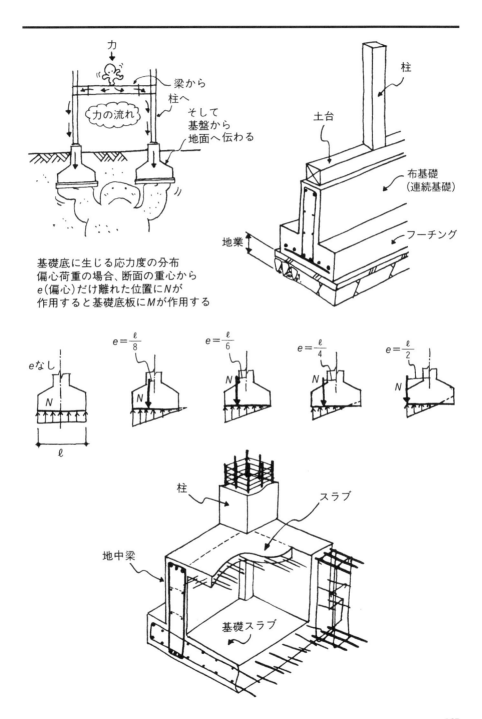

力

梁から
柱へ

力の流れ

そして
基盤から
地面へ伝わる

柱

土台

布基礎
（連続基礎）

フーチング

地業

基礎底に生じる応力度の分布
偏心荷重の場合、断面の重心から
e（偏心）だけ離れた位置にNが
作用すると基礎底板にMが作用する

eなし

N

ℓ

$e=\dfrac{\ell}{8}$

N

$e=\dfrac{\ell}{6}$

N

$e=\dfrac{\ell}{4}$

N

$e=\dfrac{\ell}{2}$

N

柱

スラブ

地中梁

基礎スラブ

3.2.2　基礎構造

| 81 | 基礎の種類に関する用語 |

　基礎は、形式としては独立基礎、布基礎、べた基礎などがあり、工法上では直接基礎、杭基礎、ピア基礎などがあります。

　フーチングとは、鉄筋コンクリートの建物において、荷重を杭または地盤に伝えるため柱や壁の最下部を拡大した部分、または、布基礎の底面の幅を広げた部分のことをいい、フーチングをもった基礎を総称して**フーチング基礎**といいます。**独立フーチング基礎（独立基礎）**は、一本の柱の下に単一に設けられた直接基礎の1つです。**複合フーチング基礎（複合基礎）**は、1つの基礎スラブに2本以上の柱がのった形式の基礎です。**連続フーチング基礎（連続基礎、布基礎）**とは、基礎スラブが帯状に連続している（柱列または壁下に沿った細長い）基礎形式の直接基礎の1つです。

　直接基礎とは、上部構造からの荷重を杭などを用いずに基礎スラブから直接地盤に伝える基礎で、フーチング基礎とべた基礎があります。

　べた基礎とは、上部構造の広範囲な応力を、単一の基礎スラブで地盤に伝える、つまり、建物の荷重を基礎梁と耐圧盤の底面積全体で地盤に伝える形式の直接基礎をいいます。

　杭基礎とは、杭を用いる基礎で、**杭**は構造物の荷重を基礎などを介して、地盤に伝達させるための柱状の構造部材をいいます。杭基礎には、支持層まで到達する支持杭と、地盤との摩擦で支持する摩擦杭があります。

　井筒基礎（オープンケーソン）とは、硬質な基盤が建物の基礎より深い場合、そこまで建物の荷重を伝達させて上部構造物を支持するために、鉄筋コンクリートの中空の筒を中堀りによって、順次所定の位置（硬質な基盤）まで沈め基礎とするもので、筒断面は円形、長円形、長方形があります。なお、**ピア基礎**とは、長さに比べて径が大きい場所打ち杭による基礎のことをいいます。

　ケーソン基礎とは、中空・函状の構造物である**ケーソン**を地中（支持地盤）にまで沈下させて基礎とするものです。

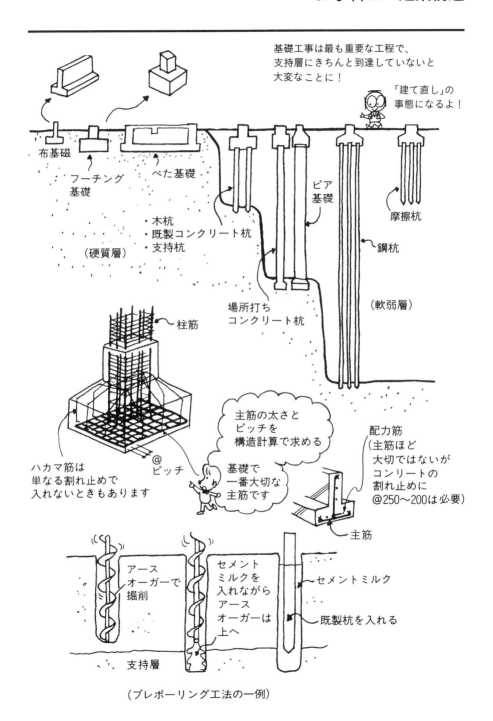

基礎工事は最も重要な工程で、
支持層にきちんと到達していないと
大変なことに！

「建て直し」の
事態になるよ！

布基礎

フーチング
基礎

べた基礎

・木杭
・既製コンクリート杭
・支持杭

（硬質層）

ピア
基礎

摩擦杭

鋼杭

（軟弱層）

場所打ち
コンクリート杭

柱筋

@
ピッチ

ハカマ筋は
単なる割れ止めで
入れないときもあります

主筋の太さと
ピッチを
構造計算で求める

基礎で
一番大切な
主筋です

配力筋
（主筋ほど
大切ではないが
コンクリートの
割れ止めに
@250〜200は必要）

主筋

アース
オーガーで
掘削

セメント
ミルクを
入れながら
アース
オーガーは
上へ

セメントミルク

既製杭を入れる

支持層

（プレボーリング工法の一例）

3.2.3　鉄筋コンクリート構造

82　鉄筋コンクリート構造に関する用語

鉄筋コンクリート構造（RC 構造） とは、鉄筋とコンクリートを組み合わせ、相互の短所を補い合った構造をいい、RC 構造に関しては次の点をよく理解してください。①コンクリートと鉄筋の付着を確保することによって、一体性を確保する。②コンクリートと鉄筋の線膨張係数はほとんど同じであるため温度変化に対して一体性が維持される。③コンクリートは鉄筋と比べて、耐火性、耐熱性に優れる。④鉄筋は引張力に強く、コンクリートと一体的に用いることによって、圧縮力に対しても座屈せず、有効に働くことができる。

鉄筋 とは、コンクリートの中の適当な位置に入れて補強し、鉄筋コンクリートを形成する棒状の鋼材をいい、一般に異形棒鋼が用いられます。**異形棒鋼（異形鉄筋）** は、コンクリートに対する付着力を高めるため、表面にリブや節などの突起を付けたものです。

付着 とは、2 物体面が互いに接着して外力に抵抗する現象をいい、その程度を **付着強さ** といいます。コ

ンクリートと鉄筋との間の付着は重要です。

コンクリート とは、一般にセメント、水、細骨材(砂)および粗骨材(砂利)を適当な割合に調合して練り混ぜたもので、セメントと水の水和反応で硬化します。コンクリートの強度は 4 週圧縮強度を基準とし、圧縮強度は一般的に 20 ～ 30 N/mm² 程度です。

一体式構造 とは、建物の主体構造（柱、梁、スラブなど）を連続、かつ、一体となるように造る構造をいい、鉄筋コンクリート造、鉄骨鉄筋コンクリート造などがその代表です。

線膨張係数 とは、固体の長さが温度によって変わる割合を表し、温度が 1℃ 変化したときの長さの変化率で示します。

溶接金網 とは、直径 6 mm 程度以下の鋼線を電気溶接し、正方形や長方形のメッシュ（50 ～ 250 mm）にした金網をいい、主にスラブ、壁、あばら筋、有孔梁の補強材として用いられます。

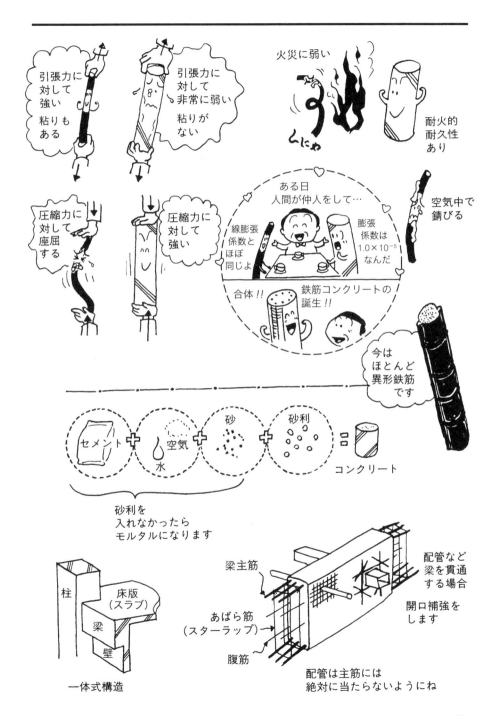

3.2.3　鉄筋コンクリート構造

83　梁に関する用語・1

　鉄筋コンクリート構造の梁については、算定の違いから長方形梁とT形梁に分類されます。そして、主要な梁は複筋梁とします。

　長方形梁とは断面が長方形の梁をいい、強さと剛性の関係上通常は幅よりも**せい**（材の上端と下端間の距離）の方が大きい。

　T形梁とは、長方形梁がスラブと一体となって打ち込まれた梁をいい、スラブ側が圧縮となる場合はT形梁として扱うが、引張となる場合は長方形梁となる。

　複筋梁とは、引張側だけではなく、圧縮側にも鉄筋を配筋した梁をいい、構造耐力上、主要な梁は複筋梁としなければなりません。

　梁の設計においては次に示す点がポイントとなります（右図を参照）。①被り厚さは3cm以上（土に接する場合は4cm以上）とし、鉄筋の酸化（錆発生）を防止し、火災から守る。②あきは主筋径の1.5以上かつ2.5cm以上とし、コンクリート打込み時に骨材がスムーズに通過できるように鉄筋の間隔を確保する。なお、

あきは一般に太い鉄筋ほど大きくする。③あばら筋は通常、せん断力の大きい梁端部は密に入れる。④梁の主筋は、端部では上側に、中央部では下端に多く入れる。⑤梁の主筋（引張鉄筋）は材の引張側に入れ、その配筋は曲げモーメント図を描いて、図のある側に入れる。⑥あばら筋間隔は、φ9、D10を使用したとき、梁せいの$\frac{1}{2}$以下かつ25cm以下となり、それ以外では、梁せいの$\frac{1}{2}$以下かつ45cm以下となる。⑦梁の主筋は、φ13、D13以上を用いる。⑧梁の断面算定では、コンクリートの引張強度は無視する。⑨梁せい60cm以上の場合は、補強筋（腹筋、幅止め筋）を入れる。

　被り厚さ（かぶり）とは、一番外側の鉄筋の表面から、これを覆うコンクリートの表面までの寸法をいい、法令上、被り厚さの最小値が定められています。

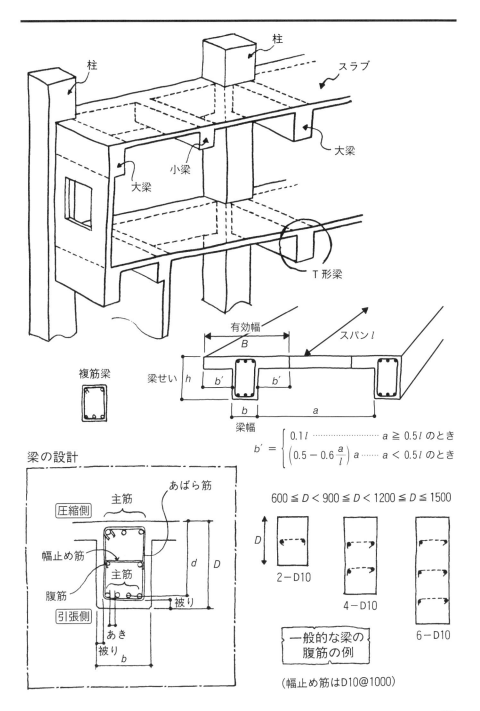

複筋梁

有効幅

スパン *l*

梁せい *h*

梁幅

$$b' = \begin{cases} 0.1l & \cdots\cdots a \geqq 0.5l \text{ のとき} \\ \left(0.5 - 0.6\dfrac{a}{l}\right)a & \cdots\cdots a < 0.5l \text{ のとき} \end{cases}$$

梁の設計

圧縮側　主筋　あばら筋
幅止め筋
主筋
腹筋
引張側　あき　被り

$600 \leqq D < 900 \leqq D < 1200 \leqq D \leqq 1500$

2−D10　4−D10　6−D10

一般的な梁の
腹筋の例

（幅止め筋はD10@1000）

3.2.3　鉄筋コンクリート構造

84　梁に関する用語・2

　あきとは、連続する部材間の隙間をいいます。

　主筋とは、鉄筋コンクリート部材で軸方向力または曲げモーメントを負担する鉄筋をいい、柱の軸方向の鉄筋、梁の上端筋および下端筋、スラブの短辺方向の引張鉄筋などが代表的です。

　あばら筋（スターラップ）とは、鉄筋コンクリート梁の上下主筋を巻いた鉄筋で、梁に対するせん断補強のために用います。

　腹筋（腹鉄筋）とは、鉄筋コンクリート梁のウェブ部分に配置する鉄筋、つまり、折曲げ鉄筋、あばら筋、振止め筋の総称ですが、中段の軸方向の鉄筋をいう場合が多いです。

　ウェブとは、Ｉ形鋼やＨ形鋼の部材で**フランジ**をつなぐ部分です。すなわち、Ｉ形断面やＨ形断面の真中にあたる部分で、曲げ材では主としてせん断力を受けもつ働きをもつものです。

　折曲げ筋とは、鉄筋コンクリート梁において、材軸方向の主筋を入れただけでは斜めにひび割れが発生して破壊してしまうため、せん断力補強の手段として、主筋を曲げ上げまたは曲げ下げて、他側の主筋へ達するようにしたものをいいます。

　幅止め筋とは、あばら筋の幅を一定に保つように、腹筋の間に架け渡す水平補助筋をいいます。

　引張鉄筋とは、曲げを受ける鉄筋コンクリート部材において、断面の引張側に配置し、引張応力を負担せしめるようにした鉄筋です。

　配筋とは、鉄筋コンクリート構造で、各部位において、鉄筋を施工図どおりに正しい位置に組むことをいい、配筋終了後に型枠を組み、コンクリートを打設するわけです。

　鉄筋比とは、鉄筋コンクリート部材のある断面における鉄筋の主筋の全面積と部材断面積との比（％）をいい、引張鉄筋の断面積の和を梁の有効断面積または柱の全断面積で割った値を**引張鉄筋比**といいます。そして、引張鉄筋と圧縮側コンクリートが同時に許容応力度に達するときの引張鉄筋比を**つり合い鉄筋比**といいます。

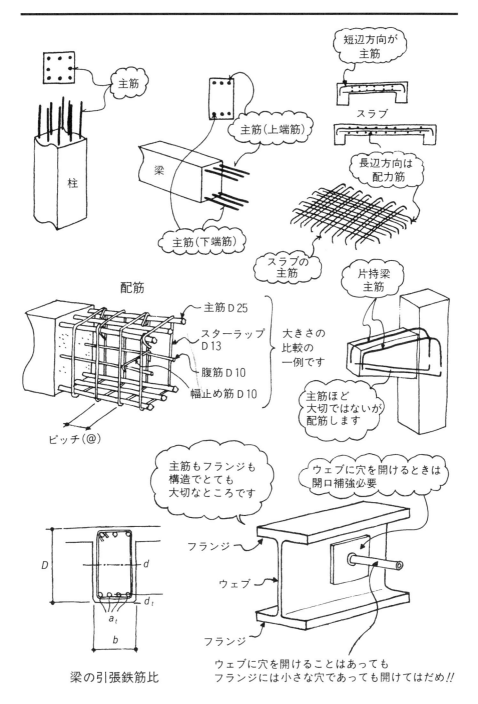

短辺方向が主筋

スラブ

長辺方向は配力筋

主筋

主筋（上端筋）

柱

梁

主筋（下端筋）

スラブの主筋

片持梁主筋

配筋

主筋 D 25

スターラップ D 13

腹筋 D 10

幅止め筋 D 10

大きさの比較の一例です

主筋ほど大切ではないが配筋します

ピッチ（@）

主筋もフランジも構造でとても大切なところです

ウェブに穴を開けるときは開口補強必要

フランジ

ウェブ

フランジ

梁の引張鉄筋比

ウェブに穴を開けることはあっても
フランジには小さな穴であっても開けてはだめ!!

175

3.2.3 鉄筋コンクリート構造

85 梁および柱に関する用語

ハンチとは、梁、スラブの端部の断面を中央部の断面より、幅、せいを大きくしてその部分の曲げモーメント、せん断力に耐えるようにした端部の断面増加部分をいい、梁の高さを大きくしたものを**垂直ハンチ**、幅を大きくしたものを**水平ハンチ**といいます。

型枠（仮枠）とは、コンクリートを打込み、所定の形に成型するため、木材または金属で組み立てる仮設の枠で、コンクリートの打込み後、硬化するまでコンクリートを保護する役目をします。せき板と支保工から成り立っています。

支保工とは、せき板を保持するための桟木、端太材、支柱（サポート）などをいいます。

梁貫通部（梁貫通孔）とは、梁のウェブに設けた貫通孔で配管やダクトを通すためのものです。このように梁に穴がある場合は、穴の周囲の応力集中や断面欠除に対して所要の補強を行うとともに、穴の径は**梁せい**（梁のせい）の $\frac{1}{3}$ 以下にとどめなければなりません。

鉄筋コンクリート構造の柱は一般に短柱として設計しますが、柱の設計のポイントは次のとおりです。① 柱の主筋は ϕ13、D13以上、4本以上を対称配筋する。②主筋の断面積の和は、コンクリートの断面積の0.8%以上とする。③帯筋は、ϕ9、D10以上を用い、間隔は各階ごとに上下両端部で10 cm以下、中央部で15 cm以下、かつ最も細い主筋の径の15倍以下とする。④柱の小径は主要支点間隔距離の $\frac{1}{15}$ 以上とする。⑤帯筋比は0.2%以上とする。

帯筋（フープ）とは、鉄筋コンクリート柱の主筋を一定の間隔で水平方向に巻く鉄筋をいい、せん断補強とともに、主筋の座屈やはらみ出しを防ぎ、また主筋を固定する働きもするのです。**スパイラル筋（らせん鉄筋）**は、柱の主筋周囲をらせん状に巻いた鉄筋で帯筋の一種です。柱の圧縮強度を増大させ、また、せん断補強に非常に有効です。最小径は6 mm、ピッチは10 cm前後とします。

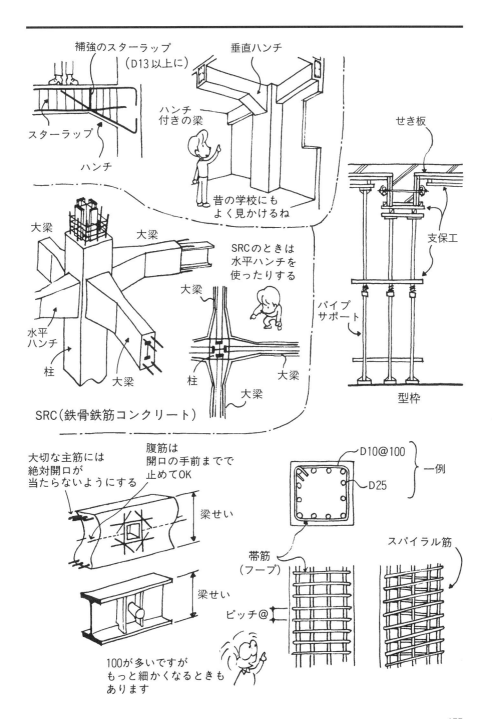

補強のスターラップ
（D13以上に）

垂直ハンチ

ハンチ付きの梁

スターラップ

ハンチ

昔の学校にも
よく見かけるね

大梁

大梁

SRCのときは
水平ハンチを
使ったりする

せき板

支保工

水平ハンチ

柱

大梁

大梁

柱

大梁

パイプサポート

大梁

SRC（鉄骨鉄筋コンクリート）

型枠

大切な主筋には
絶対開口が
当たらないようにする

腹筋は
開口の手前までで
止めてOK

D10@100

一例

D25

梁せい

帯筋
（フープ）

スパイラル筋

梁せい

ピッチ@

100が多いですが
もっと細かくなるときも
あります

3.2.3 鉄筋コンクリート構造

86 鉄筋等に関する用語

定着（アンカー）とは、コンクリート中の鉄筋や鋼材の端部が移動したり引き抜けたりすることを防止するため、必要な長さをコンクリートに埋め込んで固定する鉄筋・鋼材の終端部処理をいいます。そして、部材の所定の位置から計った定着に必要とされる長さ、すなわち、柱と梁などの部材の交差する部分の一体化のために必要な鉄筋の延長すべき長さを**定着長さ**といいます。

継手とは、部材を長手方向につなぐ接合部分をいい、鋼材等は添え板、いわゆる**継目板**を用いてボルトまたは溶接で継ぐのが一般的です。なお、広義には継手と仕口を総称していわれています。

重ね継手とは、2つの部材相互の端部を重ね合わせた継手をいい、鋼板の溶接重ね継手、同じくリベット継手、鉄筋の重ね継手等があり、軸力が偏心して作用すると付加モーメントが生じます。

重ね長さとは、鉄筋の重ね継手において、応力を伝達するために必要とする重ね部分の長さをいい、鉄筋の直径の長さの何倍という形で表示されます。重ね長さは、フックの有無、応力の状態、コンクリート強度、鉄筋強度ごとに常用の長さが定められています。

フックとは、鉄筋の末端に設けるかぎ状の部分をいい、バーベンダーを用いて加工しますが、鉄筋の定着部等につけます。鉄筋がコンクリートから抜け出さないように、フックはすべての鉄筋端部に設けることが原則です。「90°フック」は、梁などによく使用されます。

出隅とは、建築物の隅部（コーナー）の形状で突き出している部分、つまり二面が出会う外側の隅をいいます。そして、二面が交差するとき内側にへこんだ隅角部を**入隅**といいます。

クリープとは、一定の荷重が持続して作用している状態にあるとき、時間の経過とともに、材料の変形（ひずみ）が増大する現象をいいます。

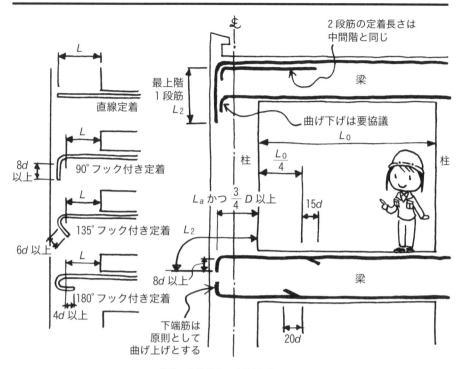

鉄筋の定着長さ L_2 (JASS 5)　( ) 内はフック付き定着の長さ

コンクリートの設計基準強度 F_c〔N/mm²〕	SD295A SD295B	SD345	下端筋の定着長さ	
			小梁	スラブ
18	40d (30d)	40d (30d)		
21	35d (25d)	35d (25d)		
24 ～ 27	30d (20d)	35d (25d)	20d (10d)	10d かつ 150mm 以上
30 ～ 36	30d (20d)	30d (20d)		
39 ～ 45	25d (15d)	30d (20d)		
48 ～ 60	25d (15d)	25d (15d)		

注) ・表中の d は、異形鉄筋の呼び名の数値を表し、丸鋼には適用しない
　　・フック付き鉄筋の定着長さは、定着起点から鉄筋の折曲げ開始点間までの距離とし、折曲げ開始点以降のフック部は定着長さに含まない

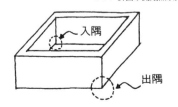

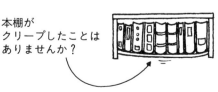

本棚が
クリープしたことは
ありませんか？

3.2.3 鉄筋コンクリート構造

87 スラブ・よう壁等に関する用語

スラブとは、一般的には鉄筋コンクリートの床を指し、床版（しょうばん）ともいいます。スラブは、鉛直荷重を安全に支え、それを各フレームに伝えます。

スラブの設計（せっけい）のポイントは次に示すとおりです。①スラブでの引張鉄筋は、ϕ9またはD10以上とする。②スラブの厚さは8cm以上、かつ、短辺有効幅の$\frac{1}{40}$以上とする。③正負最大曲げモーメントを受ける短辺（たんぺん）方向の主筋（引張鉄筋）の間隔は、20cm以下とし、長辺方向（ちょうへんほうこう）の配力筋（引張鉄筋）の間隔は30cm以下とする。④スラブ鉄筋全断面積のコンクリート全断面積に対する割合は0.2%以上とする。

配力筋（副筋）（はいりょくきん　ふくきん）とは、スラブで主筋（きん）に直角に配置した鉄筋で、一般のスラブでは長手方向（ながてほうこう）にあたります。配力筋は主筋方向以外の方向に応力を分散させるために配置します。

耐震壁（たいしんへき）とは、鉄筋コンクリート造の壁体において、主として地震力等の水平荷重に対して、有効に応力を分担する壁体をいいます。これにより柱や梁の水平力負担が軽減され、バランスのとれた構造計画が可能となります。

耐震壁の設計（せっけい）のポイントは次のとおりです。①水平荷重に対する耐力を増すために用いる。②建物にねじれが生じないようつり合いよく配置する。③厚さは12cm以上とし、かつ、内法高さの$\frac{1}{30}$以上とする。

内法（うちのり）とは、向かい合う2部材間の内側から内側までの寸法をいいます。

擁壁（ようへき）とは、切土（きりど）や盛土（もりど）に際し、土圧に対抗し土砂がくずれるのを防ぐために設ける工作物をいい、材料的には鉄筋コンクリート造が一般的で、高さが5m以上の場合は、内側から控え壁（ひか　かべ）を入れる形式にするのが望ましいです。なお、擁壁の配筋は、土圧が加わる側に多く入れなければなりません。

土圧（どあつ）とは、土が外力または自重によって、その内部または接触する面（擁壁等）に及ぼす圧力をいいます。

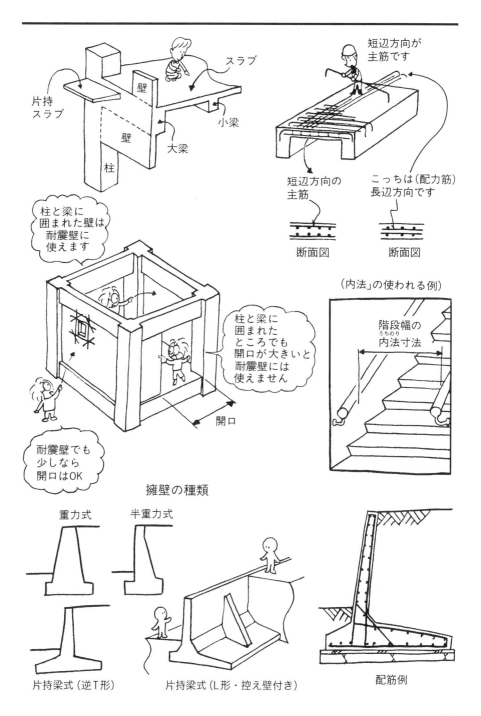

スラブ
片持スラブ
壁
壁
小梁
大梁
柱

短辺方向が主筋です
短辺方向の主筋
こっちは(配力筋)長辺方向です
断面図
断面図

柱と梁に囲まれた壁は耐震壁に使えます

柱と梁に囲まれたところでも開口が大きいと耐震壁には使えません

開口

耐震壁でも少しなら開口はOK

(「内法」の使われる例)
階段幅の内法寸法

擁壁の種類

重力式
半重力式

片持梁式 (逆T形)
片持梁式 (L形・控え壁付き)
配筋例

181

3.2.4　鉄骨構造

| 88 | 鉄骨構造・トラスに関する用語 |

鉄骨構造（S造、鋼構造）とは、構造上主要な部分に鋼材による部材を用いて構成された構造をいいます。鉄筋コンクリート構造に比べて自重が軽い、じん性が大等の特徴があり、高層建築物等に採用されますが、とくに耐火性が劣る欠点があります。したがって、この欠点をカバーするため骨組の主材を火災から守るためのモルタル被覆・ロックウール吹付けなどの**耐火被覆**が施されます。

鉄骨構造の設計のポイントは次のとおりです。①主要な梁のたわみは、通常、スパンの $\frac{1}{300}$ 以下とする。②圧縮材の有効細長比は 250 以下とし、柱材については 200 以下とする。③構造用鋼材の短期の許容応力度は、長期の値の 1.5 倍とする。④山形鋼、みぞ形鋼等をガセットプレートの片側のみに設ける場合は、偏心の影響を考慮して設計する。⑤引張材の強さは座屈によって決まるが、許容座屈応力度は細長比が大きいほど小さい。⑥引張材の有効断面積は、ボルト等の穴による断面欠損を考慮して算出する。⑦接合部は、接合され

る部材の存在応力を十分に伝えるように設計する。⑧柱脚の接合形式の固定度は、露出型、根巻型、埋込型の順に大きくなる。

ガセットプレート（ガセット）とは、鉄骨構造の柱・梁等の接合部およびトラスの節点において、部材を接合するために用いる鋼板をいいます。

下弦材（下弦）とは、トラスやトラス梁等の下側の**弦材**（トラス上下に配置される部材）をいい、一般には引張材となります。**上弦材**は上方に位置する弦材です。

トラスの設計のポイントは次のとおりです。①節点では各部材のゲージラインは極力一致させる。②節点はピン接合とみなし、原則として二次応力の影響を無視してよい。③トラスに加わる荷重は節点に作用する。④水平荷重に対しては、小屋組では水平筋違（水平ブレース）を入れ、壁面では筋違（ブレース）を入れる。

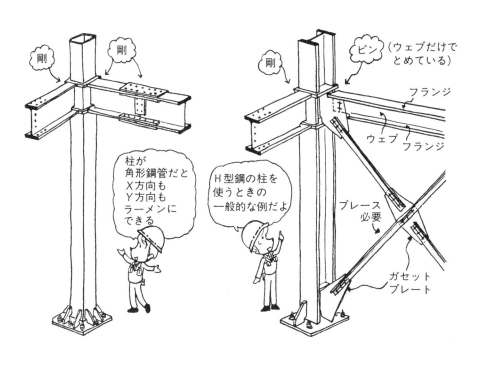

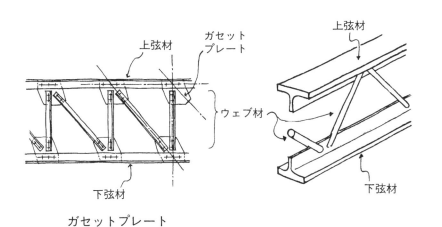

ガセットプレート

89　トラス・鋼材に関する用語

ゲージラインとは、リベット・ボルト・高力ボルト等を配置する基準線をいいます。

ピンとは、骨組における部材の節点または支点の一種で、回転は自由にできますが、鉛直と水平方向の移動はできず拘束されます。

ピン接合（ピンジョイント）とはピンを用いた接合、すなわち、部材と部材の接合の構造力学的な一形式で、部材相互間に作用線がピンを通る力は伝えるが、曲げモーメントは生じず、また部材相互間の角度は拘束なしに変化することができます。トラスの節点は、構造計算上原則としてすべてピン接合と考えます。

水平トラスとは、水平力を壁や軸組に伝達するために、陸屋根や床面等の水平面に組まれたトラスをいいます。なお、水平力（水平荷重）は構造物に水平方向に作用する荷重をいい、地震力、風圧力、土圧等がそうです。

鋼材とは、鋼構造に用いられる鋼の材料を総称していい、形状からは形鋼、棒鋼、鋼板、鋼管などに分け

られ、主に形鋼が用いられます。鋼材は原則として、炭素含有量0.3%以下の炭素鋼である軟鋼が用いられ、鋼材の一般的性質は降伏点220〜300 N/mm²、引張強さ400〜500 N/mm²、温度による鋼材の強さは500℃で強度は $\frac{1}{2}$ に低下し、1000℃ではゼロになります。つまり、耐火性が劣るわけです。

形鋼とは、山形、I形、H形等の断面形状に圧延された厚さ4 mm以上の構造用鋼材をいいます。軽量形鋼（LGS）は鋼板または鋼帯から冷間成形法によって溝形、Z形、山形、リップ溝形等の断面に形成された、厚さ1.6〜4.0 mm程度の形鋼をいいます。軽量形鋼は鉄骨造の工場・倉庫等の母屋・胴縁、小規模な建物の構造材、一般間仕切壁に用いられます。そして、軽量形鋼でつくられた鉄骨構造物は軽量鉄骨造と呼ばれています。なお、形鋼は軽量形鋼に対比して重量形鋼と俗称されます。

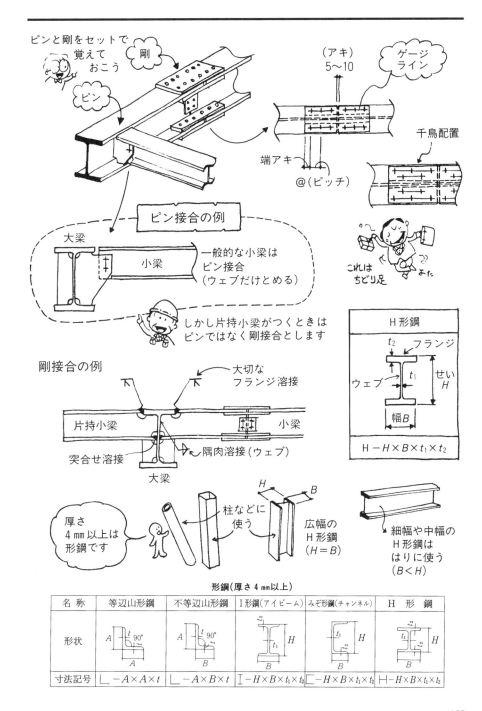

ピンと剛をセットで覚えておこう

剛

ピン

(アキ) 5〜10　ゲージライン

端アキ

@(ピッチ)

千鳥配置

ピン接合の例

大梁　小梁　一般的な小梁はピン接合（ウェブだけとめる）

これはちどり足

しかし片持小梁がつくときはピンではなく剛接合とします

剛接合の例

大切なフランジ溶接

片持小梁　小梁

突合せ溶接　隅肉溶接（ウェブ）

大梁

	H 形鋼

t_2　フランジ

ウェブ　t_1　せい H

幅 B

$H - H \times B \times t_1 \times t_2$

厚さ4mm以上は形鋼です

柱などに使う

広幅のH形鋼（$H = B$）

細幅や中幅のH形鋼ははりに使う（$B < H$）

形鋼（厚さ4mm以上）

名　称	等辺山形鋼	不等辺山形鋼	I形鋼(アイビーム)	みぞ形鋼(チャンネル)	H　形　鋼
形状					
寸法記号	$L - A \times A \times t$	$L - A \times B \times t$	$I - H \times B \times t_1 \times t_2$	$[- H \times B \times t_1 \times t_2$	$H - H \times B \times t_1 \times t_2$

3.2.4 鉄骨構造

90 鋼材等に関する用語

軽量鉄骨造の特徴について示すと次のとおりです。①板厚4mm以下の軽量形鋼を接合して構成した骨組である。②同じ断面積の普通形鋼に比べて断面係数が大きく、断面効率がよい。③肉厚が薄いので断面がねじれやすい。④使用鋼量が少なく、小規模な構造に適し、建築物が軽量化できる。⑤接合部が弱点となりやすい。⑥集中応力に弱い。

胴縁とは、壁板などを貼り付けるために柱や間柱に取り付ける水平材をいい、45〜90cmの間隔で設けます。間柱とは、柱と柱の中間に補足して立てる小断面の垂直材いわゆる半柱をいい、構造の補強として入れる場合と仕上げのための下地として入れる場合があります。下地とは、屋根葺き、壁仕上げ等の内側の工作部分で、仕上材の裏面にあってその取り付けを容易にし、その仕上げ面の効果を助けるものです。

カバープレートとは、鉄骨構造で梁または柱のフランジの断面積を補うためにフランジの外側につける帯状の鋼板をいい、曲げ応力を分担し

ます。なお、フランジとはH形鋼やI形鋼等のウェブをはさむ上下の鋼材をいい、曲げ材で曲げ応力を受けもちます。

スチフナとは、プレート柱等のウェブ部分の座屈を防止するため、ウェブに添えて取り付ける補強用鋼板をいいます。

プレートガーダー（プレート梁）とは、ウェブに鋼板を用いてI形に組み立てた梁をいい、柱とする場合はプレート柱という。

ラチスとは、鉄骨造においてせん断力を負担させるため、ウェブの部分に斜めまたはジグザグ状に配置されたウェブ材をいいます。そしてウェブにラチスを組んだ梁をラチス梁、ウェブにラチスを組んだ柱をラチス柱といいます。

トラス梁とは、弦材とウェブ材をトラス状に組んだ梁をいい、ラチス梁に比べてウェブ材の断面がかなり大きいのが特徴で、梁のスパンが長く単一梁（形鋼梁など）を用いると断面が大きくなり不経済になるときに用います。

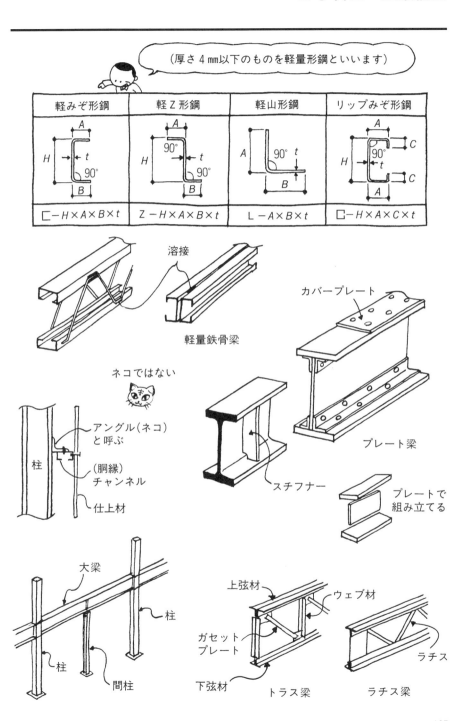

（厚さ4mm以下のものを軽量形鋼といいます）

軽みぞ形鋼	軽Z形鋼	軽山形鋼	リップみぞ形鋼
⊏−H×A×B×t	Z−H×A×B×t	L−A×B×t	⊏−H×A×C×t

溶接

軽量鉄骨梁

カバープレート

プレート梁

ネコではない

アングル（ネコ）と呼ぶ

（胴縁）チャンネル

柱

仕上材

スチフナー

プレートで組み立てる

大梁

柱

柱

間柱

上弦材

ウェブ材

ガセットプレート

下弦材

トラス梁

ラチス

ラチス梁

3.2.4　鉄骨構造

91　ボルトに関する用語

　ボルトとは、継手、仕口の緊結なﾟ
どに用いる金属製品です。すなわち、
ナットと組んで用いるおねじをもっ
た2つの部分を締め付ける接続用金
具をいい、多種あります。

　アンカーボルトとは、鉄骨柱の脚
部や木造土台の基礎への緊結に用い
るために、一端をコンクリートに埋
め込んで用いるボルトをいいます。
アンカーボルトとしては先端が曲が
った、つまりフックとした**フックボ
ルト**が広く用いられます。

　**アンカープレート（アンカーフレ
ーム）**とは、鉄骨工事において、ア
ンカーボルトがコンクリートから抜
け出るのを防ぐために、アンカーボ
ルトの下端に取り付けそれらを連結
する鋼板です。なお、アンカーボル
ト用の穴を開けた鉄骨の柱脚部に
取り付ける鋼製の底板を**ベースプレ
ート（底板）**といい、力を平均的に
分散させるため用いられます。そし
て柱からの応力をベースプレートに
伝えるために、鉄骨柱の脚部に取り
付ける鋼材を**ウイングプレート**とい
います。

　羽子板ボルトとは、短冊型鋼板に
ボルトを取り付けたもので、柱と梁
の仕口部などに用いられます。

　開きボルトとは、コンクリートに
埋め込んで用いるボルトの1つで、
コンクリート内で確実に固定させる
ため先端が割れて開くようになった
ものです。

　鬼ボルトとは、コンクリートに埋
め込むボルトの1つで、コンクリー
ト内で確実に固定させるため、先端
に行くほど太く、逆目を付けて引抜
き抵抗を増すようにしたボルトです。

　ボルトピッチとは、隣接するボル
ト孔の中心間距離をいい、**ボルト列
中心**とはボルト穴の中心を結ぶ直
線をいいます。

　ナットとは、ボルトと対をなして、
部材を締め付けるために用いるめね
じを切った部品で、形により四角ナ
ット、六角ナットなどがあります。

　ナット回転法とは、高力ボルトの
締め付けをナットの回転量で判定す
る試験方法をいいます。

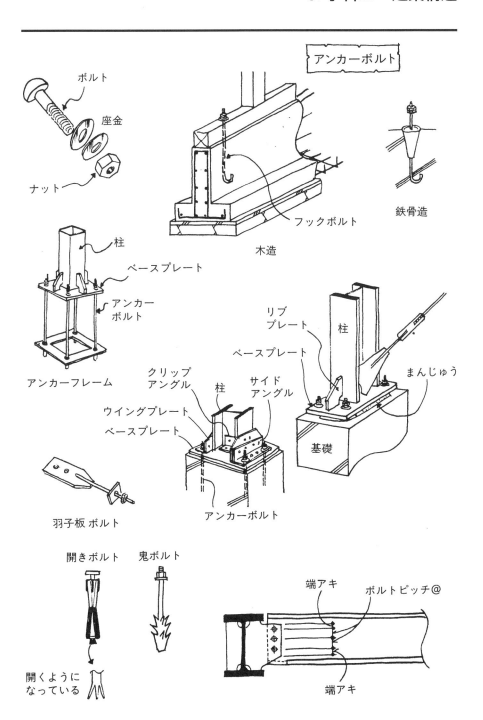

アンカーボルト

ボルト

座金

ナット

フックボルト

木造

鉄骨造

柱

ベースプレート

アンカーボルト

アンカーフレーム

リブプレート

柱

ベースプレート

まんじゅう

クリップアングル

柱

サイドアングル

ウイングプレート

ベースプレート

基礎

アンカーボルト

羽子板ボルト

開きボルト

鬼ボルト

開くようになっている

端アキ

ボルトピッチ@

端アキ

92 ボルト接合・高力ボルト接合に関する用語

ボルト接合とは、鉄骨構造または木構造において接合部（継手、仕口）にボルトとナットを用いて部材を接合する方法ですが、鉄骨構造においては主としてリベット接合、溶接接合のための仮締めに用いることが多いようです。

高力ボルト接合とは、高力ボルトを用いた鉄骨の接合、すなわち、高力ボルトを用いて、鋼材を強力に締め付け、材間に生ずる摩擦力で接合する方法をいい、リベット接合と異なりせん断力や側圧力に期待しないので剛接合とみなせます。**高力ボルト（ハイテンションボルト、高張力ボルト、HTB）**は、引張耐力が非常に大きい（強度 0.8 〜 1.3 kN/mm²）高張力鋼でつくられたボルトで、ボルト材質の引張強さにより分類され、F8T、F10T、F11T 等があります。

剛接合とは、部材と部材の接合部分が堅固に一体となるように、部材中心線のなす角度が、力を受けても変化しないようにした接合方法です。鉄筋コンクリート構造、鉄骨鉄筋コンクリート構造、鋼構造の剛接合による骨組を**ラーメン**といいます。

ボルト接合・高力ボルト接合の設計のポイントを示すと、次のとおりです。①ボルト接合は、振動、衝撃または繰返し荷重を受ける部分には使用不可。②ボルトおよび高力ボルト接合を接合部に使用するときは2本以上配置する。③ボルトの中心間距離いわゆる**ピッチ**は、ボルト径の 2.5 倍以上とする。④高力ボルト接合は、摩擦面での応力伝達面積が広いので、大きな応力の集中が生じにくい。⑤高力ボルトの穴径は、高力ボルトの軸径の 1 mm を加えたものより大きくしてはならない。ただし、φ 20 以上は 1.5 mm 以内。⑥高力ボルトの許容せん断力は、軸断面積に締付け設計ボルト張力とすべり係数を乗じて求められる。

すべり係数とは、面に平行に物体を引き、物体が滑り出そうとするときの力を物体の鉛直重量で割った値をいいます。高力ボルト摩擦接合では、ボルトに導入した張力で割った値です。

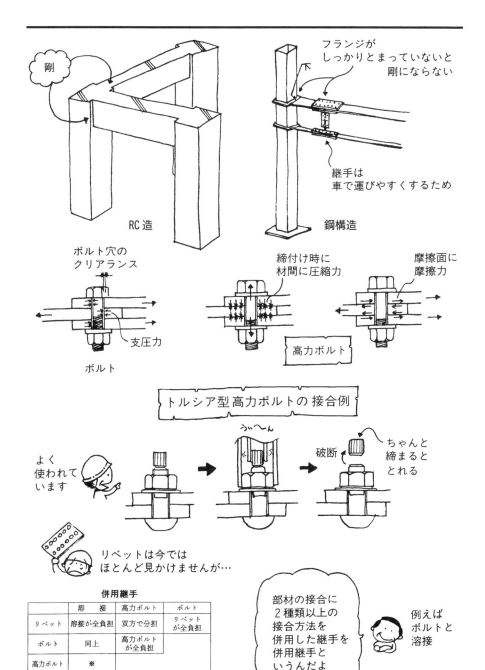

剛

フランジが
しっかりとまっていないと
剛にならない

RC造

継手は
車で運びやすくするため

鋼構造

ボルト穴の
クリアランス

支圧力

ボルト

締付け時に
材間に圧縮力

高力ボルト

摩擦面に
摩擦力

トルシア型高力ボルトの接合例

よく
使われて
います

うぃ〜ん

破断

ちゃんと
締まると
とれる

リベットは今では
ほとんど見かけませんが…

併用継手

	溶　接	高力ボルト	ボルト
リベット	溶接が全負担	双方で分担	リベット が全負担
ボルト	同上	高力ボルト が全負担	
高力ボルト	※		

※高力ボルト先行の場合は双方で分担
　溶接先行の場合は溶接が全負担

部材の接合に
2種類以上の
接合方法を
併用した継手を
併用継手と
いうんだよ

例えば
ボルトと
溶接

3.2.4 鉄骨構造

93 リベット接合と溶接等に関する用語

リベット接合（リベット継手）とは、鋼板と鋼板を継ぎ合わせる方法として、両板端を重ね合わせるか、両板の端を突き合わせてその継目の上に目板を当て、リベット穴を開け、リベット（丸鋼棒に頭のついたもの）を打って締め付ける接合方法をいいますが、欠点が多く近年ではあまり用いられなくなりました。

溶接とは、2個以上の部材（鋼材）を、接合される部材間に連続性があるように熱、圧力またはその両方によって一体に接合する方法をいい、多くのメリットがあるため鉄骨構造の接合方法としては高力ボルトとともに最も広く用いられるものです。

鉄骨構造等の溶接の設計の特徴・ポイントを示すと次のとおりです。①接合部の連続性、剛性が得られる。②自由な接合形式ができる。③接合方法が簡単で、かつ、騒音が生じない。④材断面の欠損がない。⑤溶接部の強度は母材である鋼材の強度と同等以上とする。⑥溶接ひずみは、残留応力を少なくするように設計する。

開先（グループ）とは、溶接する2部材の小口と小口の突き合わせる部分の形をいい、U形開先、レ形開先、I形開先、V形開先、H形開先、X形開先、K形開先、J形開先など多種に分けられます。

溶接継手の形状には、突合せ継手、T継手、十字継手、重ね継手、角継手、へり継手、溝継手などがあります。

突合せ継手とは、開先をとった端部を突き合せて溶接する方式（突合せ溶接）で、重ね継手とは2枚の鋼材を重ねて、両方の板面と板端を溶接する方式（隅肉溶接）をいいます。隅肉溶接とは、重ね継手、T継手、角継手等の母材同士が直角をなす部分に行う溶接をいい、隅肉溶接は突合せ溶接に比べて強度が劣ります。

溶接記号とは、溶接方法・種類・形状・寸法・溶接位置・溶接姿整・仕上げ寸法・施工の場所等を溶接構造図面に表示する記号をいいます。

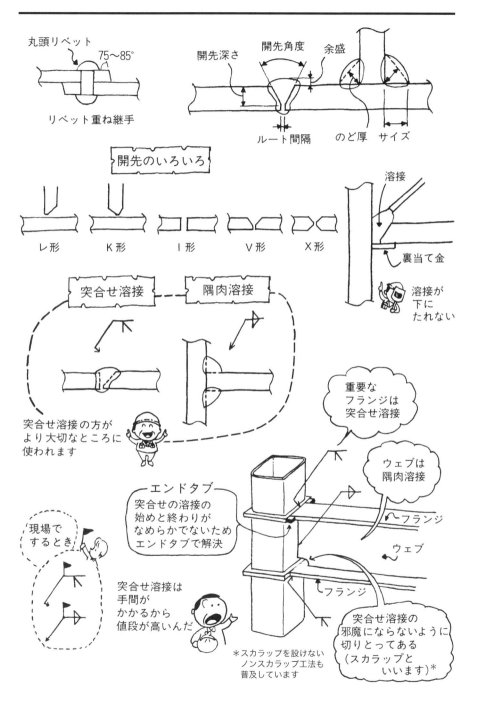

丸頭リベット

75〜85°

リベット重ね継手

開先深さ

開先角度

余盛

ルート間隔　　のど厚　サイズ

開先のいろいろ

レ形　　K形　　I形　　V形　　X形

溶接

裏当て金

溶接が
下に
たれない

突合せ溶接　　隅肉溶接

突合せ溶接の方が
より大切なところに
使われます

重要な
フランジは
突合せ溶接

ウェブは
隅肉溶接

フランジ

ウェブ

フランジ

エンドタブ
突合せの溶接の
始めと終わりが
なめらかでないため
エンドタブで解決

現場で
するとき

突合せ溶接は
手間が
かかるから
値段が高いんだ

突合せ溶接の
邪魔にならないように
切りとってある
（スカラップと
　いいます）*

＊スカラップを設けない
ノンスカラップ工法も
普及しています

3.2.5　補強コンクリートブロック造

94　補強コンクリートブロック造に関する用語・1

補強コンクリートブロック造とは、空洞コンクリートブロックの縦横に鉄筋を配し、コンクリートを充てんして組積してつくる耐力壁を主体とする構造をいいます。補強コンクリートブロック造の特徴は、①階数は3階まで、軒高は11mまでとしなければならない。②耐火性、耐久性に優れ、維持管理費が少なくてすむ。③住宅、アパート、小事務所等の小規模建築に適した構造である。

補強コンクリートブロック造の配筋については、組積造の作業を行いながら構造的には一体化するものであるため、耐力壁の空洞コンクリートブロックの空洞部に鉄筋を組み、コンクリートを流し込みますが、その際、基礎、臥梁への定着長さは鉄筋の直径の40倍以上としなければなりません。

空洞コンクリートブロック（コンクリートブロック、ブロック）とは、軽量化、鉄筋そう入等の目的で空洞としたブロックです。JISでは圧縮強度によってA種、B種、C種に分類され、それぞれ用途や使用条件が異なります。

耐力壁（ベアリングウォール）とは、鉄筋コンクリート造やブロック造等で、地震力、鉛直荷重に耐えさせる壁をいいます。また、**間仕切壁**とは、建物内部をいくつかの部屋に分割するための仕切りとして設ける壁です。間仕切壁が耐力壁となることもあります。

耐力壁の設計のポイントは次のとおりです。①平面上、耐力壁で囲まれた部分の面積は60m²以下とする。②対隣壁中心間距離は、耐力壁厚さの50倍以下とする。③耐力壁の見付幅（窓枠や出入口枠等を正面に立ってみたときの幅）は55cm以上で、かつ、その壁の両側にある開口部の高さの平均値の0.3倍以上でなければならない。④上階の耐力壁は下階の耐力壁の上に配置し、また、桁行方向・張り間方向に均等かつ必要長さ以上に配置する（右図参照）。⑤地震力によって生じる曲げモーメントに対して縦筋が、せん断力に対してブロック壁が抵抗する。

コンクリートブロックの形状

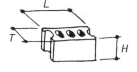
基本のブロック

すみ用ブロック

横筋用ブロック

ブロック

ブロックの種類 壁量・強度・階数・軒高		A種ブロック	B種ブロック	C種ブロック
壁量 〔cm/m²〕	平家または最上階	15 以上	15 以上	15 以上
	最上階から数えて2つ目の階	21 以上	18 以上	15 以上
	最上階から数えて3つ目の階	―	25 以上	20 以上
全断面圧縮強度〔N/cm²〕		392 以上	588 以上	785 以上
階　　数		2 以下	3 以下	3 以下
軒の高さ〔m〕		7 以下	11 以下	11 以下

耐力壁の厚さ

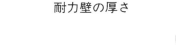

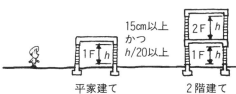

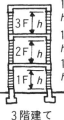

平家建て　　　2 階建て　　　3 階建て

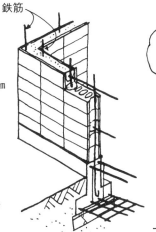

補強コンクリートブロックの
配筋

ブロック積みの原則

3.2.5　補強コンクリートブロック造

95　補強コンクリートブロック造に関する用語・2

壁量（壁量）とは、地震力等の水平力に抵抗する壁の必要量を表したもので、壁の水平耐力指標として用いられ、次式で表されます。

壁量（cm/m²）＝

$$\frac{はり方向またはけた方向の耐力壁の長さの合計}{その階の床面積}$$

例えば右図のX方向における壁量は次のようになります。

$$壁量＝\frac{160×2＋60＋200×2}{6.0×4.0}$$

$$＝32.5\,cm/m^2$$

なお、実長が55cm未満のブロック壁は**耐力壁**とはみなしません。

臥梁とは、コンクリートブロック造等の組積造において、壁体の頂部に設ける鉄筋コンクリート造の梁をいいます。補強コンクリートブロック造において、耐力壁の補強筋を定着させ、水平力を対隣壁に伝達し、耐力壁を一体化し、鉛直荷重を分散して下階に伝える役目、さらに目地の狂いや不陸の調整しろとして使われるのです。臥梁は、せいは壁厚の1.5倍かつ30cm以上、有効幅は対隣間距離の$\frac{1}{20}$かつ20cm以上とし

ます。ただし、スラブと一体に打設される場合は壁厚以上としてよいのです。

不陸とは、水平または平坦でないことをいい、そして水平あるいは平坦のことを**陸**といいます。

組積造は、主体構造をコンクリートブロックやれんが等の塊状の材料を積み上げてつくった構造をいいます。

目地とは、組積造においてれんがやブロック等の間の継目をいい、モルタルが主に用いられます。**芋目地**とは、たて目地が上下2段以上連続しているもので、補強コンクリートブロック造等で採用されます。1段ごとに目地が連続していないものを**破れ目地**といい、れんが積みに主に用いられます。

まぐさとは、窓や出入口等の開口部の上部の壁を支えるためにかけ渡す水平材をいい、開口部上部が臥梁でない場合は、鉄筋コンクリート製のまぐさを用い、両端が開口部に対して20cm以上張り出すように設置します。

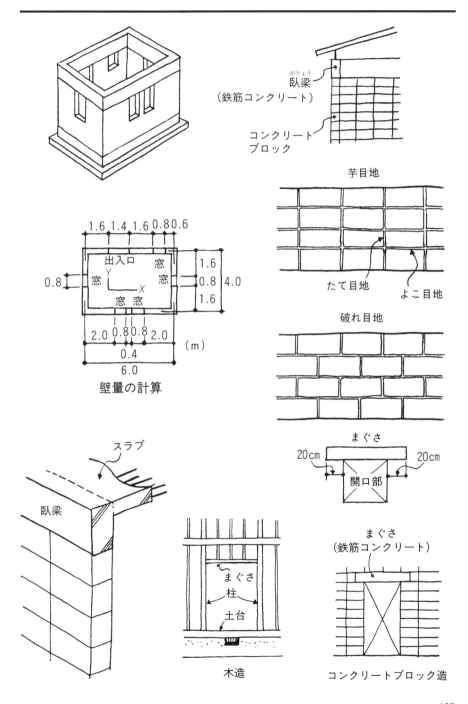

臥梁（がりょう）
（鉄筋コンクリート）

コンクリート
ブロック

芋目地

たて目地

よこ目地

破れ目地

1.6　1.4　1.6　0.8 0.6

出入口　窓
窓　　窓
窓　窓

Y
X

0.8

1.6
0.8
1.6

4.0

2.0　0.8 0.8　2.0
0.4
6.0
（m）

壁量の計算

スラブ

臥梁

まぐさ
20cm　　　20cm
開口部

まぐさ
柱
土台

木造

まぐさ
（鉄筋コンクリート）

コンクリートブロック造

197

3.2.6　その他の構造

96　各種構造に関する用語

鉄骨鉄筋コンクリート構造（SRC構造）とは、鉄骨と鉄筋コンクリートを一体化した構造で、通常、鉄骨の周囲に鉄筋をめぐらします。鉄筋コンクリート構造に比べて、比較的小さな断面に多量の鉄材を無理なく収めうる利点があり、耐力と粘りを合わせもち、耐火性にも優れています。鉄骨に対してコンクリートの被り厚さは5cm以上、主筋と鉄骨のあきは2.5cm以上とします。

プレキャストコンクリート（PCコンクリート）とは、工事現場で簡単に取り付け、組み立てができるように、あらかじめ工場で製作した鉄筋コンクリート部材を総称していい、プレキャストコンクリート部材を現場で組み立てて構造体をつくる工法を**プレキャスト組立工法**といいます。これは現場打ちのコンクリート構造に比べ大幅な合理化につながります。

壁構造（**壁式構造**）とは、壁体とスラブの剛性に頼り、それらの面材の組み合わせによって構成された構造です。すなわち、主体構造が耐力壁から構成されていて、壁を垂直部材とする柱のない構造をいい、補強コンクリートブロック造、壁式鉄筋コンクリート構造等が該当します。

壁式鉄筋コンクリート構造とは、鉄筋コンクリートの耐力壁とスラブを主体として構成された構造で、現場打ちのものと、プレキャストコンクリート部材を用いるものがあります。

フラットスラブとは、スラブが梁の支持なしで、直接鉄筋コンクリート柱に接し、曲げに安全なように、これに緊結された、2方向以上の配筋をもつ鉄筋コンクリートスラブをいい、フラットスラブを採用した構造を**フラットスラブ構造**といいます。この構造は鉛直荷重が大きく、階高の小さい場合に有効です。

プレストレスとは、長期・短期荷重などの外力による作用を打ち消すように、あらかじめ計画的にコンクリート部材に導入された応力をいいます。プレストレスの導入方式には、プレテンション方式とポストテンション方式があります。

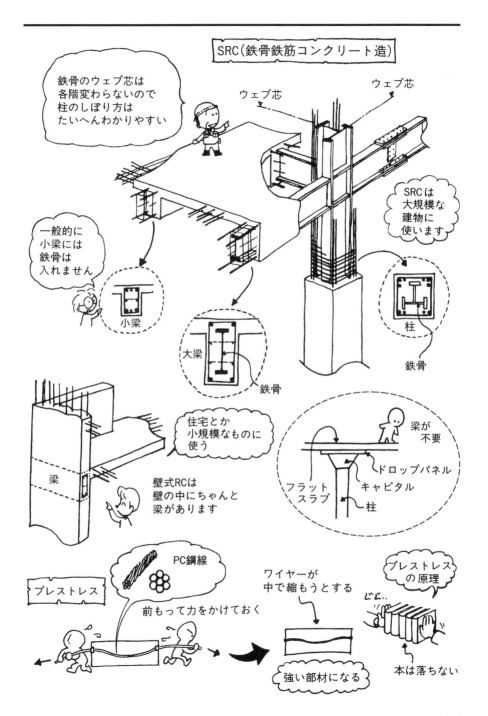

3.2.7　木構造

97　木構造に関する用語・1

　木構造（木質系構造）とは、主要構造部が木材で構成された構造をいい、軸組工法のほか、ツー・バイ・フォーや大スパン構造等があります。

　大スパン構造とは、柱等の支点の間隔を大きくとった構造系をいい、体育館、倉庫等のスパンの大きい建物に用いられる構造で、木構造、鉄骨構造に採用されます。

　木構造の設計のポイントを示すと次のとおりです。①建築物全体の安全を確保するために柱、梁、壁等を荷重に対して、つり合いよく、均等になるよう配置する。②真壁より大壁とする方が、耐震性能の強化が容易である。③耐力壁の有効長さは、一般に、平家建ての建築物における値より2階建ての建築物の2階部分における値の方が大きい。④上下階の柱、耐力壁は同一箇所に設けるようにする。⑤2階建ての建築物で広い部屋を造る場合は2階に設ける方がよい。

　壁体とは、いわゆる壁の実体をいい、次の2つに分けられます。大壁は壁の仕上材で柱を覆って柱を壁面に出さないようにしたもの。真壁は柱が表れるように仕上げた壁をいいます。大壁は木ずりやボードを柱にくぎ打ちするので、水平力に対する抵抗力は、真壁に比べて1.5～3倍になります。

　木構造における基礎・土台の設計のポイントは次のとおりです。①土台・柱脚は基礎に緊結する。②外壁や主要な間仕切壁の下の土台は、布基礎に緊結する。③緊結に用いるアンカーボルトの位置は、筋違の端部付近、土台の継手付近とし、その他は約2.7m以内の間隔とする。④土台はヒノキ・ヒバ等の耐久性のある材を使用し、防腐処理をする。

　土台とは、木造建築の柱の下部に配置して、柱からの荷重を基礎に伝える横材をいいます。

　通し柱とは、下階の柱材と上階の柱材が連続している形式、つまり2以上の階を通した1本の柱をいいます。隅柱は、建物の外周の隅部にある柱をいいます。隅柱は、原則として通し柱としなければなりません。

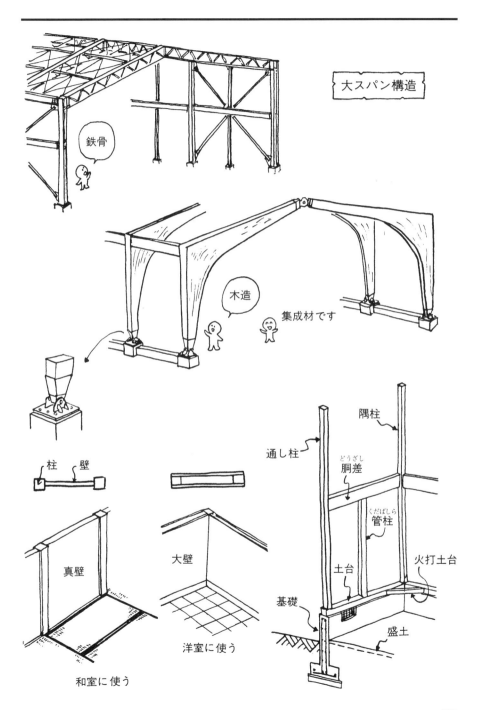

大スパン構造

鉄骨

木造

集成材です

柱　壁

真壁

和室に使う

大壁

洋室に使う

隅柱

通し柱

胴差（どうざし）

管柱（くだばしら）

土台

基礎

火打土台

盛土

98 木構造に関する用語・2

木構造の柱の設計のポイントは次のとおりです。①柱は横架材（梁、桁）と筋違と一体となって、水平力に対して抵抗する軸組の一部でもある。②階数が2以上の建築物の隅柱・これに準ずる柱は通し柱を使用する。③柱断面寸法について、下階は上階と同じか、それ以上の材を用いる。④柱は、圧縮力による座屈に対して安全となるよう、有効細長比を150以下とする。⑤土台、桁等の柱端部のめり込みに対して安全であるように設計する。また、構造耐力上主要な柱の所要断面積を $\frac{1}{3}$ 以上欠き取る場合は、その部分を補強する。⑥柱の寸法は普通、10.5 cm角、12 cm角を使用する。

横架材（梁、桁）の設計のポイントは次のとおりです。①梁は、曲げモーメント・せん断力に対して安全で、かつ、たわみ、振動にも適当な剛性をもつ必要がある。②小屋梁に丸太を使用する場合の所要断面寸法は丸太の**末口寸法**（切り丸太の先端、つまり細い方の切り口の寸法）による。なお、太い方の切り口の寸法を**元口寸法**という。③梁の**欠き込み**（木造の継手・仕口において、材の一部を他の材の幅の分だけ欠き取ること）が、材の引張側にある場合は耐力上不利である。④桁の継手は**柱心**（柱幅の中心線で、柱の位置や間隔を定めるときの基準となる）より15 cmもち出して、追掛け大栓継ぎとする。⑤特に大きな荷重を受ける床梁を柱に取り付ける場合には、方杖や**添柱**（柱に添え付けて用いる補強用の小柱）を設ける。⑥梁のたわみは、2 cm以下になるように断面を定める。

桁とは、木造の軸組において梁を受けるため、それと直角方向に架けた横架材をいい、通常は建物の長手方向に桁、短手方向に梁が架けられます。

追掛け大栓継ぎとは、土台・胴差・桁等の強度を要する部材における継手で、組み合わせた側面より大栓（胴栓）を打って接合する木造継手の1つです。

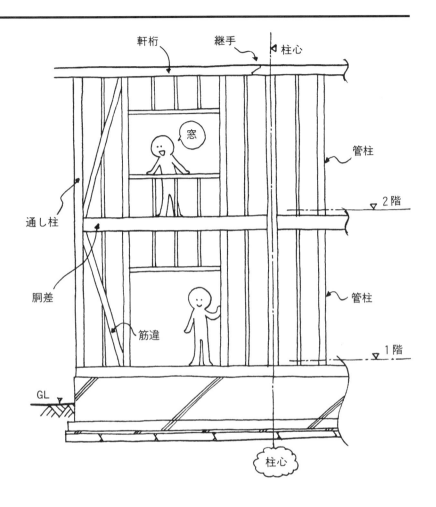

追掛け大栓継ぎ

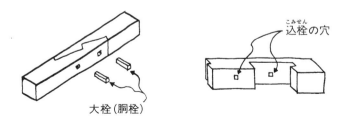

大栓（胴栓）

込栓の穴

99 柱・斜材に関する用語

胴差とは、木構造の軸組の横架材の1つで、通し柱では2階以上の床位置で柱を相互につなぎ、管柱では下階柱の上端をつなぐ材です。

管柱とは、1〜3階を1本の柱で通さず（通し柱ではなく）、桁等の横架材で中断されて上下につながる柱をいい、通し柱に比べて強度が劣り、金物で十分緊結する必要があります。

斜材とは、筋違・方杖・火打ち等、斜めに取り合う材を総称していいます。

筋違とは、四角形に組まれた軸組に対角線上に入れる補強材の1つです。筋違は地震力・風圧力等の水平力に抵抗するので、建物の平面・立面に対して、なるべく対称、かつ、つり合いよく配置します。**圧縮筋違**は、細長比が小さく、とくに座屈しにくく設計され、圧縮力を負荷できる筋違をいい、圧縮筋違の寸法は、厚さ3.5cm以上または柱の**三つ割**（角材を3等分した割材）以上とします。**引張筋違**は、引張力に抵抗し、圧縮抵抗を期待しない筋違で、引張筋違の寸法は、厚さ1.5cm以上・幅9cm以上の木材、またはϕ9以上の鉄筋を使用します。いずれにしても筋違は、引張力より圧縮力に働くように配置するのがよく、筋違に欠き込みをしてはなりません。

方杖とは、垂直材と水平材の入隅部に斜めに入れて、隅部を補強する短い材をいいます。方杖は水平力による骨組の変形を少なくする効果がありますが、柱の方杖取付部が弱点となりやすいので、柱の欠き込みを小さくします。とくに柱に曲げ応力が生じるため、座屈が起こらない程度にきかせておくことが肝要です。

火打ちとは、梁、桁、土台等が直交する水平部材を補強するため水平に入れる斜材をいい、土台の隅を補強する火打ちを**火打土台**、梁や桁の隅を補強する火打ちを**火打梁**といいます。

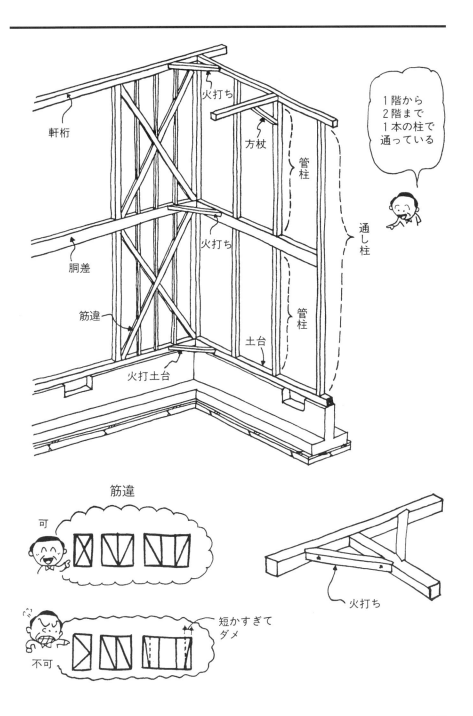

軒桁

火打ち

方杖

1階から
2階まで
1本の柱で
通っている

管柱

通し柱

胴差

火打ち

筋違

管柱

土台

火打土台

筋違

可

不可

短かすぎて
ダメ

火打ち

100　小屋組に関する用語

控えとは、直立する構造物・部材等の変形・倒壊を防ぐ支えのことをいいます。控え壁とは壁の安定のために、壁面に直角に設ける補強用の小さい壁をいい、控え柱は柱を支える斜め材です。

小屋組（小屋）とは、屋根の支持架構をいい、屋根荷重を支えてこれを柱に伝えるもので、合掌・陸梁・小屋梁・束・方杖等で構成され、和小屋と洋小屋に大別されます。

洋小屋とはトラス形式に組んだ屋根トラスをいい、代表的なものに次の2つがあります。真束小屋組（キングポストトラス）は、山形トラスの中央に真束という垂直材をもつ形式で、和小屋よりも大きな張り間に適しています。対束小屋組（クインポストトラス）は、左右対立する束である対束（クインポスト）を用いたトラスで、いわば二重梁を対束で支える小屋組で、一般に真束小屋組より大きな張り間に用いられます。

洋小屋の小屋組のトラスは、側柱の頂部の敷桁で受けます。

和小屋とは、小屋梁の上に小屋束を立て、棟木、母屋を支え、垂木を乗せる木造在来工法の小屋組で、洋小屋に比べて斜材が少なく、京呂組と折置組の2つに大別されます。

京呂組は、側柱の上に軒桁を乗せ、その上に小屋梁を掛ける組み方をいい、側柱の間隔に関係なく小屋梁を掛けられる利点があります。折置組とは、柱頂部に直接小屋梁を乗せ、その上に軒桁を架けたもので、側柱が等間隔に建つ建物に適しています。

和小屋では、小屋束の安定のために小屋筋違、桁行筋違を入れます。

張り間（梁間）とは、木造や鉄骨造における小屋梁と平行な方向あるいは、小屋梁の支点間のことをいい、張り間との直交方向を桁行といいます。

小屋梁とは、和小屋の中で最も下にある水平材（梁）をいい、一般には自然丸太が用いられ、いわゆる曲げ梁です。そして洋小屋の最下部にある水平引張材を陸梁といいます。

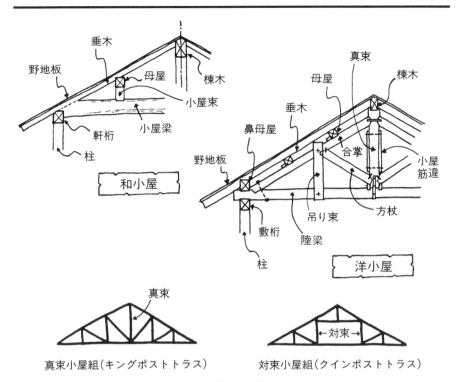

真束小屋組（キングポストトラス）　　　　対束小屋組（クインポストトラス）

和小屋と洋小屋

	和小屋	洋小屋
長所	・施工が簡単 ・マツ丸太、曲がった材を使えて経済的	・自重が小さく、骨組が安定している
短所	・自重が大きく、骨組が不安定	・小住宅には不経済 ・金物がたくさん必要

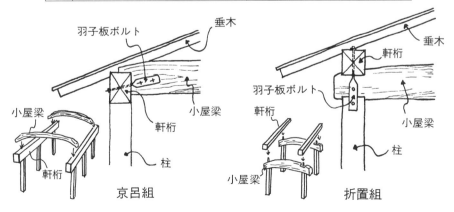

京呂組　　　　　　　　　　　折置組

3.2.7　木構造

101　小屋組等に関する用語

合掌とは、①山形に組んだ材料の総称。②洋小屋のトラスの上弦材。すなわち、陸梁とともに、トラスをなす斜材で母屋を受けるものです。

母屋とは、木造の小屋組において、垂木を受ける部材をいい、和小屋では小屋梁に立てる小屋束に支えられ、洋小屋では合掌によって支えられます。鼻母屋（端母屋）とは、母屋のうちで最も軒に近いものです。洋小屋では軒桁の上部に位置し、陸梁を軒桁と挟み込むように配置し、ボルトや羽子板ボルト等で緊結します。

棟木（棟桁）とは、小屋組の頂部に桁方向に取り付ける水平部材をいい、母屋とともに垂木を支えます。

垂木とは、木造の小屋組において、屋根下地を支え、棟木、母屋、桁に架ける細長い木材で、通常 4 cm × 4.5 cm 程度のものを 45 cm 間隔で用います。

束とは、横架材を支えるための垂直にはめ込まれる短い角材の総称です。小屋束、床束などがあります。

鼻隠しとは、軒先部分の垂木の木口を隠すために取り付ける横板です。

広小舞とは、軒先部分で、垂木の振れ止めや化粧のために用いられる厚めの横板をいいます。

軒天井（小天井）とは、軒の裏側（下側）の部分です。つまり軒部分の天井をいい、天井を張る場合、あるいはモルタル塗り等とするほか、垂木を化粧垂木とすることがあります。

台輪とは、①柱上の横木で組物を支えるもの、②２階管柱の下部を土台と同様に支える横木、③書院、戸袋の上部または下部に回す横木、をいいます。

竿縁とは、和風天井仕上げに用いるもので、天井板を下から支えるため 30 ～ 60 cm 間隔（一般に 45 cm 間隔）で並べる材料をいい、竿縁のせいは一般に柱幅の $\frac{1}{4}$ ～ $\frac{1}{3}$ です。床の間のある部屋では床の間と平行に、廊下等は長手方向に配置します。なお、壁と天井の取り合う箇所に設けて、両者の見切りとなる化粧材を回り縁といいます。

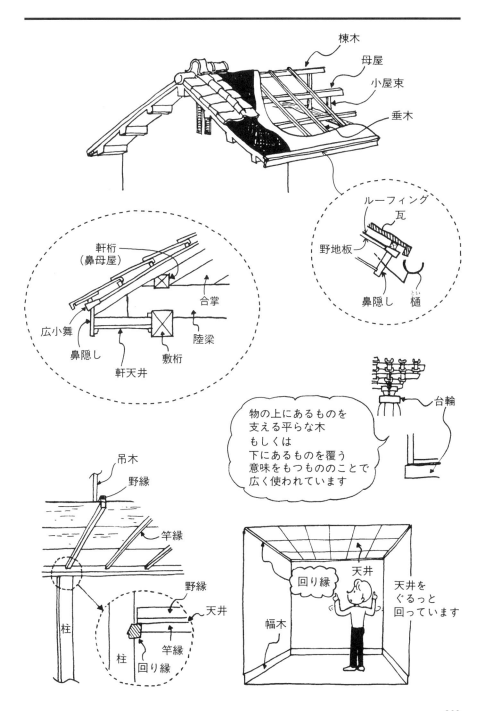

棟木
母屋
小屋束
垂木

ルーフィング
瓦
野地板
鼻隠し　樋

軒桁
（鼻母屋）
合掌
広小舞
鼻隠し
軒天井
敷桁
陸梁

台輪

物の上にあるものを
支える平らな木
もしくは
下にあるものを覆う
意味をもつもののことで
広く使われています

吊木
野縁
竿縁
野縁
天井
柱
竿縁
回り縁

天井
回り縁
幅木

天井を
ぐるっと
回っています

3.2.7 木構造

102 床組・屋根等に関する用語

貫（小幅板）とは、木造真壁造りにおいて、柱を貫いて相互につなぐ幅10cm、厚さ1cm程の板材をいい、柱への取り付けはくさび打ちまたは釘止めとします。貫には使用位置により**地貫・胴貫・内法貫・天井貫**があります。

畳寄せとは、真壁において、畳と壁すそとの間にできるすき間を納めるための細長い材をいう。

南京下見（よろい下見、イギリス下見）とは、横板張り外壁（下見板張り）の一種で、0.9〜2.1cm厚の板を2cm程度羽重ねして、柱や間柱に釘打ちしたものです。

床組とは、床を支える床下構造をいい、根太・大引・床束等で構成されます。

根太とは、床組において**床板**を受ける横架材をいいます。床板には縁甲板やフローリングなどの化粧材のほか下地材（荒床）があります。

大引とは、一階の床組において、根太を受ける10cm角程度の角材で、90cm間隔で渡し、床束で支えられます。

吸付き桟とは、床の間の地板や階段の踏板等、厚い板の反りと分離を防ぐ目的で裏側に取り付ける桟木をいいます。

京間とは、関西地方で行われる間取りにおける基準寸法の取り方をいい、**真々柱間**が6尺5寸の場合を**本京間**、6尺3寸の場合を**中京間**といいます。6尺の場合を**田舎間**または**江戸間**といい、関東で広く用いられた間取りです。

屋根勾配（水勾配）とは、水平面に対する屋根面の傾斜の度合(勾配)をいい、水はけの関係から、屋根葺き材料によってその最低勾配は、瓦葺き：$\frac{4}{10}$、金属板瓦棒葺き：$\frac{2}{10}$、アスファルト防水：$\frac{0.2}{10}$、金属板平板葺き：$\frac{2.5}{10}$ 程度です（p.295 参照）。

屋根勾配が水平に近い（$\frac{1}{100}$〜$\frac{1}{50}$ の勾配）屋根を**陸屋根**または**平屋根**といいます。

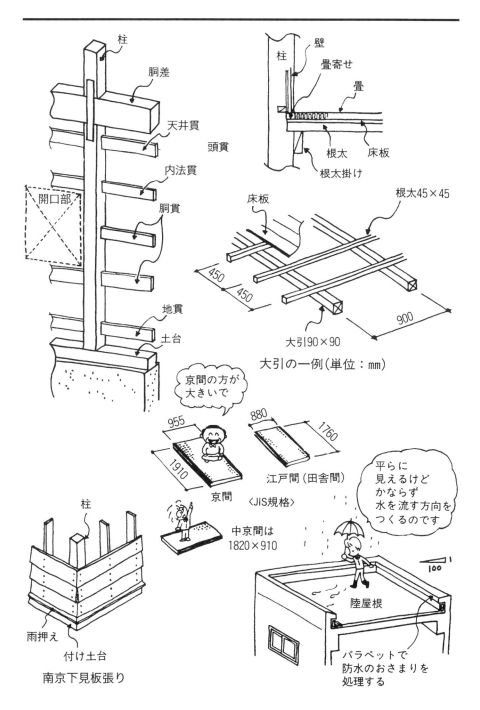

柱

胴差

天井貫

頭貫

内法貫

開口部

胴貫

地貫

土台

壁

柱

畳寄せ

畳

根太　床板

根太掛け

床板

根太45×45

450

450

900

大引90×90

大引の一例（単位：mm）

京間の方が
大きいで

955

1910

京間

880

1760

江戸間（田舎間）

〈JIS規格〉

中京間は
1820×910

平らに
見えるけど
かならず
水を流す方向を
つくるのです

100
1

柱

陸屋根

雨押え

付け土台

南京下見板張り

パラペットで
防水のおさまりを
処理する

211

3.2.7 木構造

103 屋根の種類に関する用語

屋根の種類は、その形状や特徴から、次のように大別されます。切妻屋根とは、本を開いて伏せたように、棟の左右に2つの長方形斜面を取り付けたような形の屋根をいい、切妻屋根をもつ建物の形式を切妻造りといいます。

寄棟屋根（四注屋根）とは、大棟の両端に四つの棟が会する形式の屋根をいい、寄棟屋根をもつ建物を寄棟造りといいます。なお、棟とは、屋根勾配が交わった最も高い所をいい、そして大棟とは屋根頂部の水平の棟をいうのです。

宝形屋根とは、寄棟屋根の大棟のない場合の屋根をいいます。

入母屋屋根とは、寄棟屋根と切妻屋根の両屋根形式を結合した形式の屋根をいい、入母屋屋根をもつ建物を入母屋造りといいます。

しころ葺きとは、入母屋屋根に似ていますが、屋根の流れを連続した一つの斜面にせず、上方を急斜面、下方を緩斜面とした屋根形式をいいます。

屋根葺きとは屋根を葺くことをい

い、用いる屋根の仕上げ材により、瓦を用いる瓦葺き、金属板を用いる金属板葺きがあります。

葺き方によっては次のように大別されます。

本瓦葺きとは、瓦葺きにおいて、平瓦（断面がわん曲した矩形の瓦）と丸瓦（断面が半円状の瓦）を交互に並べて葺く方式です。桟瓦葺きとは、桟瓦（葺き上げたとき勾配の下方になる一すみ（重ね部）に切り込みのある瓦）のみを用いて葺く方式で広く用いられます。

平板葺きとは、金属板葺き等、平板を用いた屋根葺きで次の2つがあります。一文字葺きは屋根面の水平方向に一直線になるように葺くもので、菱葺きは菱形に葺き上げるものです。瓦棒葺きとは、屋根の流れに沿った瓦棒に心木を入れ、長尺の金属板で巻いて葺く方式で、平板葺きより雨仕舞がよいです。

野地板（野地）とは、屋根葺きの下地として垂木の上に張る板をいいます。

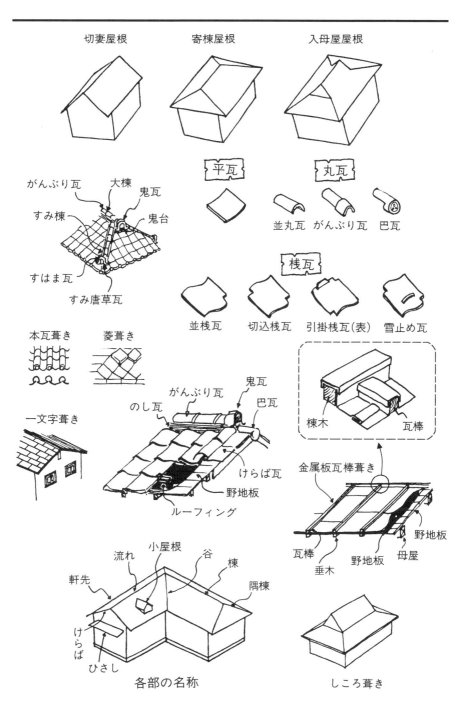

切妻屋根　　寄棟屋根　　入母屋屋根

がんぶり瓦　大棟　鬼瓦　鬼台
すみ棟
すはま瓦
すみ唐草瓦

平瓦　丸瓦
並丸瓦　がんぶり瓦　巴瓦

桟瓦
並桟瓦　切込桟瓦　引掛桟瓦（表）　雪止め瓦

本瓦葺き　菱葺き
一文字葺き

のし瓦　がんぶり瓦　鬼瓦　巴瓦
けらば瓦
野地板
ルーフィング

棟木　瓦棒
金属板瓦棒葺き
瓦棒　垂木　野地板　母屋　野地板

軒先　流れ　小屋根　谷　棟　隅棟
けらば
ひさし
各部の名称

しころ葺き

3.2.7 木構造

104 接合部に関する用語

木構造の接合部は継手と仕口に大別されます。

木造の継手とは、木造材に材軸方向につなぐ接合をいい、多種あります。その代表的なものが追掛け大栓継ぎです。

仕口とは、通し柱と胴差のような直角に交わるところや、土台と火打土台のように斜めに交わるところのように、2つ以上の木材が角度をもって接合される部分をいい、仕口には各種の柄が用いられ、代表的なものに傾ぎ大入れ、渡りあご掛けがあります。

柄とは、木材等の部材どうしの接合において、片方の部材にくり抜いた穴に合うように他方の部材につくり出す突起をいいます。

傾ぎ大入れは1つの部材の端部をすべて他の部材に差し込む仕口をいい、渡りあご掛けは、水平に交差する2材をやや高さを変えて接合するときの仕口をいいます。

雇い実は、板材どうしの接合に用いる帯板状の部材をいい、これによる接合方法を雇い実はぎ、雇い実つ

ぎといいます。

木構造の接合法としては、釘接合とボルト接合の2つが主として用いられます。

釘接合とは、木材どうしを釘を用いて（打って）接合するもので、次の点をよく理解してください。①釘の直径は打ち付ける板厚の$\frac{1}{6}$以下とする。②釘の長さは、一面せん断の場合は板厚の 2.5 ～ 3 倍を標準とする。③釘のせん断力は、一般に樹種が同じであれば釘径が細いほど小さい。

ボルト接合は、ボルトとナットにより締め付けて接合するもので、次の点をよく認識してください。①釘接合に比べて粘り強く、また、初期剛性が小さい。②ボルトと釘を併用する接合部では、両者の耐力の和をそのまま接合部の耐力とすることはできない。③ボルトの引張耐力は、ボルトの材質、ボルト径、座金寸法および樹種が同じであれば、ボルトの長さに関係しない。

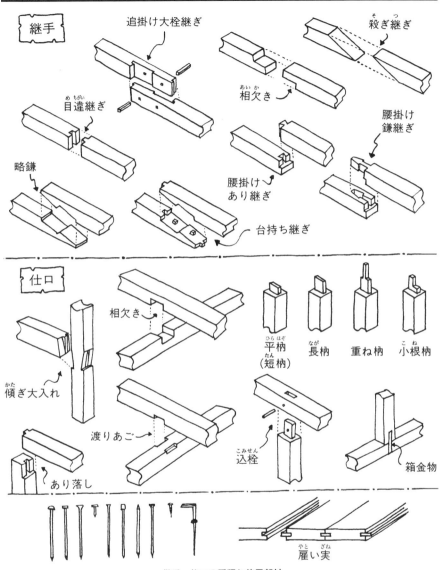

継手

追掛け大栓継ぎ

殺ぎ継ぎ

目違継ぎ

相欠き

腰掛け
鎌継ぎ

略鎌

腰掛け
あり継ぎ

台持ち継ぎ

仕口

相欠き

平柄
（短柄）

長柄

重ね柄

小根柄

傾ぎ大入れ

渡りあご

込栓

箱金物

あり落し

雇い実

継手・仕口の種類と使用部材

腰 掛 け あ り 継 ぎ	土台、大引、母屋等に使用
追 掛 け 大 栓 継 ぎ	大栓で材のずれを防ぎ、曲げに強い、桁類に使用
台 持 ち 継 ぎ	だぼ・ボルト使用で強い。小屋梁、桁に使用
斜め胴付き輪なぎ込み	洋小屋の合掌と陸梁、または真束の仕口
渡 り あ ご 掛 け	相欠きでずれない。大引と土台、母屋と合掌

215

105　接合具・階段に関する用語

接合具（緊結金物）とは、2つ以上の部材を結合するために用いる金物の総称で、木構造では短冊金物・羽子板ボルト・箱金物等をいいます。

かすがいとは、鉄金物の両端を折り曲げ、先をとがらせたもので、土台・軸組・小屋組等の隣接する部材に打ち込みます。目かすがいは、かすがいの一端を帯板形とし、釘穴を設けたもので、幅木・縁板の取り付けに用いられます。

ひねり金物とは、屋根の風による吹上げを防止するための緊結金物で、代表的なものとしてハリケーンタイ（枠組壁構造で垂木の風による吹上げを防止する厚さ1.2mm以上の鉄板）があります。

箱金物（巻金物）とは、仕口に用いるコの字の接合具で、柱と土台・梁と柱等の接合に用います。

短冊金物（短尺金物）とは、長方形の薄く細長い金属板に、数個のボルト用の穴を開けたもので、木造部材の継手、仕口部を補強するために用います。

ささら桁とは階段の段板を支える

ために段形に刻んだ登り桁をいい、普通、側桁とは区別されます。ささら桁を用いた階段はささら桁階段と呼ばれます。

側桁（側板、登り桁）とは、階段の段板を支える両側の斜め材をいい、この場合は両側桁間に長ボルトを通すなどして段板を支えます。そして側桁を用いた階段を側桁階段といいます。一方、側桁、段板、裏板からなる急勾配の階段を箱階段といいます。

蹴込み板とは、上下の段板間に垂直に設ける板をいい、階段の1段の高さを蹴上げ、段鼻から次の段鼻までの奥行長さを踏面といいます。そして階段の最上部の段板を床ば板といいます。

親柱とは、階段の手すりの止まりにある化粧柱のことをいい、階段の側さくを手すりといいます。なお、手すりの継子を手すり子といい、手すりは階段の安全上必要とするものです。

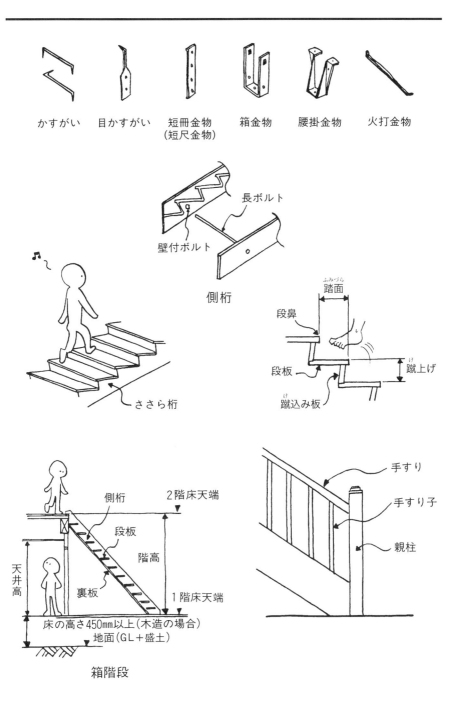

かすがい　　目かすがい　　短冊金物　　箱金物　　腰掛金物　　火打金物
　　　　　　　　　　　　（短尺金物）

長ボルト

壁付ボルト

側桁

ささら桁

踏面
ふみづら

段鼻

段板

蹴込み板
け

蹴上げ
け

側桁

2階床天端

段板

階高

裏板

1階床天端

天井高

床の高さ450mm以上（木造の場合）
地面（GL＋盛土）

箱階段

手すり

手すり子

親柱

3.3.1 共通事項

106 材料力学等に関する用語

強さとは、材料が負荷した場合、材料が破断に至るまでの変形抵抗を表現する総称です。引張強さ・曲げ強さ・圧縮強さ・ねじり強さ等があるが、普通、引張強さをもって材料の強さの標準とします。

強度とは、構造物やそれを構成する部材が外力に対して抵抗する力の最大値をいいますが、材料の場合は主として単位断面積当たりの力の大きさで表された強さ（N/mm²、kN/m²など）をいいます。つまり、材料がある状態に移行するときの応力度で示す値で、一般にひずみ度との関係で表すことができるので、応力度－ひずみ度曲線で、その材料の強度を含む力学的性質が示されます。

応力度－ひずみ度曲線（応力－ひずみ線図）とは、縦軸に応力度、横軸にひずみ度をとって、材料試験におけるその対応関係を示した図をいい、右図は軟鋼におけるそれを示したものです。a点の比例限度とは、物体に荷重を加えると変形して応力とひずみを生じ、この両者は応力度がある値に達するまでは正比例し、

この比例関係が保たれている最大限度をいいます。弾性限度とは、それを超えると荷重を除去してもひずみが残り、いわゆる残留ひずみを生じ、この限度をいいますが、実用上は比例限度が弾性限度とされます。降伏点とは、比例限度よりさらに荷重を加えると、応力度が増加せずに材料が急激に伸び始めますが、このときの状態をいい、一般には下位降伏点を指し、降伏点は軟鋼の場合とくに著しく現れます。降伏点を超えてさらに荷重が増加すると、応力度とひずみ度の両方とも大きく増加し、図のd点で応力度が最高になります。これを最大強度（引張強さ）といい、材料（軟鋼）の機械的強度（破壊強度）の基準となり、構造設計において許容応力度を求めるための基準強度となります。

熱による強度低下とは、軟鋼のように材料温度が火災等によって強度が低下することをいい、例えば500℃になると降伏点応力度は常温の6割程度（強度は$\frac{1}{2}$）に低下し、1000℃で強度は0になります。

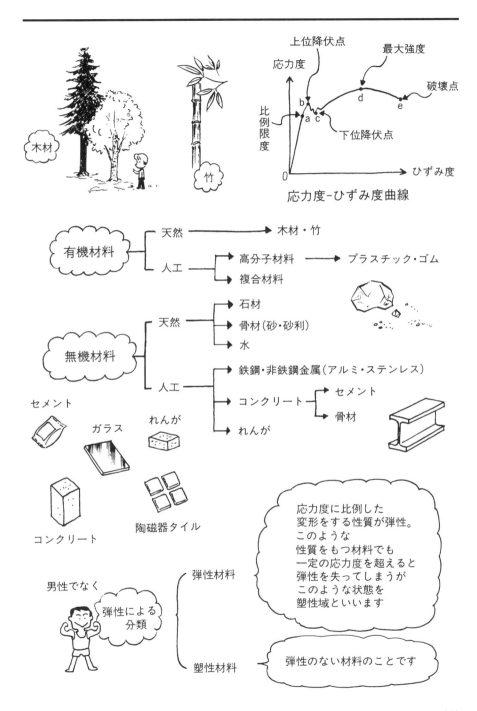

木材

竹

上位降伏点

最大強度

応力度

破壊点

比例限度

b
a c
d
e

下位降伏点

0

ひずみ度

応力度-ひずみ度曲線

有機材料 ── 天然 ─────→ 木材・竹
　　　　　└─ 人工 ─┬→ 高分子材料 ──→ プラスチック・ゴム
　　　　　　　　　　└→ 複合材料

無機材料 ─┬ 天然 ─┬→ 石材
　　　　　│　　　　├→ 骨材(砂・砂利)
　　　　　│　　　　└→ 水
　　　　　└ 人工 ─┬→ 鉄鋼・非鉄鋼金属(アルミ・ステンレス)
　　　　　　　　　 ├→ コンクリート ─┬→ セメント
　　　　　　　　　 │　　　　　　　　└→ 骨材
　　　　　　　　　 └→ れんが

セメント

ガラス

れんが

コンクリート

陶磁器タイル

弾性による分類 ─┬ 弾性材料
男性でなく　　　 └ 塑性材料

応力度に比例した
変形をする性質が弾性。
このような
性質をもつ材料でも
一定の応力度を超えると
弾性を失ってしまうが
このような状態を
塑性域といいます

弾性のない材料のことです

219

3.3.2 木材

107 木材に関する用語・1

木材の一般的性質は、①欠点のない木材強度はコンクリート強度より大きい。②比強度（強度/比重）は鋼材の比強度より大きい。③木材の着火点いわゆる火災危険温度は約260℃と極めて低い。

辺材（白太、心去り材）とは、原木の樹皮に近い部分から製材された木材で、心材に比べ色が白く、含水率が大きく、強度・耐久性に劣ります。心材（心持ち材、赤身）とは、樹心（丸太の中心部分）近くの赤身を帯びた部分が製材された木材、すなわち、樹心を含むもので、強度・耐久性とも辺材よりも優れ、構造部材として用いられます。背割り（心びき）とは、心材（丸太も含む）の乾燥による割れの発生を防ぐため、あらかじめ背の部分に樹心まで鋸目（切れ目）を入れることをいいます。

板目とは、年輪に対してほぼ接線方向に切断した製材の面に現れる木目をいい、柾目とは、木材を年輪と直角にひき割った製材の面に現れる木目（木理ともいい、木材の表面に表れる年輪模様）をいいます。

含水率とは、木材中に含まれる水分の割合(%)、すなわち、水分の木材の全乾重量に対する比をいい、含水率の大小が木材の伸縮変形、強度を大きく支配し、木材を加工する前に含水率約15%にまで乾燥しておけば、その後の変形や狂いは少なくなります。木表とは、板目の板において、樹皮に近い方の面をいい、木裏よりも収縮が多く、木表を内側にした凹形に反りやすいのです。木裏とは樹心に近い方の面をいいます。繊維飽和点とは、木材の細胞膜は結合水で飽和されているが、細胞腔には自由水を含まない状態、すなわち、木材の細胞が水分で飽和されているときの含水率をいい、強度・変形とも繊維飽和点以上の含水率では変化がないが、それ以下では含水率の低下に伴い、急激に強度が増大します。気乾とは、木材の含水率が大気中で平衡を保っている状態で、この状態の木材を気乾木材といい、樹種に関係なく含水率は約15%を示し、その比重を気乾比重といい、一般に気乾比重が大きいほど強度が高いです。

長所

強くて軽い（比強度が高い）

運びやすい

加工が容易

なで〜

熱伝導率が小（ただし水分を含むと低下）

感触が良い

背割り

心持ち材

心去り材

短所

樹皮
辺材
心材

外皮

木口

板目

柾目

木材の特質

長　　所	短　　所
・強さ・弾性が大	・可燃性あり（約260°で発火）
・軽量で加工が容易	・吸湿・吸水性あり
・感触が良い	・乾燥による変形が大
・熱伝導率が小	・腐朽しやすい

木表

木裏

一般的に木表を表にして使用します

強度・変形

気乾

繊維飽和点

10　20　30　40　50　含水率（%）

繊維飽和点

木表

木裏

板目

柾目

3.3.2　木材

108　木材に関する用語・2

木材の収縮率に関しては、物体の元の長さに対する収縮長さの百分率を収縮率といい、木材の収縮率は、繊維方向が最も小さく、次に繊維に対して直角方向である半径方向、接線方向の順に大きくなります。木材全体としても気乾木材が収縮率は小さく強度は大きくなります。

木材の強度については、①強度は繊維に直角方向より繊維方向の方が大きい。②含水率が小さいほど、また気乾比重が大きいものほど強度は大きい。③木材の強度、許容応力度は右頁の表のようになる。④節は強度の低下に影響する。⑤心材は辺材より強度が大きく、伸縮が少ない。

集成材とは、木材の欠点である節や割れなどを取り除いた部分を10〜30mm断面の板、小角材とし、繊維方向を長手にそろえて接着剤で重ね貼りし、角材や厚板材としたものです。繊維方向の直交するものはCLTといい、構造躯体としても用いられます。単板積層材（LVL）とは、何枚もの薄板材（単板）を繊維方向を平行にして接着材で貼り合わせて

つくった木材をいい、狂いが少なく均質な長大材がえられます。合板（ベニヤ板）とは、ラワンを主材とした厚さ1〜3mmの単板を繊維方向が交互に直交するように奇数枚重ね接着した板状の材料をいい、化粧合板、普通合板、構造用合板等があります。また、心材を集成材とするランバーコア合板もあります。

四方柾材とは、四面がすべて柾目の角材をいい、強度的には弱いが高級和室の柱等に用いられます。

木材の腐朽と蟻害については、心材は辺材に比べて腐朽しにくく、樹脂が多い木材や気乾木材は腐朽しにくいのです。木材は日陰で多湿の箇所では蟻害（白蟻が繊維方向に食い、強度が著しく低下する被害で、特に土台に被害が大きい）を受けやすい欠点があり、秋材（晩夏から秋にかけ形成される木材組織で、年輪の色の濃く硬い部分）は、春材（春から夏にかけて構成される木材組織で、秋材に比べ細胞が大きく淡白で軟らかい）より蟻害を受けにくいのです。

木材（無等級材）の許容応力度〔N/mm²〕

材　種			長期許容応力度				短期許容応力度
			圧縮 Lfc	引張 Lft	曲げ Lfb	せん断 Lfs	
針葉樹	Ⅰ類	アカマツ、クロマツ、ベイマツ	22.2	17.7	28.2	2.4	長期応力に対する値の2/1.1倍
		カラマツ、ヒバ、ヒノキ、ベイヒ、ベイヒバ	20.7	16.2	26.7	2.1	
	Ⅱ類	ツガ、ベイツガ	19.2	14.7	25.2	2.1	
		スギ、モミ、エゾマツ、トドマツ、ベニマツ、ベイスギ、スプルース	17.7	13.5	22.2	1.8	
広葉樹	Ⅰ類	カシ	27.0	24.0	38.4	4.2	
	Ⅱ類	クリ、ナラ、ブナ、ケヤキ	21.0	18.0	29.4	3.0	

集成材なら変わったはりもつくれます

集成材

大スパンもOK♬

繊維方向

接線方向（板目方向）

半径方向（柾目方向）

白アリ

土台

合板

四方柾目

一般に加圧式処理法によって薬剤が圧入された木材を使用

10mmぐらいしか薬剤は浸潤していません

加工すると

未浸潤部分が出てしまう

外壁通気工法とするか、ヒノキ、ヒバなどの耐久性樹種を使えば、薬剤処理は不要

日本しろあり協会または木材保存協会認定の防腐剤、防蟻剤を木材に塗布します

はけ

ローラー

現場での塗布は最小限にします

3.3.3 セメント・コンクリート

109 セメント・骨材に関する用語

セメントとは、水と反応して硬化する鉱物質の粉末で、一般にポルトランドセメントまたはポルトランドセメントを主体としたセメントをいいます。ポルトランドセメントとは、水硬性のカルシウムシリケートを主成分とするクリンカーに適量の石こうを加え、微粉砕して製造されるセメントをいいます。

水硬性とは、水と化学反応（水和作用）して硬化することをいい、水硬性のセメントを水硬性セメントといい、石膏プラスタ、モルタル等の左官材料を水硬性材料といいます。

水和作用（水和反応）とは、物質が水と接触しイオン結合すること、つまり、セメントが水と反応して硬化することをいい、水和作用によって発生する熱を水和熱といいます。

気硬性とは、水と混合した物質が、空気中の炭酸ガスとの反応や大気中で水分が蒸発（乾燥）して硬化することをいい、気硬性セメント、しっくい、ドロマイトプラスター、土等の左官材料を気硬性材料といいます。

骨材とは、モルタルまたはコンクリートをつくるために、セメントおよび水と練り混ぜる砂や、砂利、砕石等の粒状の材料をいいます。細骨材は標準網ふるい5mm以下の粒径のものが85％以上通過する骨材で、砂がそうです。粗骨材は5mm網ふるいに質量で85％以上とどまる骨材で、砂利、砕石等がそうです。細骨材率とは、コンクリート中の全骨材量に対する細骨材量の絶対容積比を百分率で表した値をいいます。砕石は、岩石や大きな玉石を人工的に破砕して作った砂利で、川砂利等に比べて角ばっています。軽量骨材はコンクリートの質量を軽減する目的で用いる比重2.0以下の軽い骨材をいいます。鉄片・磁鉄鉱等、比重が3.0以上の極めて重い骨材を重量骨材といい、重量コンクリートに混練します。

ふるい分け試験とは、骨材の粒度分布を求めるため、1組の標準ふるいでふるい分け、通るもの通らないものの質量百分率を求める試験です。

セメントの歴史

約BC2500年
焼せっこうと石灰を混合したものを
使ってピラミッドを作った

エジプト

セメントの語源は
ラテン語の Caedere から
CaedimentumのCementumと
転じて今日のCementとなりました
（英語の場合）

セメントは
風化しやすい場所に
場所に貯蔵すると
カゼをひきます

強度は1ケ月で15%、
3ケ月で30%、
1年で50%も
低下することがあるよ！

海砂を使うとき
貝がらが混じっていると
コンクリートの
強度、耐久性、水密性が
低下するから注意しよう

海砂や海砂利の
塩化物は
コンクリートには
影響ないけど
中の鉄筋が
錆るから注意!!

粗骨材は
「砂利」などが
あてはまる

細骨材は
「砂」のことと
思っていいよ

塩分以外にも
アルカリイオンと
骨材の中の
シリカイオンが
反応して
さらに水分を吸収して
膨張してひび割れるのを
アルカリ骨材反応といいます

スラブ・梁・壁・柱に使われる
粗骨材の大きさの標準範囲は
砂利で20〜25mm以下
砕石では20mm以下と
されているんだよ

スラブ

梁

壁

柱

3.3.3 セメント・コンクリート

110 コンクリートに関する用語

コンクリートとは、一般にセメント・水・骨材を適合な割合に混練し硬化させたものをいい、多種に分けられます。混練した状態のときのものを生コンクリートといい、工場生産され現場へコンクリートミキサー車で運ぶものをレディミクストコンクリートといいます。

普通コンクリートは、普通ポルトランドセメント・砂利・砂からなる比重2.3の一般的なコンクリートをいい、重量コンクリート（遮へいコンクリート）は重量骨材を用い、比重を増したもの（比重3.5〜4.0）で、放射線遮へい用とされます。

軽量コンクリートとは、気乾比重2.0以下のコンクリートをいい、組成的には次の2種があります。骨材に人工的な軽量骨材を用い比重1.4〜2.0とした軽量コンクリート（軽量骨材コンクリート）と、AE剤を用い、コンクリート中に微細な気泡を無数に（コンクリート容積の3〜5%）含ませ軽量化した気泡コンクリート（AEコンクリート）です。なお、高圧・高温の状態で養生、いわゆるオートクレーブ養生を行って製造された気泡コンクリートをALCといい、軽量で、断熱性・耐火性に優れ、内外壁・屋根・床等に多用され、構造体として用いるのは2階建てまでに限られます。

混和剤（コンクリート混和剤）とは、ワーカビリティや初期強度（コンクリートが凝結・硬化していく初期の段階での強度）の増大など、コンクリートの性質を改良するために用いる薬品をいい、主なものにAE剤、分散剤があります。AE剤（空気連行剤）はコンクリート中に無数の微細な気泡を含ませる（発泡させる）ための混和剤で、分散剤（減水剤）はコンクリートの所定の流動性を確保しつつ、水量を減らすことのできる混和剤をいいます。

セメントペーストとは、セメントと水を練り合わせてペースト状にしたもので、一般にはとろ、あま、のろと俗称され、これに細骨材である砂を加えるとモルタルとなり、さらに粗骨材を加えるとコンクリートとなるわけです。

コンクリートの許容応力度

長期に生ずる力に対する許容応力度〔N/mm²〕				短期に生ずる力に対する許容応力度〔N/mm²〕			
圧縮	引　張	せ ん 断	付　着	圧　縮	引　張	せん断	付　着
$\frac{F}{3}$	$\frac{F}{30}$（Fが21を超えるコンクリートについて、国土交通大臣がこれと異なる数値を定めた場合は、その定めた数値）		0.7（軽量骨材を使用するものにあっては、0.6）	長期に生ずる力に対する圧縮、引張、せん断又は付着の許容応力度のそれぞれの数値の2倍（Fが21を超えるコンクリートの引張及びせん断について、国土交通大臣がこれと異なる数値を定めた場合は、その定めた数値）とする。			

この表において、Fは設計基準強度〔N/mm²〕を表すものとする

ALC（気泡コンクリート）は軽いけれども強度が低下しているよ!!

コンクリートより大きい許容応力度の値をもつ木材もあるんだよ

ALC と普通コンクリートの比較

	断熱性	加工性	防水性	遮音性	熱伝導率	比重	ヤング係数	強度・剛性
ALC	◎	◎	×	○	小	小	○	○
普通コンクリート	○	○	○	◎	大	大	◎	◎

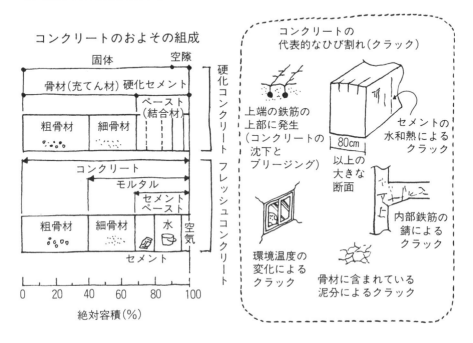

コンクリートのおよその組成

絶対容積（%）

コンクリートの代表的なひび割れ（クラック）

上端の鉄筋の上部に発生（コンクリートの沈下とブリージング）

セメントの水和熱によるクラック

80cm 以上の大きな断面

内部鉄筋の錆によるクラック

環境温度の変化によるクラック

骨材に含まれている泥分によるクラック

3.3.4 鋼材

111 炭素鋼・軟鋼に関する用語

建築物に用いる**鋼材**としては、鉄鋼（炭素鋼）と鋳鉄、合金鋼がありますが、その大部分は炭素鋼が用いられます。

炭素鋼とは、鉄と炭素の合金で炭素含有量が 0.02 〜 2％の範囲の鋼をいい、硬さにより硬鋼と軟鋼に大別されます。**軟鋼**は炭素含有量 0.3％以下の炭素鋼で、硬鋼に比して伸び率が大きく、構造用鋼材として広く用いられ、鋼材イコール軟鋼と解してよいほどです。

鋼材の特質に関しては次のような点をよく理解してください。①鋼の主要成分は、鉄（Fe）に少量の炭素（C）、マンガン（Mn）、ケイ素（Si）等が含まれたものである。②炭素は鋼の性質を決定する主要成分で右表のような関係が成り立つ。③鋼材の引張強度は、炭素含有量が 0.8％前後のとき最大となる。④耐火性が低く、鉄筋の引張強度は 200 〜 300℃で最大になる。500℃で軟化し、強度・伸びは 600℃で常温値の 1/3 に低下するが、燃えないので不燃性である。⑤鋼材の記号で SR295 の 295

は、降伏点強度が約 295 N/mm²（ニュートン毎平方ミリメートル）であることを意味する。⑥軽量形鋼と普通形鋼とは、それぞれその特長を生かす使い方をすれば混用してもよい。⑦軽量形鋼は、普通形鋼に比べると、単位重量当たりの断面効率が優れている。⑧構造用炭素鋼は、炭素含有量が 0.25％以下の軟鋼を使用する。

伸び率とは、材料の引張試験の際、はじめの長さと破断したときの長さとの比（％）をいいます。

靭性とは、材料等のいわゆる粘り強さのことをいい、靭性に富む材料は弾性限度を超えても、破壊されるまでに十分の変形能力のあることをいい、軟鋼はこの代表的なものです。脆性とは、破壊に至るまでの変形能力が小さい材料の性質をいいます。

靭性率（ダクティリティー・ファクター）とは、地震による構造物の最大変位を降伏時の変位で割った値をいいます。

鋼材（一般構造用 $t \leqq 40$mm）の許容応力度とヤング係数（N/mm²）

種類	F	長期許容応力度				短期許容応力度	ヤング係数
		引張 Lf_t	圧縮 Lf_c	曲げ Lf_b	せん断 Lf_s		
SS400	235					長期応力に対する値の1.5倍	2.05×10^5
SS490	275		$\dfrac{F}{1.5}$		$\dfrac{F}{1.5\sqrt{3}}$		
SS540	375						

F：許容応力度を決定する場合の基準値、$f_t = \dfrac{F}{1.5}$、$f_s = \dfrac{1}{\sqrt{3}}f_t = \dfrac{1}{\sqrt{3}} \times \dfrac{F}{1.5}$

炭素は鋼の性質を決定する主要成分

		強度	粘り強さ	加工性・溶接性
炭素量	多	大（硬質）	小	悪
	少	小（軟質）	大	良

Steel（鋼）　Structure（構造物）

鋼材の記号（JIS）

SS	一般構造用圧延鋼材	F	摩擦接合用高力ボルト
SM	溶接構造用圧延鋼材	SR、SRR	丸鋼（棒鋼）、再生丸鋼
SN	建築構造用圧延鋼材	SD、SDR	異形棒鋼、再生異形棒鋼

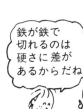

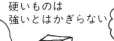

車輪はSAPH材　鉄筋SD材　建築の足場用パイプはSTK材

その他の金属材料

主な金属名	特性
銅	耐食性大、色調優美、熱伝導率最大、湿気により変色する
アルミニウム	軽量、展延性・加工性容易、耐久性に富む　酸・アルカリに弱い
しんちゅう（黄銅）	高強度、耐食性大、展延性容易、光沢の保持ができない　銅と亜鉛の合金
鉛	比重大、耐食性・耐酸性大、展延性容易、柔軟　アルカリに侵される
亜鉛	耐食性大、展延性容易、酸に弱い　異種金属と接すると腐食しやすい
ニッケル合金	耐食性・耐変色性大
青銅	銅とすずの合金、ブロンズと呼ばれている

106 の項を参考にすると理解しやすいよ

3.3.5 塗料

112 塗料に関する用語

塗料（ペイント）とは、物体の表面の保護、外観・形状の変化、その他を目的として用いる材料の一種です。流動状態で物体の表面に広げると薄い膜となり、時間の経過につれてその面に固着したまま固体の膜となり、連続してその面を覆うものをいいます。塗料を用いて物体の表面に広げる操作を**塗装**といい、固体の膜ができる過程を**乾燥**、固体の皮膜を**塗膜**といいます。塗料は、油性ペイント、ビニルペイント、水性ペイント、オイルステイン、クリアラッカー、ワニス、クレオソートに大別されます。

オイルステイン（OS）とは、木部塗装で木地を生かした仕上げをするための着色塗料で、塗膜は作らないため、耐候性には優れないので家具の塗装用とされます。**鉛丹（光明丹）**とは、一酸化鉛を焼いて作った赤色系の**顔料**（水に不溶性の粉末着色剤）で錆止め塗料とされます。**クリアラッカー**はニトロセルロース・顔料を主成分とする塗料で、シンナーで希釈します。耐水性・耐候性は

劣りますが、塗膜が透明なのでオイルステインで着色した上の塗装や、家具等の木部塗装に用いられます。**クレオソート**はコールタールを分留して得る液体で、独特の臭気があり、木材の防腐剤として主に用いる（塗布する）ものです。**水性ペイント**は水で希釈して用いる塗料をいい、乾燥後は耐水性があり、VOC の発出量も少なくなります。**ビニルペイント**とはビニル樹脂を用いた塗料で、耐酸性・耐アルカリ性に優れるので、コンクリート・モルタル等を含め広く用いられます。**油性ペイント**は塗膜形成要素の主成分が乾性油である塗料の総称で、一般的に耐候性、防錆性能が優れるので建物の鉄部・木部全般に広く用いられますが、耐アルカリ性に劣るのでコンクリート、モルタル、プラスター等での使用は避けなければなりません。**ワニス（ニス）**とは、樹脂類を溶剤で薄めた透明な無着色の塗料で、家具や木製床の仕上げ塗装に用いられます。

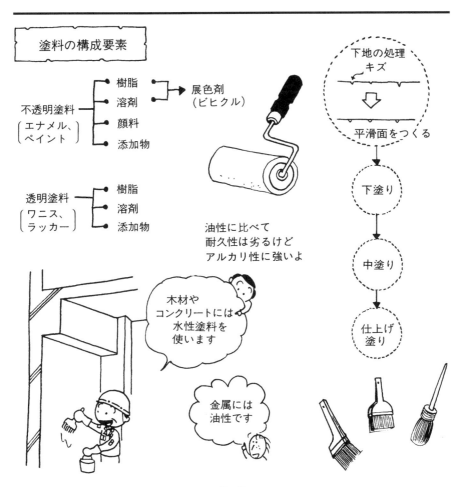

塗料の構成要素

不透明塗料
〔エナメル、ペイント〕 ── 樹脂・溶剤 → 展色剤（ビヒクル）／顔料／添加物

透明塗料
〔ワニス、ラッカー〕 ── 樹脂／溶剤／添加物

油性に比べて耐久性は劣るけどアルカリ性に強いよ

木材やコンクリートには水性塗料を使います

金属には油性です

下地の処理 キズ ⇩ 平滑面をつくる → 下塗り → 中塗り → 仕上げ塗り

塗 料

塗料名	一般的性質
油性ペイント	耐候・耐水性、乾燥遅し、耐アルカリ性ではない
水性ペイント	光沢なし、はく落しやすい、耐水性小、耐酸・耐アルカリ性大
油性ワニス	塗膜強、光沢・弾力あり、耐水・耐久性大、油性ペイントより乾燥速い
ラッカー	耐水・耐酸・耐アルカリ性大、速乾性のためスプレーガン使用、塗膜硬く、光沢あり
エナメル	耐候・安定性小により外部塗装は不適、色調鮮明、塗膜硬い
オイルステイン	速乾性、耐水・耐食性大、木部の着色防腐用に使用
合成樹脂塗料	速乾性、耐水・耐油・耐酸・耐アルカリ性大
防錆塗料(光明丹)	鉄部錆止め下地用として用いられる
うるし	日本古来の最高級塗料、塗膜は硬く、光沢よい

3.3.6　防水材料

113　防水材料に関する用語

防水とは、建物内に水の浸入または透過を防ぐことをいい、防水方法には湿式工法のアスファルト防水、モルタル防水、塗膜防水と、乾式工法のシート防水等があります。

アスファルトとは、軽質または揮発性の成分が蒸発して残った複雑な炭化水素化合物の混合物で、黒茶色の半固体で、二硫化炭素・アセトン・トルエン等に溶けます。天然アスファルトと石油アスファルトがあります。アスファルトは防水性に極めて優れているので防水用、道路舗装用等として広く用いられます。

アスファルト防水とは、アスファルトでアスファルトフェルト、アスファルトルーフィング等を数層重ねた防水方法をいいます。

アスファルトフェルトとは、有機繊維をフェルト状にした原紙にアスファルトを十分含浸させたもので、アスファルトルーフィングとは、厚いフェルト状の紙の両面をアスファルトで被覆し、表面に雲母の細粉等を付着させたもので、防水性は極めて高いものです。

アスファルトプライマーとは、コンクリートの上にアスファルト防水を施すとき、コンクリートとアスファルトとの密着性をよくするための塗液をいいます。

針入度とは、アスファルトの硬さを示す尺度です。一定の温度で、ある荷重で針を貫入させ、一定時間内に貫入した長さで表します。数値が大きいほど軟質です。

モルタル防水とは、モルタルに防水剤を混和した防水モルタルを塗ることにより行う防水です。高い防水性は期待できません。

塗膜防水とは、合成ゴム系や合成樹脂系の塗布剤を塗り、凝固後の皮膜を防水層とする防水方法をいい、皮膜を厚くするため重ね塗りして補強し、防水性能を高めます。小面積部分に施工します。

シート防水は、合成ゴムや合成樹脂のシートで防水層を形成するものです。メンブレン防水は、被膜を形成する防水工法で、アスファルト防水、シート防水、塗膜防水などの総称です。

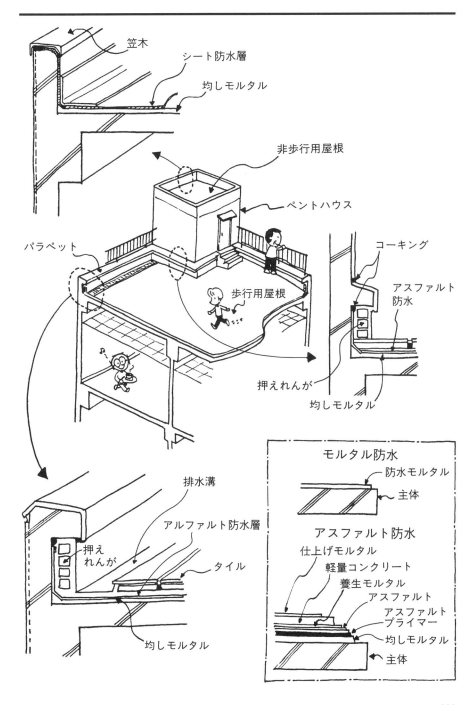

114 断熱材に関する用語

断熱材とは、建築物全体の断熱・保温のほか、高温部の熱遮へいや低温部の熱損失防止に用いられる材料をいい、保温材と保冷材に大別され、基本的には熱伝導率が小さい物質が用いられます。

保温とは、狭義には高温部分を熱伝導率の少ない物質で覆って熱の移動量を少なくすることです。詳しくは150℃程度から常温までの装置から外へ逃げる熱を防ぐことをいい、保温に用いる材料を**保温材**といいます。保温材としては、グラスウール、気泡コンクリート、岩綿（ロックウール）等が用いられます。

岩綿は、安山岩等を1500℃で溶かし、圧縮空気を吹き付けて繊維状にしたもので、断熱・吸音・耐火性に優れています。

保冷とは、空気の露点温度以下の低温装置（冷凍・冷蔵・冷房設備等）のように外から入ってくる熱を防ぐことをいいます。保温材のうちに保冷に適したものを**保冷材**（**保冷用保温材**）といい、保冷材としてはできるだけ吸湿性の少ないことも大きな条件となります。保冷材としては主に発泡プラスチック等が用いられます。

発泡プラスチックとは、内部に細かな気泡を均一に分散させいわゆるセル構造に成形したプラスチックをいい、ポリスチレンフォーム（発泡スチロール）、ポリウレタンフォーム、フェノールフォームなどがあります。極めて軽量で断熱性・耐水性に優れているが、耐熱性には劣ります。**コルク**とは、コルクガシの幹の表皮の下の組織で、多孔質で保温性や弾力性があり、床材、断熱材、防振材に用いられます。

再生資源を利用した断熱材には、古紙をリサイクルしたセルローズファイバー、ペットボトルをリサイクルしたポリエステル繊維があり、グラスウールも廃ガラスの再生品です。

防湿材とは、壁体内への湿気の浸入を防いだり、保冷材内での結露を防止するために用いる透湿係数が低い材料をいい、主としてポリエチレンシートが用いられ、断熱材の室内側や保冷材の外側を防湿材で密閉することを必須条件とします。

断熱材

高断熱高気密住宅の一例

断熱材
防風層
および
透湿防水層

シート押え
壁上部
気流止めシート
防湿シート
気密コンセント
カバー
漏水
壁下部気流止め
先張シート

壁体内側を上下密閉した
結露を生じない通気層工法

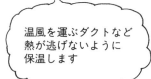

温風を運ぶダクトなど
熱が逃げないように
保温します

台所に
コルクタイルを
張ったりします

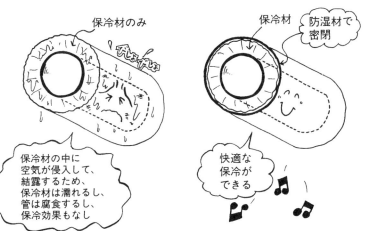

保冷材のみ

保冷材

防湿材で
密閉

保冷材の中に
空気が侵入して、
結露するため、
保冷材は濡れるし、
管は腐食するし、
保冷効果もなし

快適な
保冷が
できる

3.3.8　その他の建築材料

115　塗壁材料・防火材料・吸音材料に関する用語

　塗壁材料（左官材料）とは、土、モルタル、しっくい、プラスター、珪藻土などのことをいい、これらで仕上げた壁を塗壁といい、塗壁の工事を左官工事(左官)といいます。塗壁材料には、土、モルタルのほか、次のようなものがあります。

　漆喰は、消石灰に砂、すさ、布糊を混ぜ、水で練ったもので、木ずりやラスボード等の下地の上に塗って仕上げるものです。しっくいはその特性上、防火材としても用いられます。

　ドロマイトプラスター（ドロマイト石灰、マグネシア石灰）とは、白雲石を焼成し、水を注ぎ、粉末としたもので、アルカリ性の強い左官用の気硬性材料です。壁・天井に使用され、ひび割れを生じやすいので、これを防止するための砂やすさを混入します。

　石こうプラスターは、焼石灰に消石灰やドロマイトプラスター、粘土等を混入した左官用の気硬性材料で、硬化が早く、ひび割れが少なく、ドロマイトプラスターよりも大きな強度が得られ、防水性も高いものです。

　すさとは、塗壁の補強やひび割れ防止のために塗壁材料中に混入する繊維質材料で、わら、麻、紙、グラスウール（ガラスの極めて細い繊維の綿状の集合体)、化学繊維（ナイロン、ビニロン）等が用いられます。

　防火材料とは、所定の時間および温度で加熱した場合に、材料自体には熱的分解が起こっても、炎を出して燃焼しないまたはしにくい材料の総称です。燃焼のしにくさから、不燃材料、準不燃材料、難燃材料に分けられます。モルタル、しっくい、アルミニウム板、木毛セメント板（木材を細いリボン状に削り、セメントを加え加圧成形した板で、断熱性、吸音性がある準不燃材料）等が用いられます。

　吸音材料とは、音のエネルギーを吸収するいわゆる防音材をいい、グラスウール、吸音テックス、フェルト（羊毛等を縮充させてシート状にしたもの）等が用いられます。

塗壁材料（左官材料）

塗壁材料名	一　般　的　性　質
土壁塗	断熱・防音性大、高価である
しっくい塗	乾燥収縮による亀裂大、外観・耐腐食性良、防火性大、安価である
ドロマイトプラスター塗	ねばりがあり塗りやすい。乾燥収縮大のためひび割れ、はく落が生じる。防火性大、耐水性なし
モルタル塗	強度大、ねばり小、安価で建築物の内外壁用に多用される
石こうプラスター塗	乾燥収縮が少なく、速く硬化する。防火性大、耐水性なし、高価である

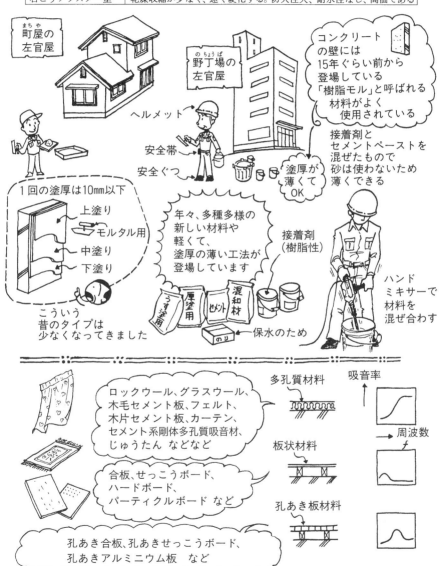

3.3.8 その他の建築材料

116 ガラス・石材・シール材等に関する用語

タイルとは、壁・床等に張り付けて仕上げに用いられる陶磁器製品、粘土製品の代表的なもので、陶器質・炻器質・磁器質があり、JIS で形状・モデュールが規定されています。

熱線吸収ガラス（吸熱ガラス）とは、ガラスに鉄やコバルトを入れ、太陽光線の放射エネルギーの 50% を吸収して熱の透過性を少なくしたガラスで、日射による空調負荷を少なくするために用いられます。**網入りガラス**とは、金網を封入した板ガラスで、金網によりガラスの割れを防止するもので、防火戸等に用いられます。

鉄平石とは、安山岩の 1 つで、板状に採石しやすく、かつ、多様な色彩を有し、耐圧強度が大きく耐火性があるので装飾用の石材として広く用いられます。**大理石**とは、石灰質の熱変成岩で、美しい色や模様があり装飾用の石材として用いられます。ただし耐候性、耐火性には優れません。**テラゾー**は大理石を種石に用いて研磨した人造石で、大理石と同様の用い方をします。

アルミニウムとは、軽量で展性・延性に富み、加工が容易な非鉄金属です。酸・アルカリに弱いが、窓用サッシ、間仕切等に用いられます。

接着剤とは、同種または異種の 2 つの物体を離れないようにくっつけるために、その両物体の間に介在させる物質の総称で、形状からは液体状接着剤、テープ状接着剤に大別され、材質的には多種に分類されます。

シール材とは、すき間等の部分に充てんし、密封するための材料の総称です。建築用としてはコンクリート板や金属パネルのジョイント部、サッシ取付部等のすき間に水密、気密の目的で充てんする材料で、定形シーリング材と不定形シーリング材に大別されます。

合成樹脂（プラスチック）とは、高分子物質を主原料として人工的に有用な形状に作られた固体の総称で、熱可塑性と熱硬化性に大別されます。塗料や接着材、保温材、防音材など、各種用途の材料の原料となります。

ガラス

ガラス名	一般的性質	用　途
普通板ガラス	紫外線をよく吸収、光沢あり、切断・加工容易	一般建築用
型板ガラス	ガラス面の型板の凹凸によって光を室内に拡散、視線をさえぎる	装飾用
フロート板ガラス	光沢に優れた高級窓ガラス、超高層ビルに使用	ショーウィンドウなど
網入りガラス	ガラスが破損しても飛散しない	防火・防盗用
熱線吸収ガラス	赤外線・可視線・紫外線の透過を抑える。シックな色彩	断熱用
複層ガラス	2枚または数枚の板ガラスを重ねた間に乾燥空気を封じこめる	防寒・断熱用
強化ガラス	普通板ガラスに比べて3～5倍の強度をもつ	耐衝撃用

普通ガラス

網入りガラス

強化ガラス

割れたときに
細かい粒に
なるものもある

石　材

石　名	一般的性質	用　途
花崗岩(みかげ石)	ち密、耐久性大、外観美しい、耐火性なし	内・外装用
流紋岩(軽石)	硬い、加工困難、多孔質、耐火性大	内装用
安山岩(鉄平石)	加工容易、光沢なし、耐久性あり、耐火性大	内・外装用
凝灰岩(大谷岩)	多孔質、軽量、吸水量大、耐久性なし、耐火性大、軟質加工容易	内・外装用
砂　岩(多胡石)	耐火性あり、吸水量大で耐久性なし、加工容易、光沢なし	内装用
大理石(テラゾー原料)	ち密、強度大、光沢あり、酸に弱い、耐火性小	内装用

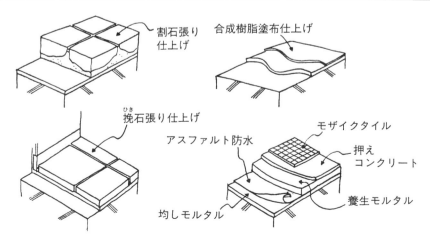

割石張り仕上げ

合成樹脂塗布仕上げ

挽石張り仕上げ

アスファルト防水

モザイクタイル

押え
コンクリート

養生モルタル

均しモルタル

4.1.1 施工管理

117 施工に関する用語

施工とは、工事契約に基づき、設計図および仕様書に従って建設工事を行い、建築物を完成させることをいいます。

設計とは、施主（建築主）より示された与条件を建築的に適合させ、建物の配置・平面・断面・立面・構造・設備などそれぞれの計画を図面に表し、また仕様書に図面で表現できないものを書き表して設計図書を作成することをいいます。法的には当該建築士の責任において作成せねばなりません。

設計図とは、設計者の意思を一定の規約に基づいて図面で示すものです。仕様書とは、設計者の工事の指示のうち、図面では表すことができない事項を文章、数字などで表現するものです。いわば、材料、製品、工具、設備、施工方法などについて技術的要求事項を記載した文書（土木では示方書という）をいい、設計図書の1つで、共通仕様書と特記仕様書があります。共通仕様書とは、多数の工事現場で、共通する一般事項、材料の種類、品質、施工方法な

どを明記した仕様書で、特に官公庁建築物専用の標準化された仕様書でもあります。特記仕様書は、共通仕様書に記す共通事項以外に、それぞれの工事に特有な事項を記載した仕様書で、共通仕様書と内容が異なるときは特記仕様書を優先します。

施工計画とは、工事を完成するための各部門別工事の進め方、方法、手段等を計画することをいい、工事着手にあたり、適切な工法を選択し、安全で能率的かつ経済的な施工計画を次の事項に注意して立案します。①設計図書・現場説明書の精読と理解。②敷地内外の状況調査（地盤、隣地建物、道路調査などで、特に敷地条件と地盤条件に関するデータは重要）。③施工機械の選定と組み合わせ。④各部工事の必要資材と数量の把握。

施工計画図とは、施工計画を図面に表したもので、仮設建物、根切り、山留め、杭打ち、鉄骨建方、コンクリート打ち、足場などの計画図（設計の意図、計画を表した図面）がその主なものです。

施工 とは

工事契約に基づいて

設計図や

仕様書に従って

工事をして

完成させる!!

設計 とは

建築主より示された条件を建築的に適合させて → 設計図書を作成

CAD

この頃は「バリアフリー」があたりまえになってきました。
高齢者やハンディキャップの方々にやさしい建物は
誰にとっても暮らしやすい♪

図面につける

特記仕様書

意匠・構造・設備の図面

特記仕様書と
共通仕様書に
書いてあることが
違う場合、
特記仕様書を優先!!

共通仕様書

施工計画

安全

工法は
どれに

能率的

経済的

現場の内外の調査

機械を
どれに

4.1.1 施工管理

118 工程管理に関する用語

施工図とは、設計図に基づいて実際に施工できるように細部を図示したもので、現寸図、工作図、取付図などがあり、一般には現場で作成されるものです。現寸図とは、設計上、特に詳細を要する部分を実物と同じ寸法（縮尺1/1）で描いた部分設計図で、鉄骨構造物の場合は、縮尺が1/10、1/20や1/50等の施工図を基に、工場の床面に加工用の線付けを行います。

施工管理とは、建築工事の施工全般を管理することで、工程管理、技術管理、作業管理、安全衛生管理、材料管理、労務管理、現場管理などを総称していいます。

工程とは、全工事の工期などから決めた各作業部門別工事の進行日程をいいます。工事を予定の工期内で完成させるために、工事の内容・順序・速度等を検討し、その工事に最も適正な構想を選定することを工程計画といい、そして工事進行状況を管理することを工程管理といいます。

工程計画の要点については、請負契約書類（契約書・設計図書・仕様書等）および現場の状況を検討し、次の点に注意して計画します。①工事期間：工事の時期、天候、気温、工事日数などの考慮。②工事内容：工事と場所、内容、質等の理解。③工事数量：全体・工事別の工事量（材料・労務など）の把握。④労務・材料の手配：適切な労務人員と材料の手配。⑤施工機器：現場状況と工事内容にそった施工機器の能力の理解と手配。⑥仮設用動力：施工機器、照明、用水設備を考慮した動力容量の計画。

工程計画の注意点については次の点をよく理解してください。①原則として、経済速度で計画するが、できるだけ余裕を見込んでつくる。②重複できる工事は重複させ、能率的に計画する。③季節と天候を考慮する。④計画が完成すれば工事監理者の承認を受ける。⑤一度決まった計画は極力、変更しないように努力する。⑥計画を変更するときは、工事監理者と協議し承認を得る。

工程計画を立てるのに必要なことは？

工事量　機械の1日の作業量　人間の1日の作業量

ぼ〜　今日は暇だなぁ

やたら忙しい　体をこわしてしまうよ〜

施工管理

作業　労務　工程　技術　材料　安全　現場

このごろ天気予報はずいぶんとこまかく、正確になってきたね

工程もたやすくなりました

計画の変更はかならずといっていいほどある

ちゃんと他の人にも伝えたかな

1つの変更によって数個から数十個の変更を伝えなければならないことだってあるよ

4.1.1 施工管理

119 工程表に関する用語

請負契約とは、民法で、規定されているもので、当事者の一方がある仕事を完成することを約し、相手方がその仕事の結果に対してこれに報酬を与えることを約束することによって効力を生ずる契約です。一式請負、分割請負、職別工事別請負、定額請負、単価請負などの種類がありますが、いずれにしても建築の施工契約の多くは請負契約です。

工程表とは、各工事期間内の各部分工事の作業量と日程計画を関連させながら総合的に図表化したもので、工程管理に必要とするものです。内容的には基本工程表、部分工事工程表、**総合工程表（全体工程表**ともいい、着工から完成に至るまでの期間を対象にして、主要工事を主体とした基本的な工程表）がありますが、形状としては次のようなものが用いられます。

横線式工程表（バーチャート）は、縦軸に工事名、横軸に工期をとり、予定日数を横線グラフで示した総合工程表で、各工程の作業日数が把握しやすく、作成も簡単ですが、作業相互

の関連が不明という欠点があります。

ガントチャート工程表は、縦軸に工事名、横軸に工事の達成度を記入するもので、進捗状況がわかります。

グラフ式工程表とは、縦軸に数量、横軸に工期をとり、工事量と工期が明確に表されるので、部分工事工程表に用いられます。

列記式工程表は、文書などで記載するような事項が多い手配予定表に使用するものです。

ネットワーク工程表とは、矢線と丸印で組み立てられた網線状の工程表で、作業の順序関係を正確に、かつ、完全に表現するものです。作成には熟練を要しますが、作業相互の関連を明確にできる（計画時の理論性と各工事の工程調整に便利な）大きな長所があります。作業を矢線で示し、作業の相互関係が把握できやすくて多用される**アロー型ネットワーク工程表**と、丸印で作業と日数を示し、開始・完了時点のチェックに有効な**サークル型ネットワーク工程表**（**イベント型ネットワーク工程表**）に分けられます。

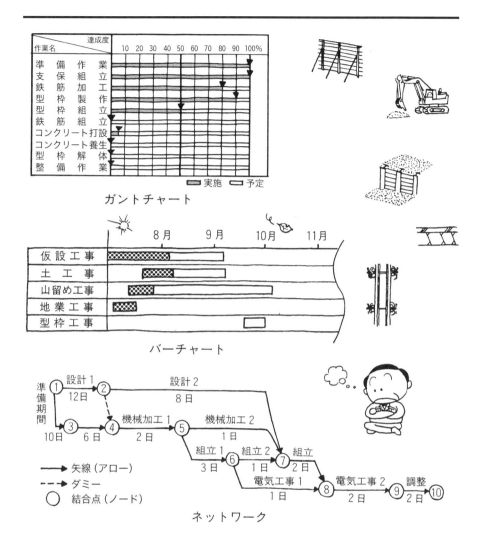

ガントチャート

バーチャート

ネットワーク

矢線（アロー）
ダミー
結合点（ノード）

工程表の比較

工程表	バーチャート	ガントチャート	ネットワーク
作成の難易	やや複雑	容易	複雑熟練要す
作業の手順	漠然	不明	判明
作業の日程・日数	判明	不明	判明
各作業の進行度合	漠然	判明	漠然
全体進行度	判明	不明	判明
工程上の問題点	漠然	不明	判明

4.1.1 施工管理

120 現場管理・原価管理・労務管理に関する用語

現場管理とは、現場において工事を管理することで、技術工務的現場管理と事務的現場管理に大別されます。

安全・衛生管理（安全管理）とは、労働災害を防止し、労働者の安全確保および健康の維持を図るとともに快適な作業環境をつくることをいい、安全管理には労働基準法、労働安全衛生法、職業安定法、失業保険法などの関係法規の知識を必要不可欠とします。

作業主任者とは、安全管理の見地から必要とする一定の作業について、都道府県労働基準局長の免許を受けた者、またはその指定する技能講習を修了した者のうちから、作業区分に応じてその指揮をとらねばならない、この有資格者をいいます。次の指定作業には作業主任者を選任しなければなりません。ガス溶接、木材加工用機械、コンクリート造工作物の解体など、地山の掘削、土止め支保工、型枠支保工、足場の組立てなど、鉄骨組立てなど、木造建築物の組立て、高圧室内作業などです。

原価管理（コストコントロール）とは、原価低減を目的とした原価企画およびその維持・改善をいい、主に原価を引き下げることが主目的となります。原価管理については、資金面では工事費内訳明細書をもとにして発注種目別に編成し直した実行予算書を作成することが肝要です。

工事原価の内容は次のようなものをいいます。①**材料費**：工事のために購入した素材、半製品、製品。②**労務費**：直接雇用の作業員に対する賃金、給料手当など等。③**外注費**：工種別工事で材料・作業とも提供し完成を約束する費用。④**経費**：**工事経費**……仮設経費、動力用水光熱費、運搬費など。**現場経費**……設計費、労務管理費、保険料、給料、交際費など。

労務管理とは、労働者の使用を合理化し、生産性を高めるための考え方・諸方策をいい、正しい雇用契約を結ぶこと、安全衛生面に留意すること、失業保険・厚生年金保険などの福祉対策を行うこと等も含まれます。

安全管理に必要な資格者

区　分	対象業種・規模など	備　　考
総括安全衛生管理者	100 人以上	事業の実施を総括管理する者を充てる
安全管理者	50 人以上	1．専属者であること(建設業の場合300 人以上に1 人専任) 2．資格者 　イ．大学・高専理科系卒 　　　実務 3 年 　ロ．高校理科系卒　実務 5 年 　ハ．告示で定める資格を有する者 3．作業場の巡視，設備，作業方法等の危険防止措置
衛生管理者	50 人	1．専属者であること 2．対象：有資格者 3．規模により員数の増加，専任者必要 4．法 10 条第 1 項各号の衛生に係る技術的事項の管理

建築基準法関係の届出

書類の名称	提出先	時　期	備　　考
確認申請書	建築主事	着工前	建築主が届出
建築工事届、建築物除却届	知事	〃	建築工事届は建築主が、建築物除却届は施工者が届出
建築計画の事前公開標識の設置	現場設置	〃	高さ 10 m 以上の工事の場合
建築確認済の表示	〃	〃	現場の見えやすい場所
工事完了届	建築主事	竣工後	建築主が届出

労働基準法関係の届出

書類の名称	提出先	時　期	備　　考
安全・衛生管理者選任報告	労働基準監督署長	事由発生時から 14 日以内	常時 50 人以上の労働者を使用する場合
統括安全衛生責任者報告	〃	遅滞なく	下請、直営すべての労働者の合計が常時 50 人以上の場合、特定元方事業者が選任
クレーン等設置届	〃	工事中随時	クレーン、デリック、建設用リフト、エレベーター

道路・仮設物関係の届出

書類の名称	提出先	時　期	備　　考
道路占用許可申請書、空中占用許可申請書	道路管理者	その都度	仮囲い、足場、構台仮設、道路掘削など
道路使用許可申請書	警察署長	〃	
電灯、電力使用申込書	電力会社	着工前	1 年未満、50 kW 未満
下水道使用届	下水道管理者	〃	

その他の届出

書類の名称	提出先	時　期	備　　考
特定建設作業実施届出書	都道府県知事（市町村長）	開始 7 日前まで	くい打ち、コンクリートプラントなど（騒音・振動規制法）
危険物貯蔵取扱許可申請書	消防署長	工事中随時	消防法
防火管理者選任届	市町村長	〃	地方条例

4.2.1　測量

121 測量に関する用語

　測量とは、土地の地形、広さ、方位、標高（高低）等を計測することをいい、測量に使用する機器を測量機材といいます。

　光波測距儀とは、光波（一般にレーザー）を発信・受信する主局と反射プリズム（従局）からなる機器で、正確な距離測量ができます。反射プリズムが不要のもの（ノンプリズム型）、簡易なレーザー距離計もあります。

　平板測量とは、平板上でアリダードを動かし、ポールを立てた目標点の距離、方向などを、平板上の紙面に作図する測量をいいます。現地で簡単に作図できますが、あまり高い精度は期待できません。

　レベル（水準儀）とは、水平方向を視準するため、ある点から各測点間の高低差を求める水準測量（高低差測量）に用いるものです。レーザーレベルは、機器の周囲の水平基準線を容易に求めることができます。

　水準点（ベンチマーク、BM）とは、建築物の敷地内にあって、建物の基準位置・高さを決める原点（基準となる点）をいいます。

　セオドライト（トランシット、転鏡儀）とは、望遠鏡・分度盤・水準器装置からなる測角機器、すなわち水平角、鉛直角を測定するものです。視距離（所定の目標を判別できる最大距離）を利用すると距離や高さも測定できます。

　トータルステーションは、セオドライトと光波測距儀の機能を合わせもち、内臓コンピューターでデータ処理まで行うものです。

　トラバース測量（骨組測量、多角測量）とは、基準点の位置を定めるため、測定間を多角形で結び、各測線の距離および方位角を定めて、各測線の緯距・経距を求める測量です。そして、測点を結んだ測線がつくる多角の図形をトラバースといい、折れ線の図形を開トラバース、多角形の図形を閉トラバース、既知点をもとに未知点を求めるものを結合トラバースといいます。

　測量機材の取扱いの基本的な留意事項は、器具を三脚に取り付けたままの運搬を極力避けることにあります。

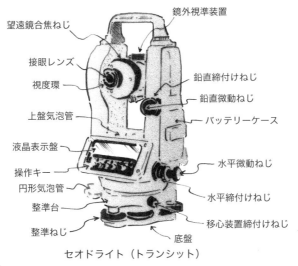

望遠鏡合焦ねじ
接眼レンズ
視度環
上盤気泡管
液晶表示盤
操作キー
円形気泡管
整準台
整準ねじ

鏡外視準装置
鉛直締付けねじ
鉛直微動ねじ
バッテリーケース
水平微動ねじ
水平締付けねじ
移心装置締付けねじ
底盤

セオドライト（トランシット）

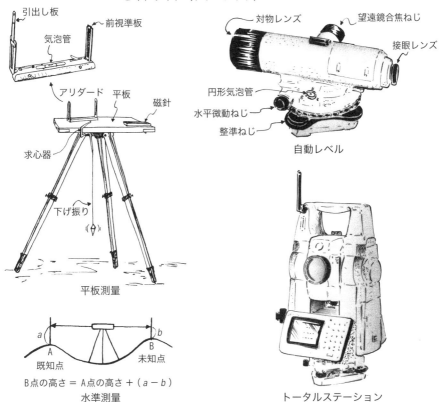

引出し板
気泡管
前視準板
アリダード
平板
磁針
求心器
下げ振り

平板測量

対物レンズ
望遠鏡合焦ねじ
接眼レンズ
円形気泡管
水平微動ねじ
整準ねじ

自動レベル

a
b
A
既知点
B
未知点

B点の高さ ＝ A点の高さ ＋（$a-b$）

水準測量

トータルステーション

122　地盤調査に関する用語

地盤調査とは、建設予定敷地の障害物の状況、土層および土質、地下水位、地盤の耐力などを設計および工事計画に資するため調査することをいい、各種の試験方法があります。

標準貫入試験とは、地盤の力学的性状、いわば土の締まり具合を助けるための試験方法で、63.5 kg のおもりを 76 cm の高さから自由落下させ、試験用サンプラ（規定の鋼管）を 30 cm 打ち込むのに要する打撃回数である N 値を測定し、土層の硬軟を調べる試験をいいます。粘土層では、N 値 10 以上あれば硬く、5 程度で中位、2 以下で軟らかい。砂層では、N 値 30 以上あれば密実、20 程度で中位、10 以下ではゆるい、と判定されるわけです。

平板載荷試験（載荷板試験）とは、支持力を測定する地盤まで掘削し、直接調査するものです。すなわち、載荷板（建築で用いる場合は 30 cm の正方形の鋼板、道路などで地盤係数を求める場合は直径 30 cm の円鋼板）を地盤に載荷し、予定地耐力に相当する荷重を加え、沈下量と荷重の関係から地耐力を求める試験をいいます。

地耐力とは、地盤が上載荷重に対して耐えうる強さをいい、主として設計時の許容地耐力として用いられます。地耐力は地盤調査の結果に基づいて定めなければなりませんが、右表に示す地盤については、地盤の種類に応じてそれぞれ表の数値によることができます。

ボーリングとは、掘削機械と器具を用いて、地盤に直径 60 〜 300 mm（通常 100 mm 程度）の深い穴を掘り、地盤および土質の調査することをいい、多種のボーリング方式がありますが、一般に回転式ボーリングが用いられます。なお、さく井の目的で掘削することもボーリングといいます。

土質試験とは、土の粒度組成、物理的性質、力学的・化学的性質、圧密特性等を調べる試験をいいます。

ベーンテストとは、土のせん断強さを求める試験で、軟らかい粘土地質に対して行われます。

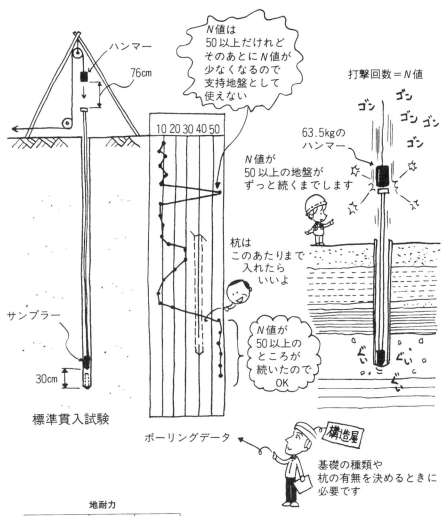

標準貫入試験

ボーリングデータ

平板載荷試験

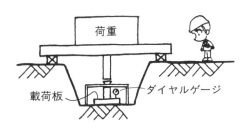

地耐力

地　　　盤	長期許容応力度〔kN/m²〕	短期許容応力度〔kN/m²〕
岩　　　盤	1000	長期許容応力度の数×2
固結した砂	500	
土　丹　盤	300	
固いローム層	100	
砂質地盤	50*	
粘土質地盤	20	

＊地震時に液状化のおそれのないものに限る

123 地業に関する用語

縄張りとは、建築工事の現場(敷地)の地盤面に、配置図に基づいて柱・壁の中心線にそって地縄を張り、建築物の位置を示すことをいい、遣方の設置にも役立たしめます。

遣方とは、基礎工事に着手する前に、柱・壁の中心線、内・外壁面の水平位置等を標示するため建物四隅や周辺の主要部に設ける仮設物で、土木工事では丁張といいます。

地業とは、構造物の基礎を支える土もしくは地盤を丈夫に固めるための作業をいい、主に割栗地業、杭地業が用いられます。

割栗地業とは、根切り底を突固め、割栗石を小端立てに並べ、石のすき間につぶし砂利を入れて突固める地業をいいます。

杭地業とは、地表面の直下または比較的浅い地盤が、十分な地耐力をもっていない場合、杭によって構造物の荷重を支持する地業をいい、支持杭によるものと摩擦杭によるものとがあります。なお、杭地業に用いる杭は材料・製法により、木杭、コンクリート杭、鋼杭に大別されます。

支持杭(先端支持杭)とは、十分な地耐力をもつ固い地盤にまで杭を打ち込む形式のものをいい、**摩擦杭**とは、杭の先端部が固い地盤に達せず、軟弱地盤中において、杭周囲の摩擦力によって支持する形式をいいます。なお、支持杭と摩擦杭両者の併用は不可とされます。

地肌地業とは、根切り底の地盤がよい場合に直接コンクリート打ちを行って、支持面とする地業です。

砂地業とは、軟弱な地盤において、根切り底から砂を所定厚さに敷き込んで水締めする地業で、小規模な建築物の場合に採用されます。**砂利地業**は、根切り底に砂利または砕石を所定厚さに敷き込み突固める地業をいいます。

捨てコンクリートとは、地業の表面を固めるとともに、建築物の位置を決める墨出しなどをするため、平らに打つ50〜100mmの均しコンクリートをいい、構造上はあまり意味がありません。

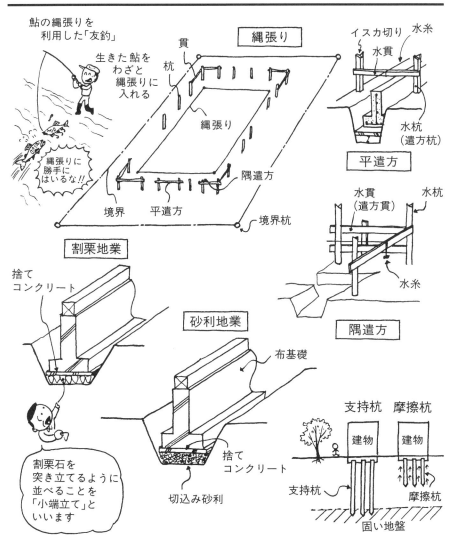

鮎の縄張りを
利用した「友釣」

生きた鮎を
わざと
縄張りに
入れる

縄張りに
勝手に
はいるな!!

縄張り

貫
杭
縄張り
隅遣方
境界
平遣方
境界杭

平遣方
イスカ切り　水糸
水貫
水杭
（遣方杭）

隅遣方
水貫
（遣方貫）
水杭
水糸

割栗地業
捨て
コンクリート

割栗石を
突き立てるように
並べることを
「小端立て」と
いいます

砂利地業
布基礎
捨て
コンクリート
切込み砂利

支持杭　摩擦杭
建物　建物
支持杭
摩擦杭
固い地盤

杭打ち地業の杭

種　類	特　　　徴	（中心間隔）
木　　　　杭	末口径12cm以上の生の松丸太を使用し、必ず常水面以下に打込む	元口の2.5倍以上、かつ、60cm以上
既　　製コンクリート杭	比較的大きい耐力を必要とする場合や地下水位の低い場合に多く用いられる。RC・PC・節付き杭など	径の2.5倍以上、かつ、75cm以上
場　所　打　ちコンクリート杭（ピ　　　　ア）	現場で所定の位置に穴をあけ、コンクリートを充てんして杭を形成。ケーシングを残す場合と、引抜くもの（ペノト工法）に大別される	径の2倍以上、かつ、径に＋1m以上
鋼　　　　杭	鋼管杭と形鋼杭に大別される	径の2倍、75cm以上

124　基礎工事に関する用語・1

根切りとは、基礎工事のために地盤を所定の位置まで掘削し、所定の空間をつくる工事をいい、基礎の種類によって次のように分類されます。つぼ掘りは独立基礎のように、柱の下部分ごとに穴状に根切りすることです。布掘りは布基礎の場合に、壁または梁に沿って細長く地盤を根切りすることです。総掘り（べた掘り）とはべた基礎に対処するため、総体（全面）的に地盤を掘削することをいいます。なお、根切り工法としては、のり付けオープンカット工法、山留めオープンカット工法、アイランド工法、トレンチカット工法等があります。

山留め（山止め）とは、根切りなど、掘削の際に周囲の地盤が崩れないよう、または湧水を防止するために矢板、またはせき板（土止め用の板）を用いて土圧を支える壁を設けることをいいます。

矢板とは、山留めに用いる仮に壁面を構成する材料をいい、鋼板矢板と木製矢板に分けられ、山留めは山留めの壁と支保工から構成されます。

支保工とは、上部あるいは横からの荷重を支えるために用いる仮設構造物の総称で、型枠支保工と山留め支保工に分けられます。

山留め支保工は山留めに用いる支保工をいい、腹起し、切張りより構成されます。腹起しとは矢板を保持するための水平材をいい、切張りは腹起しにあてがい、土圧に抵抗する材をいいます。

山留め工法には、切張り工法、アースアンカー工法、逆打ち工法、ケーソン工法があります。

排水工法とは、地下水面下の掘削にあたって、排水によって地下水位を掘削底面以下に低下させて施工する方式をいい、次のようなものがあります。釜場工法は排水ピットに湧水を集め、水中ポンプで排水する工法です。ウェルポイント工法は、多数の集水パイプを地中に打ち込み、真空ポンプを利用して揚水する排水工法で、湧水の多い現場で広く用いられます。ディープウェル工法は、深井戸用の水中ポンプを設置して行う排水工法です。

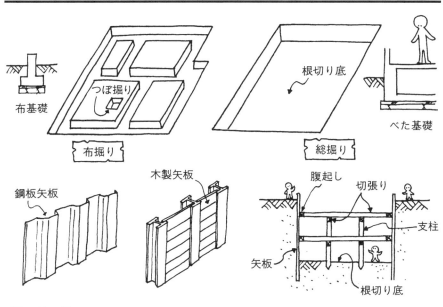

布基礎

つぼ掘り

布掘り

根切り底

総掘り

べた基礎

鋼板矢板

木製矢板

腹起し

切張り

支柱

矢板

根切り底

根切り工法

のり付けオープンカット	山留めオープンカット	アイランド工法	トレンチカット
排水溝 / 建物 / 土のう / ウェルポイント			
敷地に余裕があり、湧水のおそれがない場合、支保工の障害なし	矢板または親杭を掘削外周に打設し曲げ抵抗で土圧に抵抗する	中央部先行、周囲後掘り工法。広く、浅い掘削に適する	建物の地下室部分の構造体を先に施工し、よう壁とする。軟弱地盤

山留め工法

切張り工法	アースアンカー工法	逆打ち工法	ケーソン工法
		山留め壁 / 杭	掘削
格子状に組んだ切張り・腹起しで土圧を支持する一般的工法	アンカーの引張り抵抗を土圧に持たせる工法、支保工なし	地下構造物を支保工に利用し地下1階・2階と逆に構築してゆく	ケーソンの作業室から圧縮空気を送り内部を掘削し沈下させてゆく

255

125　基礎工事に関する用語・2

　とんぼとは、次のような意味があります。①根切りをするとき等に深さを測るために用いるＴ字形定木。②防水層の立上がりに貼るラス（左官仕上げ用の下地材）を止めるための金物。③石工事用の先端が刃のようになった槌の一種。④屋根瓦を野地板に緊結するための釘に銅線を結び付けたもの。⑤梁の型枠を受ける100 mm 角程度の角材でとんぼばたともいう。

　心出しとは、墨出しをする際、水貫に柱、壁など各部の中心線（心）を印すことをいいます。

　墨出しとは、遣方からとった基準線をもとに、柱心、壁心、壁仕上墨や逃げ墨などを打つ作業をいいます。墨出しの際の墨打ちには、墨つぼを用います。墨つぼには、墨糸を自動で巻き取るものもあります。また、墨の代わりにチョークの粉を用いるチョークラインもあります。なお、逃げ墨とは、基準になる位置から、ある寸法だけ避けた位置に打つ墨（墨つぼの墨糸によって、部材の上に印した直線）をいいます。

　心墨（中墨）とは、建物の基準や部位・部材の中心線を出す墨をいいます。

　水盛りとは、建築工事に際して、水準点から一定の高さを測量して、遣方杭に同じ高さの水準の印をつけ、基準となる水平面を定めることをいい、これを基準として工事を進めます。

　遣方杭（水杭、見当杭ともいう）とは、遣方ぬきを打ち付けるための杭をいいます。なお、遣方貫（水貫）は、遣方の際、杭に水平に打ち付ける小幅板（水平材）をいい、高さの基準とします。（ 123 の項のイラストを参照）。

　水糸とは、遣方などで、水平および通り心（建物の柱列や壁の軸線を通して設定する基準線または中心線）を示すために使う糸で、木綿糸、ナイロン糸、ピアノ線等が使われます。なお、水とは、陸墨（水平墨のこと）や、水平、水平線または水平面のことをいいます。

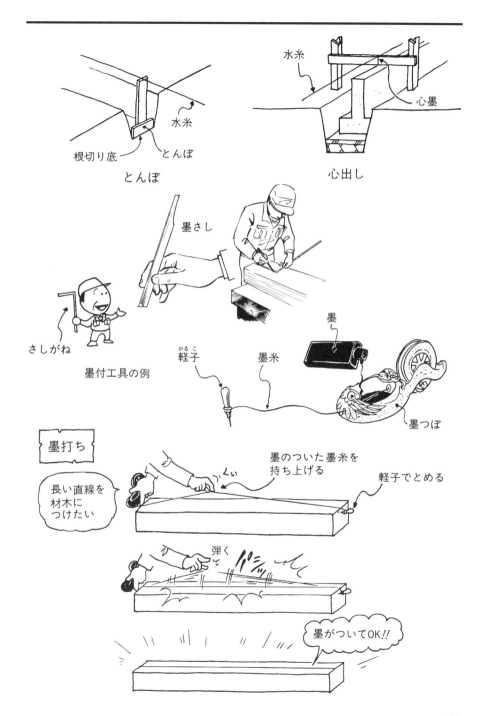

水糸

根切り底 とんぼ

とんぼ

水糸

心墨

心出し

墨さし

さしがね

墨付工具の例

軽子

墨糸

墨

墨つぼ

墨打ち

長い直線を
材木に
つけたい

墨のついた墨糸を
持ち上げる

ぐい

軽子でとめる

弾く パシッ

墨がついてOK!!

4.2.4　仮設工事

126　仮設工事に関する用語

仮設工事とは、工事中、仮に設備する間接的な工事をいい、工事が終ればすべて撤去され、後には残らないもので、山留め工事、型枠工事、現場事務所、下小屋などはすべて仮設工事です。なお、下小屋とは、工事期間中、関係作業者のちょっとした作業や休息のために設置する仮設建物をいいます。

共通仮設工事とは、仮設道路、仮囲い、仮設建築物、動力、用水、光熱、共通的な機械器具など、施工に際し準備工事および各種工事に共通して使用される仮設物を扱う工事をいいます。

仮設建築物とは、工事期間中、現場内に設置される現場事務所、作業員詰所、下小屋、物置（倉庫）等、工事完了時までに撤去される一時的な建物の総称です。

仮囲いとは、工事現場の危険防止のため敷地の周囲にめぐらす塀状の仕切りをいい、法令上、木造2階建てを超える構造の建築物の工事には、その周囲に地盤上から1.8m以上の板塀その他これに類する（波形鉄板塀等）仮囲いを設けなければなりません。

仮設倉庫に関しては次の点を認識してください。①セメント倉庫は湿気を防ぐため、出入口以外の開口部は設けず、床は地盤面より30cm以上の高さとし、周囲に排水溝を設置する。②石灰倉庫は、生石灰が加水により発熱、発火する危険性があり、水湿には十分注意する。③塗料倉庫は、油性塗料やその溶剤（シンナー等）があるため、火気厳禁とし、周囲の仮設建物から離れた位置に設け、屋根・内外壁・天井は防火構造とするか不燃材料で覆う。

直接仮設工事とは、縄張り、遣方、墨出し、山留め、型枠、足場、登り桟橋などのように、工事種類によって限定時に使用される仮設物を扱う工事をいいます。

なお、縄張り作業は、係員立ち会いの上、配置図等に従って行います。そして、遣方作業が終了した後は、係員の検査を受け、承認を得ることが必要です。

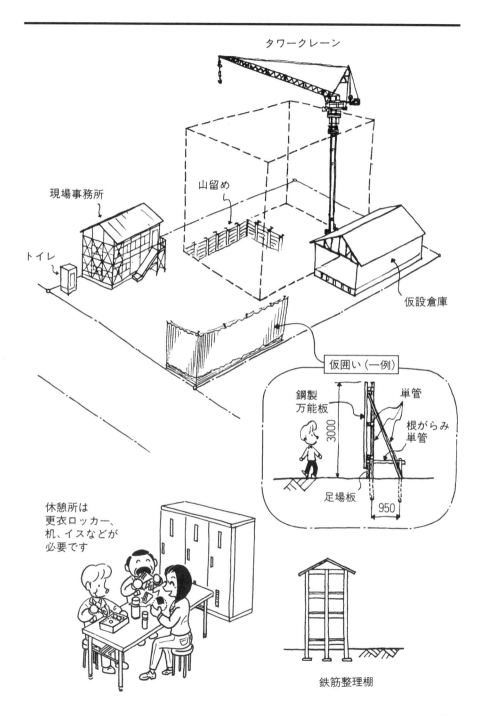

タワークレーン

現場事務所

山留め

トイレ

仮設倉庫

仮囲い（一例）

鋼製
万能板

単管

根がらみ
単管

3000

足場板

950

休憩所は
更衣ロッカー、
机、イスなどが
必要です

鉄筋整理棚

4.2.4 仮設工事

127 足場に関する用語

足場とは、工事を行う場合の仮設作業床となり、また作業員の通路、材料や架構中の部材等を支える目的で構築された木製または鋼製の仮設物をいい、材料、構造、使用目的によって多くに分類されます。いずれにしても設置については労働安全衛生法の規定によらねばなりません。

建地とは、足場・仮囲いなどの垂直材（柱）をいい、作業の安全確保の見地から建地間の間隔いわゆる建地間隔の最大寸法は、建地間の最大積載量の関係から決められています。

クランプとは、単管足場の単管の組立て等に用いる結合金物をいい、固定クランプ（直交クランプ）、自在クランプ等があります。

ローリングタワー（移動式足場）とは、枠組足場等の材料でやぐら組をつくり、基部に車をつけた移動式の作業台で、室内の天井や屋外の比較的低い位置でのいわゆる高所作業に用いられます。

桟橋とは、作業員の通路、資材運搬通路として組み立て、足場板や道板などを敷いた仮設物をいいます。

足場板とは、桟橋や作業床等に用いる長さ4m、幅24cm、厚さ2.5cm程度の厚板をいい、道板は足場板の同義語としても用いられますが、運搬車が通行するために地面に敷く板をいいます。

材料桟橋とは資材を一時的に引き受ける目的の桟橋をいいます。また、登り桟橋は足場の各段に通じる昇降のための傾斜路のことで、次のように規定されています。①勾配は30°以下、幅は90cm以上、手すりの高さは85cm以上。②勾配が15°を超えるものには、踏み桟（足止めともいい、足場板などに一定間隔で横位置に取り付けるすべり防止用の細幅の木）などの滑り止めを設ける。③高さが8m以上の場合は、7m以内ごとに踊場を設置する。

作業床とは、高所で作業を行うためのスペースで、足場の高さが2m以上の場合は、幅40cm以上、床材間のすき間は3cm以下、手すりは85cm以上の作業床の設置が必要です。

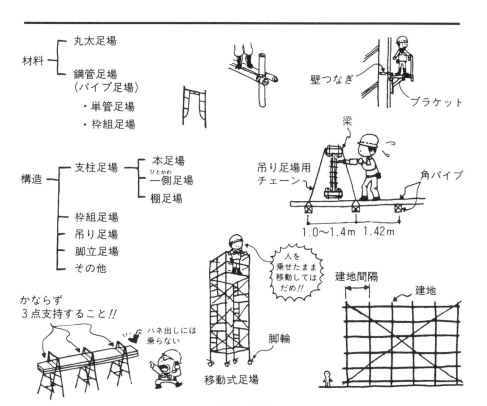

本足場の種類

		丸太足場	単管足場	枠組足場
材 料		丸太：目通り径 105 mm 以上 緊結材：10 番(3.2 mm)以上 のなまし鉄線	炭素鋼鋼管：JIS A 8951 に適合する鋼管を亜鉛メッキする 付属金具：緊結・継手・ベース金具	枠組材：JIS A 8951 に適合する鋼管を枠形に加工する 付属金具：継手・ベース金具
最高高さ			最高部から測って31mを超える部分の建地は原則2本組とする	45 m 以下（強度を検証した場合は超えることができる）
建地間隔		2.5 m 以下 （通常 1.8 m 以下）	桁行　：1.8 m 以下 張り間：1.5 m 以下	建地枠：1.8 m 以下
布 間 隔		1.5 m 以下 （とびつき 3 m 以下）	1.5 m 以下 （とびつき 2 m 以下）	最上層・5 層以内ごと （とびつき 2 m 以下）
腕 木		建地間隔の 1/2 （1.2～0.9 m）	間隔1.5 m 以下で布・建地に緊結	腕木なし
筋 違		角度 45°、たすき掛け、筋違の交差しない建地をなくす 間隔：10 m　水平間隔：14 m	角度 45°、たすき掛け、筋違の交差しない建地をなくす 間隔：10 m　水平間隔：14 m	建枠ごとにたすき掛け
壁つなぎ		垂直：5.5 m 以下 水平：7.5 m 以下	垂直：5 m 以下 水平：5.5 m 以下	垂直：9 m 以下 水平：8 m 以下
脚 部		根入れ 60 cm 以上又は根がらみで固定する	ベース金具を設け、根がらみで連結する	ベース金具を設け、根がらみで連結する
荷重限度		施工精度により異なる	建地間：3.92 kN	建枠間：3.92 kN

128 木材に関する用語

木工事に際しては、**木材の性質**そして**木材の強度**をよく理解する必要があり、これらに関しては 107 ～ 108 で説明したほかに、次の点もよく理解してください。

①木表は凹に、木裏は凸になる性質があり、木表の方が硬く、肌目が美しいので、見え掛りの部分に使用する。板庇では木裏を上面にする。なお、**見え掛り**とは部材面のうち、直接、目に見える側（露出部）をいう。そして建物が完成したときには、隠れて見えなくなる部分を**見え隠れ**という。**板庇**とは板で造った簡単なひさしをいう。

②小屋梁では、その曲がりが有利となるよう腹を下に、大引では腹を上にする。なお、**大引**とは床の根太を受ける 10 cm 角程度の角材をいう。**背**とは、丸太材の曲がりの凸の側で、年輪の幅が狭く、材質が硬く強い。**腹**とは、丸太材の曲がりの凹の側で、年輪の幅が広く、背に比して材質的には弱い。乾燥すると、背の側が凸になるように反る性質がある。**目通り径**とは、樹木の立木の状態

で、地面から人が立って、その目の高さにおける太さ（直径）をいいます。

反りとは、板材等が乾燥収縮によって反り返ることをいい、含水率が 15 ～ 30％の範囲内で、水分の減少によって起こり、15％程度で安定します。反りの方向には一定性があるので、木取りの方法によって、反りを予測し、使用部位を決めます。**木取り**とは、丸太材から所要寸法の板材・角材に製材することをいいます。

木材の強度順は、かし→けやき→松→杉の順に小さくなり、かし、ならなどの広葉樹材は**堅木**（**硬木**）といい、床材・敷居等に用います。そして松、杉、ひのきの針葉樹を**軟木**といいます。針葉樹の方が繊維の通直性がよく、材が素直なので、構造材に多用されます。

木材の欠点（**弱点**）となるものは、筋、割れ、**あて**（年輪が密集して硬い部分）、**やにつぼ**（木材内部に樹脂がたまって固まったもの）、虫食い等があります。

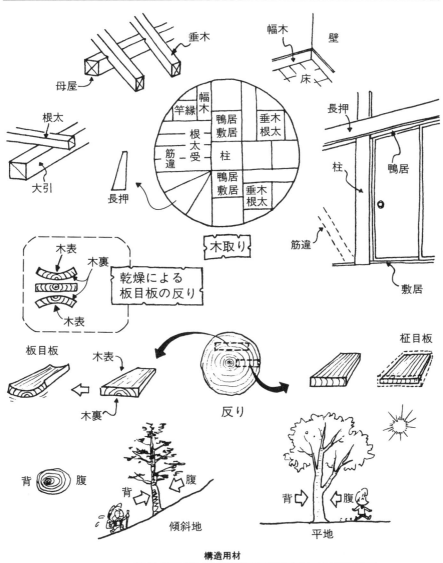

構造用材

樹種	用　　　　途
ひのき	土台・柱などの構造材および高級仕上材、建具・階段など
ま　つ	杭、構造材、小屋梁、土台、大引、根太、敷居、鴨居
す　ぎ	構造材、造作材、化粧材、天井材、建具材など
ひ　ば	土台、柱、梁、大引、根太、足固め、床板、下見板など
と　が	構造材、造作材、建具材など

129　木工事に関する用語・1（構造木工事）

建方（棟上げ、上棟、建前）とは、現場において部材を組み立て、骨組を構成する作業をいい、鉄骨構造では柱・梁の組立て（仮ボルト締め、ひずみ直しを含む）をいい、木造建物では土台、柱、梁、小屋組までの構造軸部を組み立てるまでの作業をいいます。

木造における建方の順序は、土台→柱→胴差し→大梁→軒桁→小屋組の順序に施工します。なお、ツー・バイ・フォー工法では、1階床組→1階軸組→2階床組→2階軸組→小屋組とします。

建起しとは、傾斜した骨組の垂直度を修正することをいい、建起しを行いながら仮筋違で固定してゆき、建起し後ゆがみ直しを行います。

ゆがみ直し（ひずみ直し）とは、各々の柱に正直定規を取り付け、下げ振りを見ながらロープなどで柱の垂直を決めていく作業で、ゆがみ直し終了後に本筋違を入れます。引張筋違と圧縮筋違を正しく使い分け、各々の芯と柱・梁・桁の芯が通ることが望ましいのです。

建方における各部の工作に関しては、次の点によく留意してください。①アンカーボルトの埋込み位置は、土台の継手位置を避けるとともに、埋込み長さは通常20cm以上とする。ただし、筋違のある柱下部では15cm内外の位置に40cm以上打込むものとする。②引張筋違は真壁式の軸組に使用されることが多く、厚さ1.5〜1.8cm程度（幅9cm）のもので柱と土台、柱と梁・桁を切り欠いてはめ込み、釘で打ちつけるか、径9mm以上の鉄筋（鋼製の筋違）を入れる。③圧縮筋違は柱の三つ割（3cm×9cm）、柱の二つ割（4.5cm×9cm）、柱の同寸法（9cm角以上）の材料を使用し、土台、柱、桁等を切り欠いてはめ込み、金物と釘またはかすがいで打ちつける。④釘は接合する板厚の2.5〜3倍の長さのものを使用する。⑤継手と仕口は右頁の図のようにする。

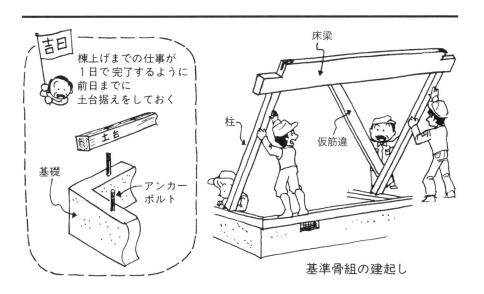

吉日

棟上げまでの仕事が
1日で完了するように
前日までに
土台据えをしておく

土台

基礎

アンカーボルト

床梁

柱

仮筋違

基準骨組の建起し

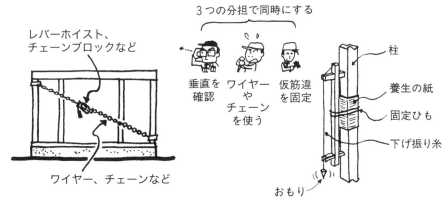

レバーホイスト、チェーンブロックなど

ワイヤー、チェーンなど

3つの分担で同時にする

垂直を確認　ワイヤーやチェーンを使う　仮筋違を固定

柱

養生の紙

固定ひも

下げ振り糸

おもり

継手と仕口

名　　　称	腰掛けあり継ぎ	腰掛けかま継ぎ	金輪継ぎ	追掛け大栓継ぎ	イスカ継ぎ
継　　手 （軸方向の部材の接合）			栓	大栓	
部　　位	土台、大引、軒桁、母屋	土台、大引、軒桁、母屋	土台、柱、桁	土台、敷桁、棟木	天井野縁、さお縁
名　　　称	二枚柄	短柄	長柄	渡りあご	傾ぎ大入れ柄さし
仕　　口 （直角方向の部材の接合）					
部　　位	柱	間　柱	吊り束	大引と根太	通し柱と胴差

4.2.5　木工事

130　木工事に関する用語・2（造作工事）

鴨居とは、和風建築開口部で、内法高さの位置にある横木で、これにみぞをつけて引違い戸や引戸を建込む用にあてます。指鴨居は、梁のように大きい鴨居をいい、開口部の柱間が大きい場合に用いられ、構造体を固める構造部材としての働きもします。

敷居とは、開口部の下辺の横材で、これにみぞを掘り、戸、障子を引いて開閉するのに役立てるものです。

長押（内法長押）とは、和風建物の室内において、壁面にそって柱の表面に取り付ける水平材、つまり鴨居上端に水平に取り付ける和室の装飾材です。取り付ける位置によって天井長押、足元長押などといいます。

幅木とは、人の足による壁の損傷を防ぐため、壁が床に接する基部に設ける横木、横板をいい、壁と床の納まりのためにも取り付けられます。木造床の場合は多くは木製で、木造床以外では木材、石材、テラゾ、合成樹脂などが用いられます。

框とは、①窓障子等の建具の周囲の枠材をいう。②床等の板の止まりを隠すための横木をいいます。

額縁とは、窓、出入口等の開口部の枠とその周囲の壁仕上げの見切りに取り付ける部材、つまり、窓、出入口まわりの化粧木をいう。

笠木とは、手すり、塀などの最上部に設ける横木をいいます。

小壁とは、鴨居や長押から上の部分の壁のように、上下幅の狭い壁をいいます。

割り材とは、丸太を縦に2つ割り、3つ割り、4つ割り等に割ったものをいい、障子、腰板、屋根板などに用います。

瓦とは、代表的な屋根葺の材料で、粘土瓦とセメント瓦に大別されますが、主に前者が用いられます。

その他の屋根葺材料としては、金属板や合成樹脂スレートが用いられます。金属板の材料には、亜鉛鉄板（トタン）、ステンレス、ガルバリウム、チタン、銅が用いられます。

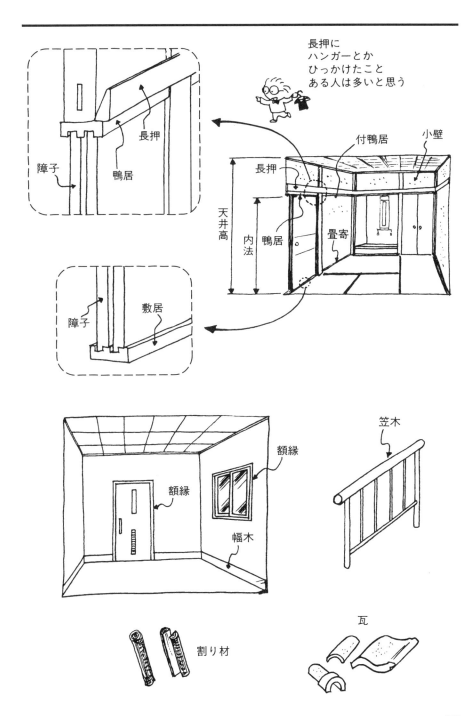

長押に
ハンガーとか
ひっかけたこと
ある人は多いと思う

長押

障子

鴨居

天井高

内法

障子

敷居

付鴨居

小壁

長押

鴨居

畳寄

額縁

額縁

幅木

笠木

割り材

瓦

267

4.2.6 鉄筋工事

131 鉄筋工事に関する用語・1

　鉄筋の加工については次の点をよく理解してください。①フック等、鉄筋の加工を行う場合、常温加工は径25mmまでとし、径28mm以上は加熱加工しなければならない。②切断は、ガス溶断は行わず**シアカッター**（鉄筋を切断する道具）か、丸・帯のこで行う。③鉄筋の末端部にはフックをつけ、コンクリートに定着させる。④鉄筋の末端部にフックをつけるのは次の場合です。イ）丸鋼鉄筋。ロ）あばら筋および帯筋。ハ）柱・梁（基礎梁を除く）の出隅部分の鉄筋。ニ）煙突に使用する鉄筋。ホ）単純梁・片持スラブ等の上端筋の先端。

　鉄筋の組立てに関するポイントは、次のとおりです。①組立ては、柱配筋→壁配筋→梁配筋→床配筋の順序で行う。②鉄筋の交差部は径0.8mm以上のなまし鉄線で結束する。③鉄筋のあきは、最大砂利径の1.25倍以上かつ25mm以上、また鉄筋直径の1.5倍以上とする。④被り厚さは右頁の表に示すとおりとする。

　鉄筋の継手・定着に関するポイントは次のとおりです。①主筋の継手位置は、引張応力の最小の位置で継ぐ。②継手長さは、p.93の「重ね継手」の表を参照ください。③定着長さはp.179「鉄筋の定着」の表を参照ください。

　鉄筋のガス圧接継手に関するポイントは次のとおりです。①径19mm〜25mm以上の鉄筋では一般にガス圧接が用いられる。②圧接部分のふくらみは鉄筋径の1.4倍以上とし、鉄筋中心軸の偏心量は鉄筋径の$\frac{1}{5}$以下とする。③継手の位置は同一箇所に集中させないようにする。④継手部分は、外観検査と超音波探傷検査で不良がないことを確認する。

　溶接継手は、鉄筋どうしを突合せ溶接で接合するものです。

　機械式継手は、カップラーやスリーブを用いて鉄筋どうしを接合するもので、ねじ継手、スリーブ圧着継手、モルタル充填接着継手などがあります。

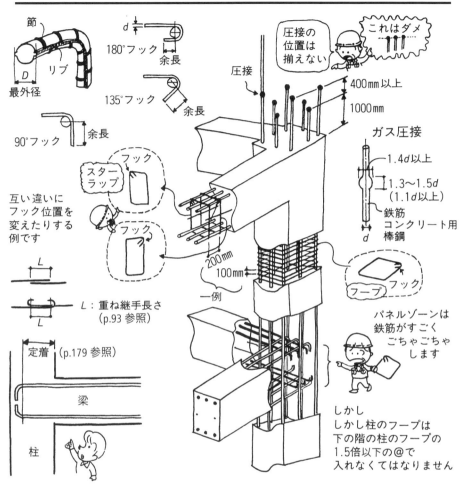

鉄筋に対するコンクリートの被り厚さの最小値(3)(cm)

構造部分の種別	コンクリートの種類		普通コンクリート	軽量コンクリート
土に接しない部分	床スラブ・屋根スラブ・耐力壁以外の壁	仕上げあり / 仕上げなし	2 / 3	2 / 3
	柱 はり 耐力壁	屋内 仕上げあり / 仕上げなし	3 / 3	3 / 3
		屋外 仕上げあり / 仕上げなし	3 / 4 (1)	3 / 4
	よう壁		4	4
土に接する部分	柱・はり・床スラブ・耐力壁		4	5 (2)
	基礎・よう壁		6	7 (2)

(注)(1) コンクリートの品質および施工方法に応じ、係員の承認を受けて3cmとすることができる。
(2) 軽量コンクリート1種および2種に適用する。
(3) 高炉セメントC種、シリカセメントC種およびフライアッシュセメントC種を用いる場合は、調合、部材の大きさなどに応じて定め、係員の承認を受ける。

4.2.6 鉄筋工事

132 鉄筋工事に関する用語・2

鉄筋のあきとは、鉄筋コンクリート構造において、平行に配置された鉄筋相互の隙間をいいます。あきが少ないとコンクリート中の粗骨材が通らずに粗骨材とモルタルが分離し、コンクリートが完全に充てんされなくなり、鉄筋コンクリート構造の大きな欠点となります。

結束とは、配筋に際して、組み立てられた相互の鉄筋が移動したりずれたりしないように、鉄筋の継手部や交差部分をなまし鉄線で結び付けることをいいます。鉄筋どうしのつながりは、コンクリートとの付着によって得られます。

なまし鉄線（結束線）とは、結束に用いるために、普通鉄線を焼なまし処理した、引張強度が 300 ～ 500 N/mm² の軟らかい鉄線で、鉄筋の結束のほかに丸太足場等の緊結にも用いられます。鉄筋の結束用としては径 0.8 mm（#21）が広く用いられ、丸太足場などの緊結用としては #10（径 3.4 ～ 4.19 mm）のものが用いられます。

ダブル配筋とは、壁における配筋で耐力壁など、壁厚の大きいところに鉄筋を二重に組むことをいい、ダブル配筋に対して、1 重のみ配筋する簡易な配筋をシングル配筋といいます。

かんざし筋とは、鉄筋コンクリート構造の梁等において、梁の主筋を所定位置に固定するため、上端主筋の下に通し、そう入する組立用補助鉄筋をいいます。

ガス切断（ガス溶断）とは、鋼材の切断方法の 1 つで、アセチレンと酸素の酸化炎を吹き付けて、この高熱により鋼材を溶かすようにして切断する方法をいいます。

ガス溶接とは、ガスが燃焼する際に発生する熱を利用して、金属を溶融接合する方法を総称していいます。

ガス圧接とは、接合する母材面に軸方向の圧縮力を加えながらガス溶接を行う方法で、鉄筋の接合に広く用いられます。鉄筋のガス圧接部におけるふくらみの径は、鉄筋径の 1.4 倍以上とし、ふくらみの長さは鉄筋径の 1.3 ～ 1.5 倍とすることが望ましいのです。

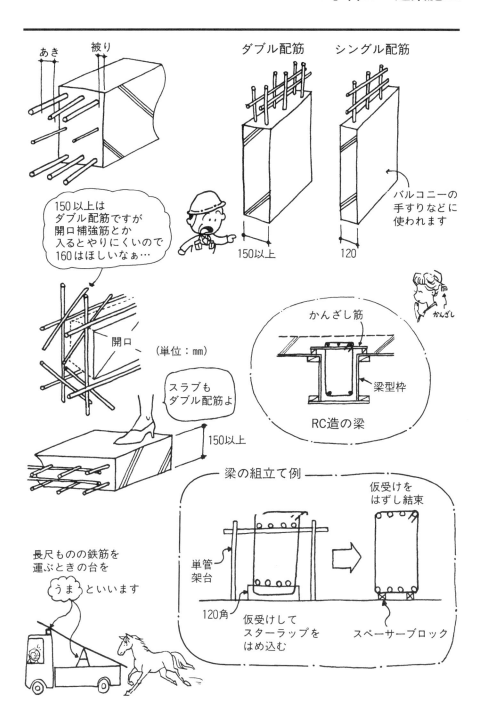

あき　被り

ダブル配筋　シングル配筋

バルコニーの
手すりなどに
使われます

150以上は
ダブル配筋ですが
開口補強筋とか
入るとやりにくいので
160はほしいなぁ…

150以上　120

開口

（単位：mm）

かんざし筋

かんざし

梁型枠

RC造の梁

スラブも
ダブル配筋よ

150以上

梁の組立て例

仮受けを
はずし結束

単管
架台

長尺ものの鉄筋を
運ぶときの台を

120角　仮受けして
スターラップを
はめ込む

スペーサーブロック

うま　といいます

271

133 型枠工事に関する用語

　型枠の組立てにおけるポイントを示すと次のとおりです。①組立て順序は右頁のようにする。②型枠は足場、遣方などの仮設物には連結させない。③柱、壁などの底部にはコンクリート打設前の掃除口を設けておく。④垂直面を先に、水平面を後から取りはずせるように型枠を組立てる。⑤大スパンの梁、スラブの型枠は支柱取りはずし後の変形を考慮して $\frac{1}{300}$ 程度のむくりをつける。⑥型枠の存置期間は、右頁の表に示すとおり。

　せき板（幕板）とは、①型枠の一部分で直接、コンクリートに接する板材をいい、鋼製せき板と木製せき板に分けられるが、一般に後者の厚さ 12 mm 以上の耐水合板が用いられる。②土工事における掘削面の土がくずれないようにあてがう土止め用の板をいう。

　側圧（コンクリートの側圧）とは、コンクリートが型枠に作用する圧力で、一般に型枠に加わる側圧はコンクリートの単位重量に比例します。

　型枠存置期間（せき板存置期間）とは、コンクリート打設から型枠を取りはずすまでの必要期間をいい、その最小期間は存置期間（コンクリートの）とされ、壁・スラブ・梁下などで期間は異なります。

　スペーサーとは、鉄筋コンクリート工事において、型枠のせき板と鉄筋の間隔を一定に保ち、かつ、被り厚さを確保するため鉄筋に装着する器具をいいます。バーサポートは、基礎のベース筋やスラブ主筋、あばら筋などの連続する配筋を保持する鋼製の器具です。セパレーター（隔て子）は、型枠間の間隔を所定の間隔に保持するための用具で、一般にボルトセパレーターが用いられます。フォームタイは、セパレーターの延長線上に接続するボルト、つまり、型枠締め付け用のボルトです。

　型枠支保工（支保工）とは、型枠の一部分で、せき板を所定の位置に固定するために用いる桟木、支柱、筋違材、仮設梁等の仮設構造物をいいます。

　むくり（キャンバー）とは、上方に対して凸に反っていることをいいます。

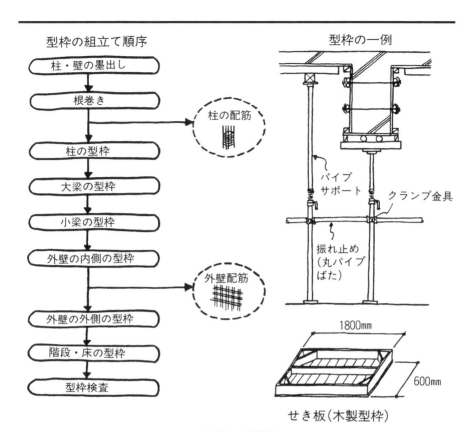

型枠の組立て順序

柱・壁の墨出し → 根巻き → 柱の型枠 → 大梁の型枠 → 小梁の型枠 → 外壁の内側の型枠 → 外壁の外側の型枠 → 階段・床の型枠 → 型枠検査

柱の配筋

外壁配筋

型枠の一例

パイプサポート

クランプ金具

振れ止め（丸パイプばた）

1800mm

600mm

せき板（木製型枠）

せき板の存置期間

最低気温	基礎・梁側・柱および壁	スラブ下および梁下
5℃未満	8日	16日
5℃以上、15℃未満	5日	10日
15℃以上	3日	6日

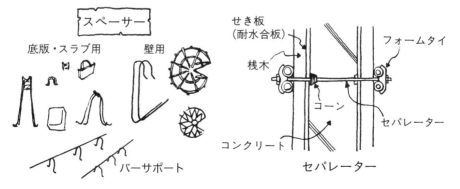

スペーサー

底版・スラブ用　　壁用

バーサポート

せき板（耐水合板）

フォームタイ

桟木

コーン

セパレーター

コンクリート

セパレーター

4.2.8 コンクリート工事

134 コンクリート工事に関する用語・1

混練とは、セメント・細骨材・粗骨材・水を調合し、練り合わせることをいい、手練りと機械練りに分けられます。

水セメント比とは、コンクリートの調合におけるセメント量に対する使用水量の重量比、詳しくはコンクリート打設直後のセメントペースト中のセメントに対する水の重量百分率で、コンクリートの強度を左右する指標の1つです。水セメント比が小さいと強度・耐久性・水密性がよくなり、大きいと強度は低下し、通常60〜65%以下とします。

コンクリート調合とは、単位容積当たりのコンクリートを構成する各材料の量を混練の前に決定することをいいます。

調合強度とは、コンクリート調合を定める際に目標とする強度で、コンクリートの設計基準強度に対して、混練、施工管理、気温などによる偏差を補正して得られる強度をいいます。

富調合とは、コンクリートやモルタルで、単位容積当たりのセメント使用量が 350 kg/m³ 以上と比較的多い調合で、富調合によるコンクリートを富調合コンクリート（モルタルを富調合モルタル）といい、富調合コンクリートは強度は得られるが、ワーカビリティーが低下して、作業性が落ちます。モルタルの場合、下塗りは富調合にして強度を確保するのです。

貧調合とは、単位セメント量が 350 kg/m³ 以下（一般に 140〜230 kg/m³）と比較的少ない調合で、貧調合コンクリートはワーカビリティーが向上し、作業性はよくなるが強度は低下します。貧調合モルタルは上塗りに用い、ひび割れを防止するのです。

ワーカビリティー（施工軟度）とは、コンクリートやモルタルの打設の作業の難易に関する軟らかさの程度をいい、流動性、ブリージングに対する抵抗性などを含めた総合的な、かつ、経験的に判別される指標で、通常、スランプ試験、ブリージング試験などで判定します。

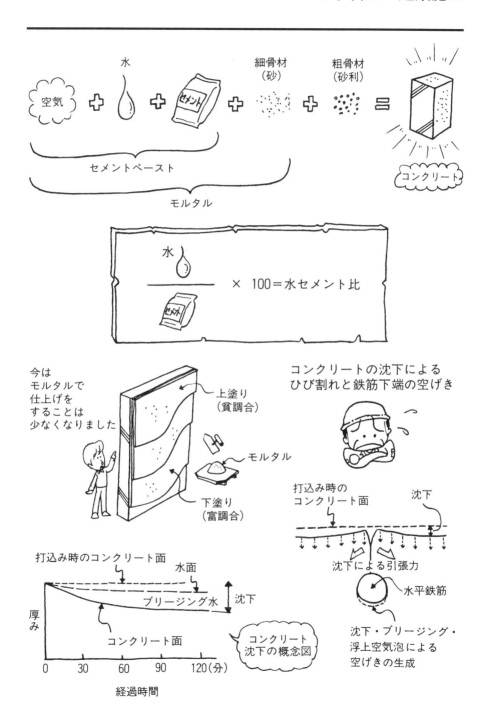

空気 ＋ 水 ＋ セメント ＋ 細骨材（砂）＋ 粗骨材（砂利）＝ コンクリート

セメントペースト

モルタル

$$\frac{水}{セメント} \times 100 ＝ 水セメント比$$

今はモルタルで仕上げをすることは少なくなりました

上塗り（貧調合）

モルタル

下塗り（富調合）

コンクリートの沈下によるひび割れと鉄筋下端の空げき

打込み時のコンクリート面　沈下

沈下による引張力

水平鉄筋

沈下・ブリージング・浮上空気泡による空げきの生成

打込み時のコンクリート面　水面

ブリージング水　沈下

厚み　コンクリート面

コンクリート沈下の概念図

0 30 60 90 120（分）

経過時間

4.2.8　コンクリート工事

135　コンクリート工事に関する用語・2

スランプ試験とは、コンクリートの軟らかさの程度、つまりワーカビリティーを知るための試験で、スランプコーンと呼ばれる容器を鉄板上に置き、コンクリートを三層に詰め、スランプコーンを抜き取った後のコンクリートの頂部が下がった長さ（cm）をスランプ値といいます。スランプ値が大きいほど流動性はよくなりますが、分離やブリージングが生じやすくなります。強度により、18 cm または 21 cm 以下とします。

ブリージングとは、コンクリート打設後、混練水が分離してコンクリート上面に上昇してくる現象をいい、スランプが大きく、水セメント比が大きいコンクリート程この現象が著しくなり、コンクリートの沈下量が大きく、鉄筋との付着強度が低下するなどのトラブルをきたします。

コンシテンシーとは、まだ固まらない（固体と液体の中間にある状態の）モルタルやコンクリートの流動性の程度をいい、スランプ試験やフロー試験などの値により、その程度を表します。

フロー試験とは、モルタルやコンクリートの軟らかさを測定するための試験で、フローコーンの中にモルタルやコンクリートを詰めた後、フロートテーブルに載せ、フローコーンを取り、フロートテーブルに上下振動を与え、底面の広がり（mm）を測定するわけで、この測定値をフロー値といいます。

コンクリートの空気量とは、いわゆる生コンクリート中に含まれる空気の容積のコンクリート容積に対する百分率をいい、普通コンクリート4.5%、軽量コンクリート5%、AEコンクリート 4.5%±1.5%が標準とされます。

寒中コンクリートとは、コンクリートが養生期間中に凍結する恐れがある季節に用いる、水セメント比60%とし、AE剤やAE減水剤などを使用したものをいいます。暑中コンクリートは、夏季、スランプ低下や水分の急激な蒸発の恐れがある場合に用いるAE減水剤遅延型などを使用したもので、平均気温が25℃を超える期間に用います。

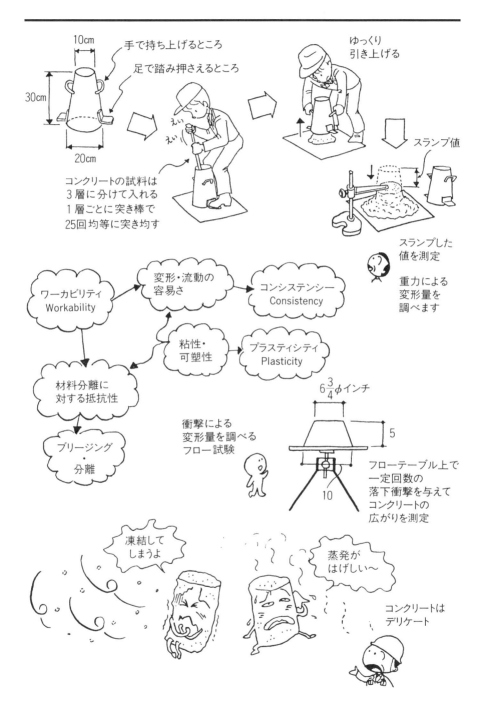

4.2.8 コンクリート工事

136 コンクリート工事に関する用語・3

　コンクリートの設計基準強度とは、調合強度を定めるための基準となるもので、コンクリートの材齢28日の圧縮強度、いわゆる4週強度をいい、コンクリートの長期許容応力度の3倍、短期許容応力度の1.5倍とします。なお、調合強度の計算には、コンクリートの設計基準強度のほかに、温度補正や標準偏差などの数値を用いて調整を行います。

　材齢とは、①コンクリートの打設後における経過日数。②木材の年輪から判断する樹齢年数。

　打設（打込み）とは、建設現場で配筋の終了した型枠の中へコンクリートを流し込むことをいいます。打設前の準備にはとくに、型枠・配筋検査→埋込金物→配管の確認、打継ぎ・打止めの準備→作業員の手配→型枠へのコンクリートの水分吸収防止のための散水を行うことが肝要です。

　打設のポイントは次のとおりです。①1区画における打設は表面の高さが水平になるよう遠方から手前に打ち進める水平打ちとする。②コンクリートの分離防止のため、落下高を1m以下と低くし、垂直に打込み、横流しを少なくする。③AE剤を混入するとワーカビリティーがよくなるが、強度が多少低下し、仕上げモルタルの付着を困難にする。

　締固めとは、打設中にバイブレータ等で振動を与えることによって、型枠内の空気を抜き、コンクリートの充てん状態を均一に、いわゆる密実に打設する操作をいい、この場合、バイブレータは鉄筋や型枠に接触させず、そう入間隔を60cm以下とし、上面にセメントペーストが浮くまで（5～10秒以内）加振します。

　タンピングとは、床版（床スラブ）・屋根版（屋根スラブ）の打設後、コンクリートの収縮によるひび割れ等を防止するため、打設直後のコンクリートの表面をタンパーで繰り返してたたいて締め固める操作をいい、鉄筋へのコンクリートの付着力の強化や仕上げの準備にもなります。

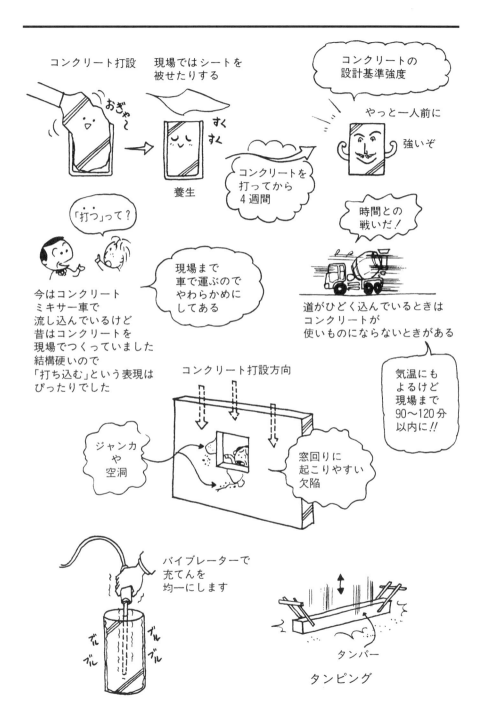

4.2.8 コンクリート工事

137 コンクリート工事に関する用語・4

打継ぎとは、打設し終った面に時間を経て続けて打設したり、既設コンクリートに接続させて打設すること。あるいはそれによって生じる接続部分をいいます。

打継ぎの要点を示すと次のとおりです。①打継ぎ面は水平・垂直とし、レイタンスの除去、水湿しの後、ノロ掛け等の処理をし、打継ぎ作業にかかる。②柱の打継ぎは基礎・スラブ上端では水平に、梁・スラブはせん断応力の小さいスパンの中央部で垂直に打継ぐ。

レイタンスとは、打設後のコンクリートの表面に生ずる微細な粉末を含んだ泥状の物をいい、骨材中に含む粘土等が浮き水と共に浮上するもので、打継ぎにおいて強度低下、はく離のトラブルを生じるので、打継ぎの前には完全に除去することが肝要です。

ノロ掛けとは、セメントペースト・富調合モルタルを打継ぎ面に塗ることをいいます。

スパン（張り間）とは、梁などの支点間距離のことをいいます。

養生とは、①工事中に既に出来上がった部分を損傷、汚染等から保護すること。②打設後、コンクリート等が一定の強度に達するまで、水分を失わないように、また凍結を防ぐために保護すること。すなわち、日光の直射による急激な乾燥や寒気に対する処置をいう。

打設後の養生のポイントを示すと次のとおりです。①初期養生では、打設後5日間はコンクリート付近の温度は2℃以下にせず、十分な湿潤状態に保つ。②養生中に衝撃、振動、過分の荷重をかけると、コンクリートの強度、耐久性、ひび割れの発生などの悪影響を生じる。

分離（材料分離）とは、打設中に粗骨材が鉄筋に当たって分離したり、打設後に、コンクリートの材料（セメントペースト、砂、砂利等）の分布が不均一、つまり、気泡、水などの軽い材料は上部に集積し、骨材などの重い材料が下部に集まったりして、コンクリートの品質が低下する現象をいいます。

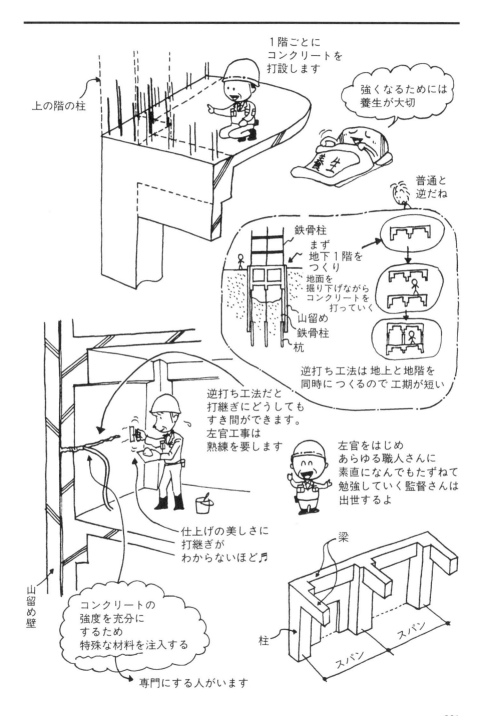

1階ごとに
コンクリートを
打設します

上の階の柱

強くなるためには
養生が大切

普通と
逆だね

鉄骨柱
まず
地下1階を
つくり
地面を
掘り下げながら
コンクリートを
打っていく
山留め
鉄骨柱
杭

逆打ち工法は 地上と地階を
同時につくるので 工期が短い

逆打ち工法だと
打継ぎにどうしても
すき間ができます。
左官工事は
熟練を要します

左官をはじめ
あらゆる職人さんに
素直になんでもたずねて
勉強していく監督さんは
出世するよ

仕上げの美しさに
打継ぎが
わからないほど♬

山留め壁

コンクリートの
強度を充分に
するため
特殊な材料を注入する

専門にする人がいます

梁

柱

スパン

スパン

4.2.8 コンクリート工事

138 コンクリート工事に関する用語・5

存置期間（コンクリート存置期間）とは、コンクリートを型枠内に打設し、硬化するまで型枠で固定し、コンクリートが所定の強度に達した時点で型枠を取りはずすまでの期間をいい、その期間は部位、セメントの種類、施工時の気温等によって異なります。

コンクリートの圧縮強度は、4週強度で表し、**コンクリートの強度**の割合は圧縮強度を 100 とすると、引張 8 〜 13、曲げ 15 〜 25、せん断 15 〜 25、付着 15 〜 25 となります。なお、建築基準法では、材料強度が右頁の表のように定められています。コンクリートの材齢が 1 週間（7 日）の圧縮強度（N/mm²）を **1 週強度** といいます。例えば、普通コンクリートの 1 週強度は、4 週強度の約 $\frac{1}{2}$ です。

中性化（炭酸化）とは、硬化したモルタルやコンクリートが大気中の炭酸ガスに作用されて、徐々にアルカリ性を失って中性となることをいい、中性化が鉄筋位置にまで達すると鉄筋が錆びる（酸化される）危険

が生じます。

単位水量とは、打設直後のコンクリート 1 m³ 中に含まれる水量（kg）をいい、単位水量はコンシステンシーと密接な関係があり、一般的には作業に適したワーカビリティーの範囲内で単位水量を減らすことが必要で、185 kg/m³ 以下とします。

単位セメント量とは、打設直後のコンクリート 1 m³ 中に含まれるセメントの質量をいい、単位セメント量が多いと高強度となるが、乾燥収縮によるひび割れが発生しやすく、逆に少ないとワーカビリティーが悪くなります。一般的に単位セメント量は 300 kg/m³ 程度で、普通コンクリートで最小値は 270 kg/m³ とされています。

水密コンクリートとは、防水の目的でつくられる密実なコンクリートで地下室、屋根スラブ等に用いられます。水セメント比は 50% 以下、スランプは 18 cm 以下で、材料・施工ともに入念に検討しなければなりません。

コンクリートの強度の割合

要項	コンクリートの強度 大	小
セメントの強度	大	小
水セメント比	小	大
鉄筋との付着力	大	小
養生温度	高	低
コンリート中の空隙量	少	多
材齢	長	短

コンクリートの材料強度（令97条）

圧縮	引張・せん断	付着
F	$\dfrac{F}{10}$	2.1N/mm² (軽量骨材を用いるときは 1.8N/mm²)

F：設計基準強度〔N/mm²〕

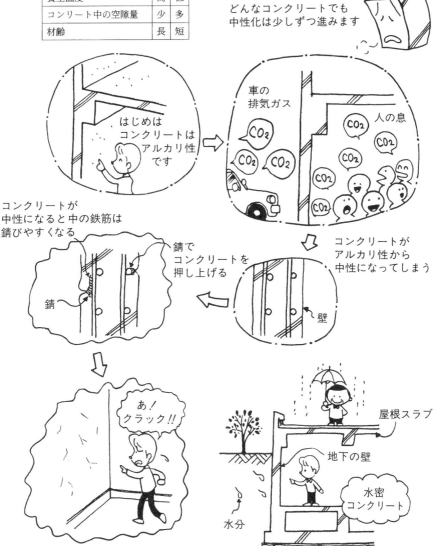

どんなコンクリートでも
中性化は少しずつ進みます

はじめは
コンクリートは
アルカリ性
です

車の
排気ガス

人の息

CO_2

コンクリートが
アルカリ性から
中性になってしまう

壁

コンクリートが
中性になると中の鉄筋は
錆びやすくなる

錆で
コンクリートを
押し上げる

錆

あ!
クラック!!

屋根スラブ

地下の壁

水密
コンクリート

水分

4.2.9　補強コンクリートブロック工事

139　補強コンクリートブロック工事に関する用語

補強コンクリートブロック工事のポイントを示すと次のとおりです。①立て遣方を基準に水糸を張り、隅角部からブロックを積み上げる。②目地はいも目地とし、目地幅は縦・横とも10mmを標準とする。③ブロックはシェル幅（コンクリートブロックの肉厚）の広い（厚い）方を上にして積み上げる。④ブロック空洞部のモルタル充てんは2段ごとに行い、ブロック上端より約5cm下がりとする。この理由は目地位置と打継ぎ位置が一致すると弱くなるため。⑤1日の積み上げ高さは1.2m（6段）を標準とする。

補強コンクリートブロック造の配筋方法の要点は次に示すとおりです。

①耐力壁配筋は通常、径9mm以上の鉄筋を縦横80cm以内に配置し、被り厚さは20mm以上とする。

②壁縦筋（耐力壁）：イ）ブロックの間で継手を設けず、末端をかぎ状に折曲げ、径の40倍以上を横架材（臥梁および基礎）に定着する。ロ）壁の隅角部、端部および開口部周囲は径13mm以上を使用する。鉄筋の継手・定着長さは径の40倍以上とする。ハ）台直し（正規の位置に修正すること）の必要がある場合は、ブロックを欠いて正しい位置になおす。

③壁横筋（耐力壁）：イ）壁横筋の配筋には横筋用ブロックを用い、鉄筋の末端はかぎ状に折る。ロ）L字形壁またはT字形壁における横筋の端部は、他の耐力壁に径の25倍以上の長さで定着する。ハ）鉄筋の継手長さは径の25倍以上とし、フックを設ける。継手は1箇所に集中しないようにする。

④耐力壁の長さは55cm以上、かつ、両端の開口部の高さの30%以上とする。

⑤臥梁の幅は20cm以上かつ支点間距離の$\frac{1}{20}$以上、せいは耐力壁の厚さの1.5倍以上、かつ30cm以上とする。

エフロレッセンス（はなたれ、白華）とは、組石造などの壁表面に、目地や接着用のモルタルからの石灰が分離し結晶化する現象です。モルタルに防水剤を混入させ、十分に目地ごしらえを行うことにより防止できます。

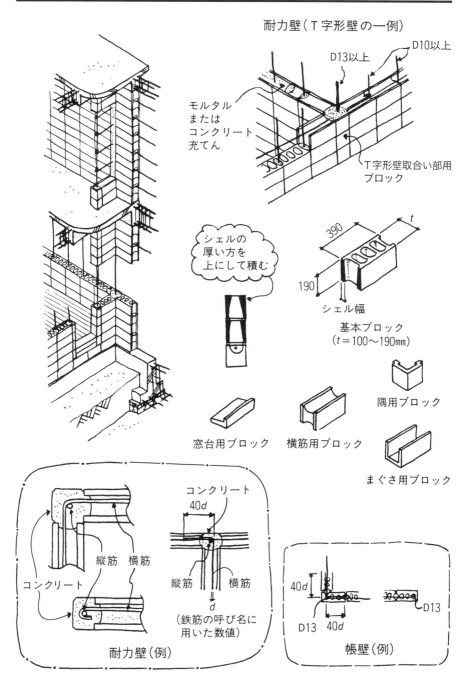

耐力壁（Ｔ字形壁の一例）

D13以上

D10以上

モルタル
または
コンクリート
充てん

Ｔ字形壁取合い部用
ブロック

シェルの
厚い方を
上にして積む

390

190

t

シェル幅

基本ブロック
（t＝100～190mm）

窓台用ブロック

横筋用ブロック

隅用ブロック

まぐさ用ブロック

コンクリート

40d

縦筋　横筋

コンクリート

縦筋　　横筋

d

（鉄筋の呼び名に
用いた数値）

耐力壁（例）

40d

D13

D13　40d

D13

帳壁（例）

4.2.10 鉄骨工事

140 鉄骨工事に関する用語・1

鉄骨の工場加工とは、工場で鋼材の切断・溶接などを行って、鉄骨部材を製作することをいいます。加工の要点は次のとおりです。①工場加工の工程は右頁に示すとおり。②穴あけは、板厚13mm以下はポンチ、13mmを超えるとドリルで行い、穴の直径はボルトなどの直径よりわずか大きく（高力ボルト＋1mm、＋1.5mm、アンカーボルト＋5mm）とする。③接合方法には、リベット接合、ボルト接合、高力ボルト接合、溶接等がある。④コンクリートに埋込む部分や接合部等は塗装しない。現場溶接部分に隣接する10cm以内も塗装不可。

型板（テンプレート）とは、鉄骨等、同じ部材を複数加工する場合、作業の効率化、正確化を図るために加工の基準となる点や線、穴を描いた薄鋼板をいいます。型板取りは現寸図から薄鋼板（型板）に中心線・ゲージ穴・ボルト穴の位置等を記入する作業をいいます。

ひずみ直しとは、①鉄骨建方等で垂直でない部分を修正することで、ゆがみ直しともいう。②溶接・切断加工などによって、鋼材などに生じた反り、変形を修正することで、ひずみ取りともいいます。

けがき（罫書、マーキング）とは、型板を当てて、切断箇所や穴あけ箇所などに印をつける作業をいいます。

鉄骨組立て作業の工程（現場作業の工程）は右頁に示すとおりで、これらの要点は次のようになります。①アンカーボルトの埋込みにはアンカーフレームを使用し、正確な位置に埋込む。②建方はトラッククレーン、タワークレーン等を使用し、遠方から手前に柱→梁→筋違の順で仮締めを行う。③建方用仮締めボルトの数は、全体の$\frac{1}{3}$以上、かつ2本以上とする。④スパン調整およびひずみ直し（建入れ直し）を行う。⑤ひずみ直し・建入れが終了した後、高力ボルト接合、溶接を行う。

底板ならし仕上げ（柱底ならし仕上げ）とは、ベースプレートと接触する基礎の上面をモルタルで均し、水平および平坦にする作業をいいます。

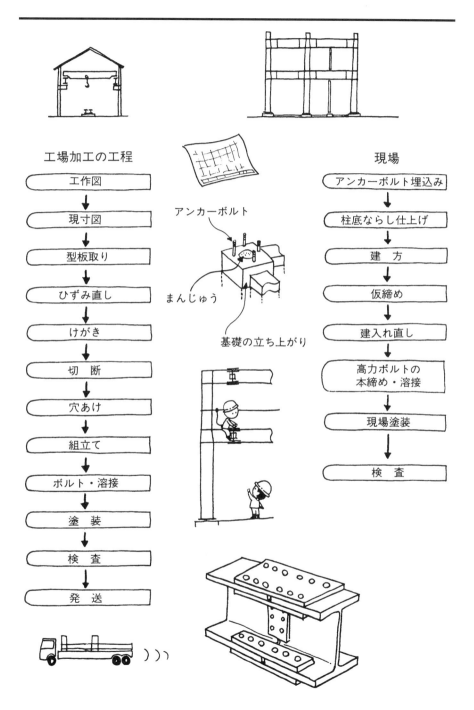

工場加工の工程

- 工作図
- 現寸図
- 型板取り
- ひずみ直し
- けがき
- 切　断
- 穴あけ
- 組立て
- ボルト・溶接
- 塗　装
- 検　査
- 発　送

アンカーボルト

まんじゅう

基礎の立ち上がり

現場

- アンカーボルト埋込み
- 柱底ならし仕上げ
- 建　方
- 仮締め
- 建入れ直し
- 高力ボルトの本締め・溶接
- 現場塗装
- 検　査

287

4.2.10 鉄骨工事

141 鉄骨工事に関する用語・2

建入れとは、軸組、型枠等を所定位置に正確に設置することをいい、**建入れ直し**とは、建方後の柱・梁等の倒れ、出入、水平度、曲り等を修正する作業をいいます。

後詰め工法とは、鉄骨建方において仮に固定された柱を立て、入れ直し（修正）後、ベースプレート下部に無収縮モルタルを充てんし、完全に固定する工法をいいます。

無収縮モルタル（膨張モルタル）とは、硬化の際に膨張し、乾燥後に収縮しないモルタルです。膨張材と良質な砂をミックスしたセメントを使用しますが、石こうスラブセメント80とポルトランドセメントを混合するなど、他の製法もあります。

リベット接合の要点は、**グリップ**（締付けの総板厚）は径の5倍以下、穴ピッチは径の2.5倍以上とします。

高力ボルト接合のポイントは次のとおりです。①接合部の接触面におけるミルスケール、浮き錆、油、塗料等は摩擦力を低下させるので前もって完全に取り除く。②径20mm未満のボルトの穴径はボルト径より

1.0mm大きくし、20mm以上の場合は1.5mm大きくすることができる。③**高力ボルトの締付け**は、トルクレンチ、インパクトレンチで行い、締付け順序は中心より順次端部に向かって行い、部材の密着に注意し、中締め（80%）→本締め（100%）の2段階で行う。

テープ合せとは、鉄骨部材をつくる工場で現寸作業に用いるスチールテープ（鋼製巻尺）と、鉄骨組立て現場で用いる鋼製巻尺を比較してその誤差を確認しておくことをいい、テープ合せを行っておかないと、工場で加工した部材と、工場現場での建方とに寸法誤差を生じ、建方がスムーズに行えません。

グリップアングルとは、鉄骨造の接合部を補強するために用いる断面がL形の添え山形鋼をいい、鉄骨柱・梁の仕口・柱脚部などにボルト接合を行うときに用います。

エレクションピースとは、上下階の柱を現場で溶接接合する際に、上下柱をつなぐ補助材として用いられるもので、建方終了後に除去されます。

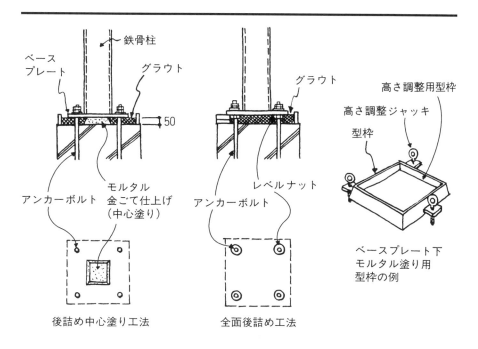

鉄骨柱

ベース
プレート
グラウト

アンカーボルト
モルタル
金ごて仕上げ
（中心塗り）

後詰め中心塗り工法

グラウト

レベルナット
アンカーボルト

全面後詰め工法

高さ調整用型枠
高さ調整ジャッキ
型枠

ベースプレート下
モルタル塗り用
型枠の例

工場と現場の
テープ合せは必要

違う

違う

ふだん使っている
ものさしでさえも
目盛が微妙に
違うことがある

高力ボルト、リベット、ボルトの公称軸径
に対する穴径(mm)

種　類	穴径 D	公称軸径 d
高力ボルト	$d+1.0$ $d+1.5$	$d<20$ $20\leqq d$
リベット	$d+1.0$ $d+1.5$	$d<20$ $20\leqq d$
ボルト アンカーボルト	$d+0.5$ $d+5.0$	— —

併用継手

	溶接	高力ボルト	ボルト
リベット	溶接が全負担	双方で分担	リベットが全負担
ボルト	同上	高力ボルトが全負担	
高力ボルト	●		

●高力ボルト先行の場合は双方で分担。溶接
　先行の場合は溶接が全負担

4.2.10　鉄骨工事

142　溶接等に関する用語

鉄骨工事の溶接のポイントを示すと次のとおりです。①主としてアーク溶接を用い、溶接方法としては突合せ溶接と隅肉溶接を用いる。②突合せ溶接では、開先の加工を行う。そして最小の余盛り（3mm以下）を行う。③隅肉溶接の強度は、のど厚と脚長で決まる。④ひずみを少なくするために、突合せ部分を先に、隅肉部分を後から施工する。⑤現場溶接の作業は、気温が0℃以下、風速2m/s以上では中止する。現場の条件に応じて種々変更が必要である。

アーク溶接とは、母材と溶接棒端との間に発生する電圧による火花（アーク）のアーク熱を利用して溶接する方法です。

余盛とは、開先または隅肉溶接の必要寸法上に表面から盛り上がった溶接金属をいい、のど厚とは、余盛を除いた部分の断面の厚さで、いわば応力を有効に伝達させる溶接金属をいい、詳しくは理論のど厚と実際のど厚に区別されますが、単にのど厚という場合は、理論のど厚を指します。

脚長（サイズ）とは、継手のルートから隅肉溶接の上端までの距離をいいます。

溶接欠陥とは、いわゆる溶接不良により溶接部に生ずる欠陥をいい、溶接強度は著しく低下します。これには溶込み不良、クレータ、アンダーカット、クラック（溶接割れ）、スラグ巻込み（溶着金属中または母材との融合部にスラグ（溶接部に生じる非金属）が残ること）などがあります。

ターンバックル（引締めねじ）とは、支持棒や支持用ロープ等を引張ったり、ゆるめたりする場合に用いる一端に右ねじ、他端に左ねじが切ってある特殊なナットをいい、鉄骨構造においてはターンバックル付きの筋違が用いられます。しかし、建入れ直し等に多用することは不測のトラブルを招くので避けなければなりません。

組立て梁とは、鉄骨造や木造のトラス梁、ラチス梁などのように、2個以上の部材を組立て構成された梁のことをいいます。

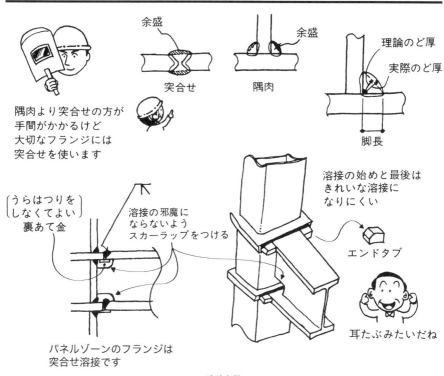

余盛

余盛

理論のど厚

実際のど厚

突合せ

隅肉

脚長

隅肉より突合せの方が
手間がかかるけど
大切なフランジには
突合せを使います

溶接の始めと最後は
きれいな溶接に
なりにくい

うらはつりを
しなくてよい
裏あて金

溶接の邪魔に
ならないよう
スカーラップをつける

エンドタブ

耳たぶみたいだね

パネルゾーンのフランジは
突合せ溶接です

溶接欠陥

欠　陥	原　因	欠　陥	原　因
溶込み不良	速度の早すぎ、棒径過大、電流過少	アンダーカット	運棒不適、電流過大、溶接棒の選択不適
クレーター	はなはだしい電流過大と運棒不適	クラック	不良溶接棒、高度の拘束、過大電流、母材不良

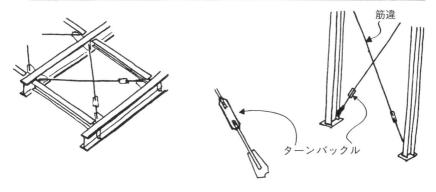

筋違

ターンバックル

143 | 防水工事に関する用語

アスファルト防水工事の要領を示すと次のとおりです。①均しモルタルを下地として施工するため平滑な面に仕上げる。特に出隅・入隅部分は45°の面をつける。②均しモルタル乾燥後、溶融アスファルト（防水材製造業者が指定する温度を上限とする）を流す。③アスファルトルーフィング流し張り（水上に向かって、縦横とも10cm以上重ね張り、立上がり部分は30cm以上）を行う。④②③を2〜4回繰り返し、最後にアスファルトを塗り、防水層をつくる。⑤防水層乾燥後、保護モルタルを塗り、次に軽量コンクリートを打ち、養生する。⑥伸縮目地は、立上り部より50cm以内に幅25mm以上のボーダ状の目地とし、保護モルタル面に達するまで埋込む。

均しモルタルとは、表面の凹凸を水平にするために行うモルタル塗です。

伸縮目地（収縮目地）とは、コンクリートの温度変化による膨張・収縮などによるひび割れを緩和するため、下地面まで達するようにつける目地をいいます。

モルタル防水工事のポイントは、亀裂が入りやすいので、縦横1m間隔で伸縮目地を入れることです。

シート防水（合成高分子ルーフィング防水）とは、合成ゴム系、塩化ビニル系の厚さ1〜1.5mmの高分子シート（防水布）を、接着剤で10cm以上に重ね合せ接合して防水層とするもので、耐水性、耐候性、耐薬品性、伸縮性に優れた特長があります。

コーキングとは、サッシ回り、コンクリート打継ぎ部等において、水密性・気密性を確保するために、部材間の接合部分の継目、すき間などにコーキング材を充てんすることをいいます。コーキング材とは、コーキングにおいてすき間に充てんするシーリング材（柔軟性のあるペースト状の材料）、油性コーキング材（合成ゴムや合成樹脂に各種の添加剤に加えてペースト状にしたシーリング材）を総称していいます。

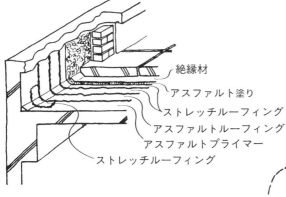

アスルァルト防水層押え工法例

- 絶縁材
- アスファルト塗り
- ストレッチルーフィング
- アスファルトルーフィング
- アスファルトプライマー
- ストレッチルーフィング

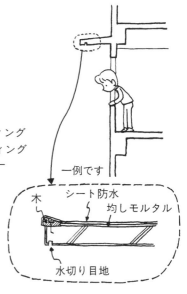

一例です

木　シート防水　均しモルタル

水切り目地

防水工法と材料		
工法名		工法の概要
混合型防水材料を用いる	モルタル防水工法	モルタル防水材料を用いて水密性の向上したセメントモルタルをコンクリート上に数cm塗り付ける　防水モルタル
	コンクリート防水工法	コンクリート防水材料溶液をコンクリート混練時に混入　防水コンクリート
塗布浸透型防水材料を用いる	無機質塗布浸透防水工法	粉体の無機質防水材料に水またはエマルションを混練し数mmコンクリートに塗り付ける　透水低減層
	高分子塗布浸透防水工法	高分子エマルションまたは溶液をコンクリートに塗布し数mm程含浸させる　透水・吸水低減層

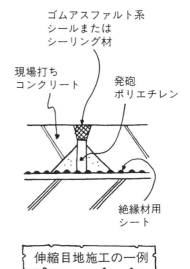

ゴムアスファルト系シールまたはシーリング材

現場打ちコンクリート

発砲ポリエチレン

絶縁材用シート

伸縮目地施工の一例

144 屋根工事に関する用語

屋根葺き材料と勾配の関係を示すと右頁の表のようになります。

下葺き（屋根下地）とは、屋根葺きと野地板の間に下地として葺くことをいい、次のものがあります。こけら板葺きとは、野地板の上に杉、松の薄皮など（厚さ0.2〜0.5cm、幅10cm、長さ30cm程度の板）を葺き足7.5〜10cm程度の水下から葺いていくもので、日本瓦葺きの場合に採用されます。ルーフィング葺きとは、野地板の上にアスファルトルーフィング・フェルトを縦横とも9cm以上重ね、水下から葺くもので、主に洋瓦葺き、瓦棒葺き、スレート葺きの屋根下地とされます。

葺き足とは、屋根葺きにおいて、水が流れる方向に重ならないで露出する部分の長さのことをいい、これに対して、流れと直角方向に表れている幅を小間といいます。

下地とは、屋根葺き、壁仕上げなどの内側の工作部分、仕上材の裏面にあって、その取り付けを容易にし、仕上面の効果を助けるものをいい、目的により防水下地、塗り壁下地な

どとよびます。

瓦葺き屋根工事のポイントは、下地と緊結するために、軒瓦・けらば瓦は1枚ごとに、平瓦や引掛け桟瓦（裏面の上部に爪がある桟瓦で、爪で瓦桟に引っ掛ける）は水下から4〜5枚ごとに釘打ちか銅線で固定することです。

瓦棒葺き屋根工事の要点は、鉄板の継目は、伸縮するのでこはぜ掛けとし、吊り子で固定することです。

はぜ掛け（はぜ継ぎ）とは、相互の金属板を折り曲げて掛け合わせ接合することをいい、小はぜ掛け、平はぜ掛け、立はぜ掛けを用います。吊り子は、瓦棒葺きなどの金属板を下地板に固定するための短冊状の金物です。

波板葺き屋根工事の要点は、登りの重ねは15cm以上、山の重ねは大波で1.5山、小波で2.5山とすることです。なお、JISでは住宅屋根用化粧スレートとして、平形屋根用スレートと波形屋根用スレート（丸波、リブ波）に分けています。

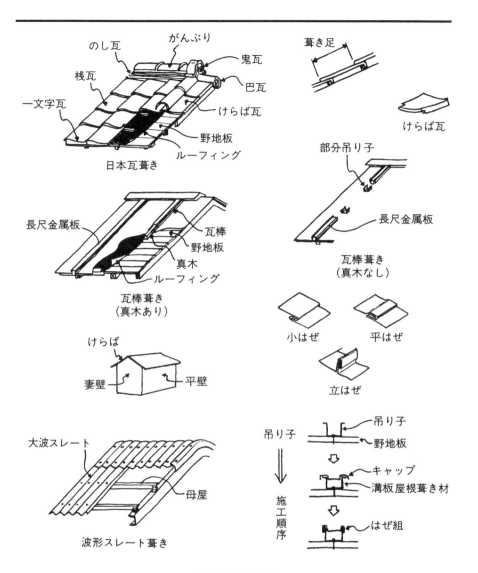

のし瓦　がんぶり　鬼瓦　巴瓦　けらば瓦　桟瓦　一文字瓦　野地板　ルーフィング

日本瓦葺き

葺き足　けらば瓦

部分吊り子　長尺金属板

瓦棒葺き
（真木なし）

長尺金属板　瓦棒　野地板　真木　ルーフィング

瓦棒葺き
（真木あり）

けらば　妻壁　平壁

小はぜ　平はぜ　立はぜ

大波スレート　母屋

波形スレート葺き

吊り子　吊り子　野地板　キャップ　溝板屋根葺き材　はぜ組

施工順序

屋根葺き材と勾配表

葺き材料	勾配	葺き材料	勾配
草　葺　き	$\frac{10}{10}$ 以上	金属板平板葺き	$\frac{2.5}{10}$ 以上
日　本　瓦	$\frac{4}{10}$ 以上	金属板かわら棒葺き	$\frac{2}{10}$ 以上
天然スレート	$\frac{5}{10} \sim \frac{10}{10}$	アスファルト防水	$\frac{1}{100} \sim \frac{1}{50}$
波形スレート	$\frac{3}{10}$ 以上	シート防水	$\frac{1}{50} \sim \frac{1}{20}$

4.2.13　左官・タイル工事

145　左官工事に関する用語

　左官工事とは、荒壁塗り、モルタル塗り、しっくい塗り等の塗り工事を総称していいます。

　左官工事の施工順序は右表のとおりです。下地づくり（下地ごしらえ、素地ごしらえ）とは、塗装面や壁下地の汚れ、不陸（平面が凹凸していること）、豆板（表面が菓子の豆板のようになっていること）等を調整し、また富調合モルタルで補修を行い、必要に応じて水湿しをすることをいいます。

　下塗りとは、左官・塗装工事等において下地として直接に塗った層またはそれを塗ることをいい、左官工事の場合は金こてで1回の塗り厚10mm以下で塗りつけ、金ぐし等で全面にかき荒し、その後、十分乾燥させ、ひび割れを発生させます。

　斑直しとは、塗り壁材料で下塗りの凹凸、つまり不陸の直しをすることをいいます。

　モルタル塗りの要点は次のとおりです。①モルタルの調合は、下塗りで1：2（富調合）、中塗り・上塗りで1：3〜4（貧調合）が標準で、

富調合は亀裂を生じやすいので注意する。②斑直し後、中塗り→上塗りへと進む。③上塗りは、中塗りの水引き加減を見計い、こてむらなく仕上げる。モルタルの調合は下塗りから上塗りへと工程が進むごとに貧調合とする。

　中塗りとは、下塗りと上塗りの中間に塗る層、その作業のことで左官工事では中込みといいます。上塗り（仕上げ塗り）は、中塗りの上（最後）に塗る層、その作業をいいます。

　プラスター塗りは、プラスター（石こうプラスター、ドロマイトプラスター）による壁、天井の塗り仕上げをいい、次の点をよく理解してください。①石こうプラスターは水硬性のため、乾燥・硬化が早いので下塗り・中塗りには加水後2時間以上、上塗りには1.5時間以上経過したものは使用しない。②石こうプラスターはドロマイトプラスターに比べ耐水性・強度が大きい。③ドロマイトプラスターは気硬性で、乾燥・硬化が遅く、亀裂が生じやすいのですさを混入する。

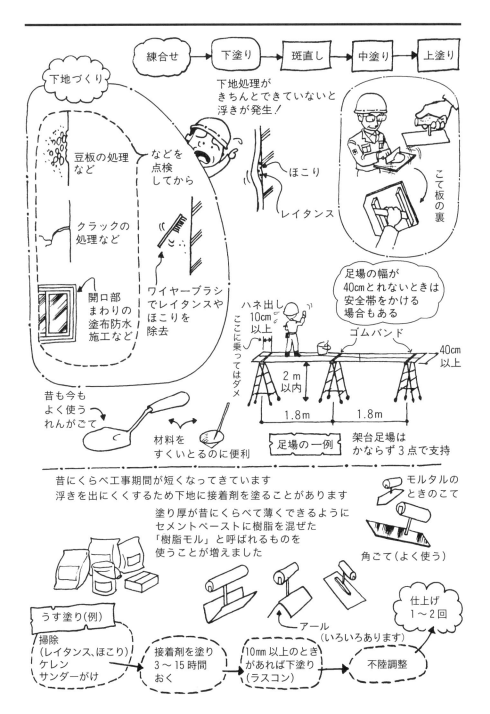

練合せ → 下塗り → 斑直し → 中塗り → 上塗り

下地づくり

下地処理が
きちんとできていないと
浮きが発生！

豆板の処理
など

などを
点検
してから

ほこり

レイタンス

こて板の裏

クラックの
処理など

ワイヤーブラシ
でレイタンスや
ほこりを
除去

開口部
まわりの
塗布防水
施工など

足場の幅が
40cmとれないときは
安全帯をかける
場合もある

ハネ出し
10cm
以上

ここに
乗っては
ダメ

ゴムバンド

40cm
以上

2m
以内

昔も今も
よく使う
れんがごて

材料を
すくいとるのに便利

1.8m　1.8m

足場の一例

架台足場は
かならず3点で支持

昔にくらべ工事期間が短くなってきています
浮きを出にくくするため下地に接着剤を塗ることがあります

塗り厚が昔にくらべて薄くできるように
セメントペーストに樹脂を混ぜた
「樹脂モル」と呼ばれるものを
使うことが増えました

モルタルの
ときのこて

角ごて（よく使う）

うす塗り（例）

掃除
（レイタンス、ほこり）
ケレン
サンダーがけ

接着剤を塗り
3〜15時間
おく

10mm以上のとき
があれば下塗り
（ラスコン）

アール
（いろいろあります）

不陸調整

仕上げ
1〜2回

4.2.13 左官・タイル工事

146 タイル工事等に関する用語

鹿のこずりとは、斑直しの後の凹凸を直すために、しっくいを薄く塗る工程をいいます。しかし、現在ではほとんど用いられません。

塗り代（つき代、つけ代）とは、左官工事において下地の上に塗り付けるモルタルやプラスターの厚さをいいます。

タイル工事とは、タイル張り（タイルをセメントモルタルによって内外装、床などに張る作業・その仕上げ）を行うことをいい、次の工法に分けられます。先付け工法（先付けタイル仕上げ工法、タイル型枠先付け工法、打込タイル工法）とは、あらかじめタイルを割付けた型枠にコンクリートを打込む方法で、付着強度が高く、はく離防止上有効です。

後付け工法とは、積上げ張り、圧着張り、ユニット張り等を総称していいます。

圧着張りとは、モルタルで下地ごしらえした平面上に圧着用モルタルを塗り、軟らかいうちに上から下に向かってタイルを押し付けて張る方法です。積上げ張り（だんご張り）とは、1枚1枚のタイル裏面に張り付け用のモルタルをだんご状にのせ、下地面に下から上へ1枚ずつ押し付けながら張る方法で、技術を要し、張り付けモルタルが不完全な場合、エフロレッセンスのトラブルが起こりやすい。ユニット張りとは、モザイクタイル（ユニットタイルともいい、1辺が30cmの台紙にあらかじめタイルを張ってユニット化したもの）を下地表面のセメントペーストに、接着するように張り、接着乾燥後、台紙を水で湿らせて取りはずす方法で、施工性も高く、工期の短縮もできますが、ユニットに合わせたタイル割が必要です。

タイル割とは、タイルの大きさと取付け位置を詳細に図示または墨出しすること、つまり、タイルの寸法に合わせ、壁や床面に張り方の割り付けをすることをいいます。

張付け代とは、タイル裏面凹部から下地モルタルまでの寸法（mm）をいいます。

タイルの分類

	吸水率	焼成温度	例
磁 器 質	1％以下	1200〜1300°C	外装タイル、床タイル、モザイクタイル
せっ器質	5％以下	1200°C程度	外装タイル、床タイル
陶 器 質	22％以下	1000〜1200°C	内装タイル

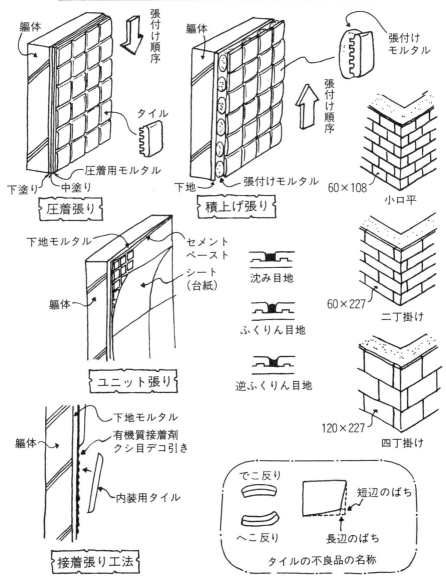

躯体　張付け順序

タイル

圧着用モルタル
下塗り　中塗り
圧着張り

躯体　張付けモルタル　張付け順序

下地　張付けモルタル
積上げ張り

60×108　小口平

下地モルタル　セメントペースト
シート（台紙）
躯体
ユニット張り

沈み目地
ふくりん目地
逆ふくりん目地

60×227　二丁掛け

躯体
下地モルタル
有機質接着剤クシ目デコ引き
内装用タイル
接着張り工法

120×227　四丁掛け

でこ反り
へこ反り
短辺のばち
長辺のばち
タイルの不良品の名称

147　建具・ガラス工事およびれんが工事に関する用語

フラッシュ戸（平戸）とは、木材の骨組の両面に合板を接着剤で張り合わせた表面が平らな戸をいい、軽量なので室内用に多用されます。

クレセントとは、引違い窓または上げ下げ窓の金属サッシの召し合せ部分に取り付ける施錠金物、召し合せは引違い窓等を閉じたとき2枚の建具が合わさる部分をいいます。

ピボットヒンジ（軸つり金物）とは、重い開き戸を上下から軸で支え、容易に回転させるための建具開閉金物です。

フランス落しとは、両開き戸の錠前が取り付かない側の戸を固定しておくために、召し合せ面に取り付ける上げ落し金物のことです。

円筒錠（モノロック）とは、握り玉（扉の把手のうち球状のもの）に、シリンダー錠を組み込んだ錠前です。

水切りとは、窓台・ひさしなど、壁より突き出た部分にかかる雨水が、下端に回り込み壁まで伝わってくるのを防止するため、その先端付近に付ける溝をいい、水切り勾配（水垂れ勾配、水返し勾配）は開口部にお

ける窓台等において、雨水が外部へ流れるように付けた勾配をいいます。

ガラスの取付けのポイントは、①ガラスの保管に関しては、板ガラスは平積みにせず、紙などにはさんで立て置きとし、アルカリ、特にアンモニアの近くでは保管しない。②外部に面する部分のガラスのはめ込みは、左官工事の着手前に行う。③ガラスの止め方には、パテ止め・押縁止め・かんぬき止め・落し込み式があり、アルミサッシの場合はガスケット止めとする。

れんが工事の要点を示すと次のとおりです。①普通れんがは施工前に水中に浸し吸水させて、下地面を水洗いし、敷とろ：つぎとろを貧調合モルタル（1：3）で行う。②1日の積上げ高さは1.2m以内（20段）、積み終りは段逃げとする。なお、敷とろとは、れんが積み等において、最下段の部材を据えるための堅練りのモルタルです。つぎとろは縦目地に注ぎ込むモルタルをいいます。段逃げとは、端部を段形に積み止めることです。

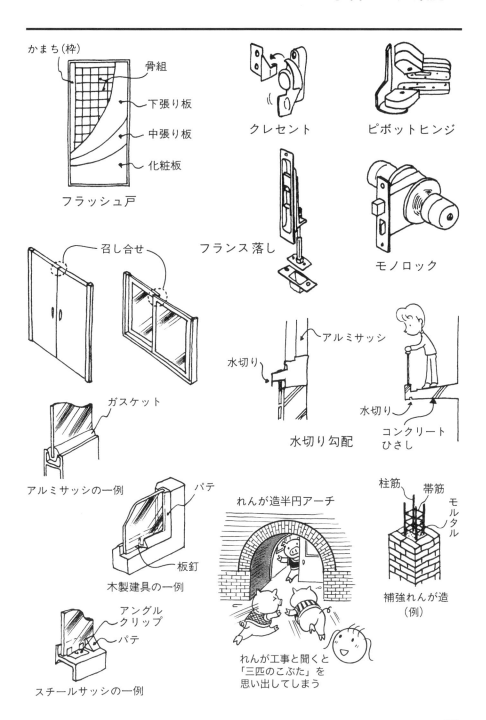

かまち（枠）
骨組
下張り板
中張り板
化粧板
フラッシュ戸

クレセント

ピボットヒンジ

フランス落し

モノロック

召し合せ

ガスケット

アルミサッシ
水切り
水切り
コンクリート
ひさし
水切り勾配

アルミサッシの一例

パテ
板釘
木製建具の一例

アングル
クリップ
パテ
スチールサッシの一例

れんが造半円アーチ

れんが工事と聞くと
「三匹のこぶた」を
思い出してしまう

柱筋　帯筋
モルタル
補強れんが造
（例）

4.2.15 塗装工事

148 塗装工事に関する用語

塗装材料には右表に示すものがあります。

プライマー（下地調整液）とは、塗料や溶融アスファルト等の、下地への付着性をよくするために用いる下塗用の液状物で、アスファルトプライマーと塗装の下地に用いる塗料用プライマーなどがあります。

ボイル油とは、乾性油の乾燥性をよくするために加工された塗料油です。

エマルションペイント（合成樹脂エマルションペイント）とは、合成樹脂の乳化体（エマルション）に顔料・安定剤などの原料を混合した塗料で、乾燥が早く、耐水性に優れ、塗膜は難燃性で、耐アルカリ性なのでプラスターやコンクリート面に直接塗装できます。しかし金属面には適さないものがあります。

下地ごしらえ（素地ごしらえ、素地調整）とは、塗装に先だって被塗装物の下地面を清掃・研磨して、下地面の汚れ・不着物を除去し、かつ、不陸を是正することをいい、次の要領で行います。①木部の下地ごしら

えは次の順序で行う。汚れの除去→研磨→節止め・やに止め→穴埋め（割れ穴等をパテで埋めること）。②亜鉛鉄板の下地ごしらえは次の順序で行う。表面に錆を発生させる→ワイヤーブラシ等で錆を除去→水洗い。③コンクリート・プラスター・モルタルの下地ごしらえは次の順序で行う。各下地をよく乾燥させる（アルカリ中性化）→吸水止め→穴埋め→研磨。④鉄面の下地ごしらえはワイヤーブラシなどで錆落しをすること。

塗装方法の要点は、①はけ塗りは、下塗り→中塗り→上塗りの3工程で仕上げる。②低温多湿（気温5℃以下、湿度85%以上）、降雪雨、強風などのときは塗装作業は中止する。

白化現象（被り、ブラッシング）とは、湿度の高いとき塗装を行った場合、塗装面（塗装）が白く濁る現象をいい、特に冬期で湿気が高い場合に起こりやすいのです。

塗装材料

種　　類		材　　料	利　点	欠　点	用　途
ペ イ ン ト	調合ペイント	溶解ペイントともいい顔料約60％、油分約40％の組成	耐候性良	耐アルカリ性小乾燥が遅い	建築物一般（木部、鋼材面）
	エナメルペイント	顔料と油ワニス	乾燥早い光沢大	耐アルカリ性小	家具・建具
	油 ワ ニ ス	樹脂と油分	耐久性良耐水性良	乾燥が遅い	家具・建具
	水性ペイント	にかわ、カゼイン、防腐剤（現在は合成樹脂塗料）	安　価	耐水性小耐久性小	しっくい、プラスターへの塗装
ワ ニ ス	ラ ッ カ ー	人造樹脂	揮発性剤乾燥早い	耐候性可燃性大	木部、鉄部
	セラックニス	セラックをアルコールで加熱溶解	乾燥早い耐油性	耐水性小耐久性小	木部の節止め色押え
	オイルステイン	オイルと染料	木材の素地を生かす	——	木　材

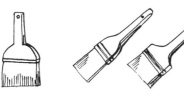
水性ばけ

平ばけ

筋かいばけ

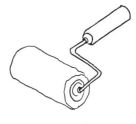
ローラーブラシ

スプレーガンの運行

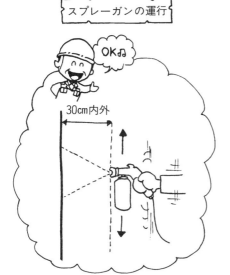

OK♫

30cm内外

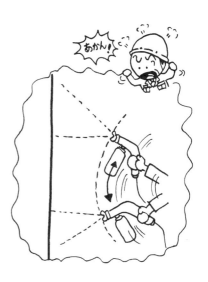

あかん!

149 内装・設備工事等に関する用語

畳敷きの要領については、室内寸法の実測→畳の割付け→製作→敷込みの順で行います。

木製床張りには、次のようなものがあります。①寄木張りとは、木製下地床に小片の板を組み合わせて模様張りすることで、接着剤および隠し釘打ちとする。②フローリングブロック張りは、コンクリート・モルタル下地床にアスファルト・セメントを使用してフローリングブロック（ひき板を接合して正方形・長方形のブロックを形成したもの）を張り込んだもの。③フローリングボード張りは、根太または下地板に接着剤と隠し釘打ちで、フローリングボード（幅7.5〜10cm程の板で側面をさねはぎ加工した床仕上材）を張ったもの。

軟質タイル張りには右表に示すようなものがあり、壁・天井仕上げは主に右表に示す方式が用いられます。

凍土深度（凍結深度、凍土線、地下凍土線）とは、冬期（厳寒期）に土中の水分が凍結する深さを地表面から測った長さで、日本の寒冷地で

は0.5〜1.5m程度です。屋外の埋設配管は、その埋設深さを寒冷地では1m以上、他の地方では50cm以上、道路では60cm以上としなければなりません。

積算（見積り）とは、設計図書・仕様書および現場の状況等に基づいて、建築物の生産に必要な工事費を各部分の集積の形で事前に予測することをいい、概算積算と明細積算に大別されます。

概算積算とは企画・基本設計の段階で行う大まかな工事費見積りをいいます。明細積算とは、建築物の実施設計や着工の段階で設計図書等から可能な限り正確に工事費を算定することをいいます。なお、建築工事原価の内訳の概略は、材料費40%、労務費20%、外注費25%、経費15%程度といわれます。

歩掛りとは、工事の原価計算に用いる単位工事当たりの標準的な労務量や資材料などをいい、積算の際に使用するものです。

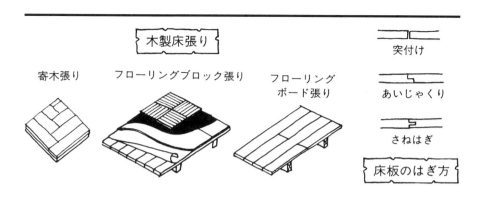

木製床張り

寄木張り　フローリングブロック張り　フローリングボード張り

突付け

あいじゃくり

さねはぎ

床板のはぎ方

各種軟質タイル張り

	摩耗性	耐水性	耐油性	耐酸性	耐アルカリ性
ゴ ム タ イ ル	○	○	×	○	○
アスファルトタイル	△	○	×	—	—
ビ ニ ル タ イ ル	○	○	○	○	○

壁・天井仕上げ

材　質	特　　徴
石綿セメント板	防火性能大、耐水性・断熱性に富む、衝撃には比較的弱い
石こうボード	防火・遮音性能に優れていて安価である　含湿により、強度が低下する
ロックウール吸音材	防火・断熱性能に優れ、吸音・化粧性に富む
木毛セメント板	防火・断熱・保温・吸音性に富む　含水による伸縮が大きい
壁　紙　張	不燃・準不燃・難燃等の指定がある時は、下地材との組合せを考慮して、施工する

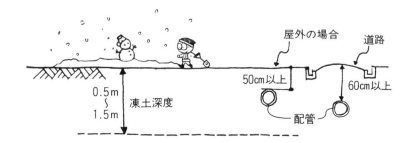

屋外の場合　道路

50cm以上　60cm以上

0.5m〜1.5m　凍土深度　配管

4.3.1　施工機器

150　施工機器に関する用語

インパクトレンチ（空気レンチ）とは、圧縮空気によって高力ボルトを締め付ける機械。一定トルク値を与えて、それ以上締め付けないように設計されています。**トルクレンチ**は指定したトルク値で高力ボルトを締め付ける手動式の用具で、高力ボルトの検査にも用います。なお、**トルク**とは、回転している部品が回転軸のまわりに受ける偶力（距離×力）で単位は N·m です。

コーキングガンはコーキングを施すために、コーキング剤を詰めておき、適宜、押し出す器具です。

バーベンダーは鉄筋の曲げ加工に用いる機械、手動式と自動式があり、**ベンダー**ともいいます。

リーマとは、鋼材に穴をあけるとき、穴の精度を高め、穴心を一致させるための錐状の工具です。

バックホー（プルショベル、ドラグショベル）とは、バケットを手前に引き寄せ後退掘りする掘削機械で、溝や建物の基礎など、溝状の狭い掘削に適しています。**パワーショベル**は、ショベルを手前から前方へ回転させながら行う掘削機械で、地盤面より上方の固い地盤の掘削に適しています。

ディーゼルハンマーは、杭などを打ち込むための基礎工事用機械で、能力は優れるが振動・騒音が大きい欠点があります。

ランマーとは、単気筒2サイクル空冷内燃機関による機械がはね上がり、自重落下を利用して基礎の土砂・割栗石の締固めを行う機械です。

バッチャープラントとは、生コン工場でコンクリート材料を所定の配合に計量して、ミキサーに送る計量設備です。**トラックミキサー（生コン車）**は生コンクリートを運搬するトラックで、走行中に生コンをつくる**トランシットミキサー**と、生コンが分離しないように撹はんしながら運搬する**アジテータトラック**があります。**バイブレータ（振動機）**とは、打設後のコンクリートが流体状にあるときに、振動を与えて、型枠内の空気を抜き完全に充てんさせ、不均一なコンクリートとならないようにするための機械です。

コンクリート施工用機械

鉄 筋 用		パーベンダー、シアカッター、電動のこ、自動鉄筋切断曲げ機
コンクリート工事用	軽量・試験機	バッチャープラント、イナンデータ、ウォセクリーター、エアメーター、ディスペンサー、シュミットハンマー、スランプコーン
	運搬・打設用	アジテータトラック(生コン車)、コンクリートミキサー、コンクリートポンプ、コンクリートバケット、カート、ベルトコンベアー、シュート、フロアホッパー、バイブレーター

インパクトレンチ

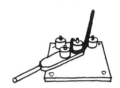

バーベンダー

鉄骨工事用機械

揚 重 用	トラッククレーン、クローラークレーン、タワークレーン、ガイデリック、三脚デリック
接合部施工用	インパクトレンチ、トルクレンチ、コンプレッサー、リーマ、ユニオンメルト、抵抗溶接機、アークエアーガウシング、ニューマチックハンマー、チッピングハンマー

後ろへ進む

バックホー

締固め用機械

転圧式	ロードローラー、タイヤローラー
衝撃式	タンピングランマー、バイブロランマー
振動式	ソイルコンパクター、バイブレーションローラー

前へ進む

パワーショベル

ランマー　　　水平型タワークレーン　　　起伏型タワークレーン

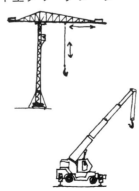

バイブレーター　　　トラッククレーン

年々、新しい機械が登場しています

一生勉強ですね

307

参考および引用文献 <small>(順不同)</small>

① 建築資格試験研究会　スタンダード　一級建築士　（学芸出版社）
② 建築資格試験研究会　スタンダード　二級建築士　（学芸出版社）
③ 中井多喜雄　建築設備用語辞典　（技報堂出版）
④ 中井多喜雄・木村芳子　改訂版　イラストでわかる空調の技術　（学芸出版社）
⑤ 中井多喜雄・木村芳子　改訂版　イラストでわかる給排水・衛生設備の技術　（学芸出版社）
⑥ 中井多喜雄・木村芳子　改訂版　イラストでわかる消防設備の技術　（学芸出版社）
⑦ 中井多喜雄・木村芳子　イラストでわかる建築電気・エレベータの技術　（学芸出版社）
⑧ 中井多喜雄・木村芳子　イラストでわかるビル清掃・防鼠防虫の技術　（学芸出版社）
⑨ 中井多喜雄　ボイラ自動制御用語辞典　（技報堂出版）
⑩ 中井多喜雄　危険物用語辞典　（朝倉書店）
⑪ 中井多喜雄　SI 単位ポケットブック　（日刊工業新聞社）
⑫ 中井多喜雄　図解・ボイラー用語辞典　（日刊工業新聞社）
⑬ 中井多喜雄　図解・空調技術用語辞典　（日刊工業新聞社）
⑭ 中井多喜雄　図解・配管用語辞典　（日刊工業新聞社）
⑮ 中井多喜雄　スチームトラップで出来る省エネルギー　（燃焼社）
⑯ 大西正宜・乾孝士・大和義昭　建築設備　基本を学ぶ　（学芸出版社）
⑰ 〈建築のテキスト〉編集委員会　改訂版　初めての建築一般構造　（学芸出版社）
⑱ 〈建築のテキスト〉編集委員会　改訂版　初めての建築法規　（学芸出版社）
⑲ 〈建築のテキスト〉編集委員会　改訂版　初めての建築環境　（学芸出版社）
⑳ 日本規格協会　JIS 工業用大辞典 第 3 版　（日本規格協会）
㉑ 国土交通省大臣官房官庁営繕部　公共建築工事標準仕様書 (建築工事編)　平成 31 年版　（公共建築協会）
㉒ 労働基準調査会　建設業の安全作業標準集　（労働基準調査会）
㉓ 岸田林太郎　《鉄筋コンクリート造》図解　建築工事の進め方　（市ヶ谷出版社）
㉔ 畑中和穂　図説　建築の型わく工事　（理工学社）
㉕ 建築用語辞典編集委員会　図解　建築用語辞典　（理工学社）
㉖ 肥後満郎・大久保好洋・高野孝　鉄筋工事の急所　（近代図書）
㉗ 建築用語編集委員会　建築用語おもしろ事典　（山海堂）
㉘ 建築用語辞典編集委員会　建築用語辞典　（技報堂出版）
㉙ 橋場信雄　建築用語図解事典　（理工学社）
㉚ 建築申請実務研究会　建築申請　memo'97　（新日本法規出版）

㉛　山田修　63 語でわかる建築法規　（学芸出版社）

㉜　岸田林太郎　《木造住宅》図解　建築工事の進め方　（市ヶ谷出版社）

㉝　近江榮　おさまり詳細図集①　木造編　（理工学社）

㉞　日本建築学会　日本建築史図集　（彰国社）

㉟　日本建築学会　西洋建築史図集　（彰国社）

㊱　日本建築学会　法規用教材　（彰国社）

㊲　日本建築学会　構造用教材　（丸善）

㊳　日本建築学会　建築材料用教材　（丸善）

㊴　日本建築学会　〈構造入門教材〉ちからとかたち　（丸善）

㊵　空気調和・衛生工学会　新版　快適な温熱環境のメカニズム　（丸善）

㊶　空気調和・衛生工学会　給排水衛生設備規準・同解説　（丸善）

㊷　空気調和・衛生工学会　空気調和衛生工学便覧 4　（丸善）

㊸　桑村仁　建築構造概論　（実教出版）

㊹　和田章・竹内徹　建築構造設計概論　（実教出版）

㊺　大野義照　建築施工　（実教出版）

索引

322

● 改訂監修者

大西　正宜（おおにし　まさのり）

1981 年　大阪大学工学部建築工学科卒業

現　在　大阪府立西野田工科高等学校建築都市工学系建築システム専科教諭／一級建築士

〈おもな著書〉　一級建築士試験　環境工学のツボ／学芸出版社

　　　　　　　　スタンダード　一級建築士／学芸出版社

　　　　　　　　建築設備　基本を学ぶ／学芸出版社

　　　　　　　　新しい建築の製図／学芸出版社

　　　　　　　　改訂版　初めての建築環境／学芸出版社

　　　　　　　　改訂版　初めての建築法規／学芸出版社

　　　　　　　　〈建築学テキスト〉建築製図／学芸出版社

　　　　　　　　〈建築学テキスト〉建築行政／学芸出版社

　　　　　　　　第二版　環境と共生する建築　25 のキーワード／学芸出版社

　　　　　　　　住みよい家　快適・環境・健康／学芸出版社

　　　　　　　　建築法規用教材／日本建築学会

　　　　　　　　建築計画／実教出版

　　　　　　　　環境工学基礎／実教出版

　　　　　　　　図解　建築小事典／オーム社

● 著者

中井　多喜雄（なかい　たきお）

1950 年　京都市立四条商業学校卒業

　　　　　垂井化学工業株式会社入社

1960 年　株式会社三菱銀行入社

　　　　　技術評論家（建築物環境衛生管理技術者・建築設備検査資格者・特級ボイラー技士・

　　　　　第 1 種冷凍機械保安責任者・甲種危険物取扱者・特殊無線技士）

〈おもな著書〉　改訂版　イラストでわかる一級建築士用語集／学芸出版社

　　　　　　　　新版　イラストでわかるビル管理用語集／学芸出版社

　　　　　　　　イラストでわかる建築施工管理用語集／学芸出版社

　　　　　　　　イラストでわかる管工事用語集／学芸出版社

　　　　　　　　改訂版　イラストでわかる給排水・衛生設備のメンテナンス／学芸出版社

　　　　　　　　イラストでわかる空調設備のメンテナンス／学芸出版社

　　　　　　　　イラストでわかる建築電気設備のメンテナンス／学芸出版社

　　　　　　　　イラストでわかる建築電気・エレベータの技術／学芸出版社

　　　　　　　　改訂版　イラストでわかる給排水・衛生設備の技術／学芸出版社

　　　　　　　　改訂版　イラストでわかる空調の技術／学芸出版社

　　　　　　　　改訂版　イラストでわかる消防設備の技術／学芸出版社

　　　　　　　　図解配管用語事典／日刊工業新聞社

　　　　　　　　ボイラの燃料燃焼工学入門／燃焼社

　　　　　　　　ボイラーの運転実務読本／オーム社

　　　　　　　　新エネルギーの基礎知識 / 産業図書

　　　　　　　　SI 単位早わかり事典／明現社

　　　　　　　　最新エネルギー用語辞典／朝倉書店

　　　　　　　　建築設備用語辞典／技報堂出版

　　　　　　　　よくわかる！　2 級建築士試験／弘文社

　　　　　　　　図説燃料・燃焼技術用語辞典／学献社

石田 芳子（いしだ よしこ）

1981年 大阪市立工芸高校建築科卒業
現 在 石田（旧木村）アートオフィス主宰／二級建築士
〈おもな著書〉 　イラストでわかる二級建築士用語集／学芸出版社
　　　　　　　イラストでわかる管工事用語集／学芸出版社
　　　　　　　イラストでわかるビル管理用語集／学芸出版社
　　　　　　　イラストでわかる建築施工管理用語集／学芸出版社
　　　　　　　イラストでわかる消防設備士用語集／学芸出版社
　　　　　　　イラストでわかる空調設備のメンテナンス／学芸出版社
　　　　　　　イラストでわかる給排水・衛生設備のメンテナンス／学芸出版社
　　　　　　　イラストでわかる建築電気設備のメンテナンス／学芸出版社
　　　　　　　イラストでわかるビル清掃・防鼠防虫の技術／学芸出版社
　　　　　　　イラストでわかる建築電気・エレベータの技術／学芸出版社
　　　　　　　イラストでわかる防災・消防設備の技術／学芸出版社
　　　　　　　改訂版 イラストでわかる給排水・衛生設備の技術／学芸出版社
　　　　　　　改訂版 イラストでわかる空調の技術／学芸出版社
　　　　　　　マンガ建築構造学入門Ⅰ、Ⅱ／集文社
　　　　　　　春乃すずなブログ小説『陽気な日曜日』のイラストと漫画『ガスコーニュのつわものたち』
　　　　　　　（ペンネーム：きむらのほうし）

イラスト案協力・改訂協力：**石田拓司**

改訂版 イラストでわかる二級建築士用語集

2020年 1月30日　第1版第1刷発行
2022年 6月10日　第1版第2刷発行

改訂監修者　　大西正宜
著　　　者　　中井多喜雄・石田芳子
発　行　者　　井口夏実
発　行　所　　株式会社 **学芸出版社**
　　　　　　　京都市下京区木津屋橋通西洞院東入
　　　　　　　〒600-8216　　　TEL 075-343-0811
　　　　　　　http://www.gakugei-pub.jp/
　　　　　　　E-mail info@gakugei-pub.jp
編 集 担 当　　越智和子・森國洋行

装　　丁　　KOTO DESIGN Inc. 山本剛史
印　　刷　　イチダ写真製版
製　　本　　新生製本

本書は『イラストでわかる二級建築士用語集』の
改訂版です。
　1998年11月25日　第1版第1刷発行
　2017年 3月20日　改訂版第11刷発行

JCOPY 〈(社)出版者著作権管理機構委託出版物〉
　本書の無断複写（電子化を含む）は著作権法上での例外を除
き禁じられています。複写される場合は、そのつど事前に、(社)
出版者著作権管理機構（電話 03-5244-5088、FAX 03-5244-5089、
e-mail: info@jcopy.or.jp）の許諾を得てください。
　また本書を代行業者等の第三者に依頼してスキャンやデジタ
ル化することは、たとえ個人や家庭内での利用でも著作権法違
反です。

© 大西正宜・中井多喜雄・石田芳子　2020
ISBN978-4-7615-3255-0　　　　　　Printed in Japan

二級建築士 はじめの一歩

神無修二・最端製図.com 著

A5 判・220 頁・本体 2200 円＋税

96 項目の見開き構成で簡潔にわかりやすくポイント解説。イラストを多数用い、身近な話題に引き寄せて理解しやすくまとめた、楽しく学べる受験書。初めて建築を勉強する人はもちろん、ポケットブックとして常にチェックできる内容で試験対策も万全。幅広く建築を勉強する前に、まずはおさえておきたい建築士試験の基本知識。

スタンダード 二級建築士

建築資格試験研究会 編著

A5 判・440 頁・本体 3000 円＋税

毎年定評のある二級建築士受験書をリニューアル。2色刷で見やすく、解答は別冊で使いやすくなった！学科試験4科目の復習と整理、過去問3年分がこの1冊でできる建築士受験テキスト。過去の出題や新傾向の難問を吟味し、出題された重要語句や内容すべてが基本に戻って学べるよう、初歩から丁寧に解説し理解力UPをはかる。

二級建築士試験出題キーワード別問題集

全日本建築士会 監修／建築資格試験研究会 編

A5 判・548 頁・本体 2800 円＋税

確実な実力アップをサポートする二級建築士学科試験の解説付き過去問集。これまでの出題傾向を徹底分析、過去7年分の問題を出題キーワード別に収録し、そのすべてに解法・ポイントを的確に解説した。さらに巻頭には出題頻度や傾向が一目でわかる一覧表を掲載。苦手分野の集中学習にも役立つ。効率的な試験対策で合格を目指そう！

第二版 二級建築士受験 5日でわかる法規計算

武藏靖毅 著

A5 判・144 頁・本体 1900 円＋税

試験ではほぼ毎年出題される法規分野の計算問題を、5章6単元でまとめた受験対策本。過去問題の難易度にあわせて、ポイントアップ→演習問題→レベルアップという流れで、スムーズに理解できるよう工夫。苦手で食わず嫌い、分厚い参考書は敬遠したい、そんな受験生でも合格圏へ進むための1冊。最新問題を追加した全面改訂版。

第五版 二級建築士受験 5日でわかる構造力学

武藏靖毅 著

A5 判・140 頁・本体 1900 円＋税

学科Ⅲ25問中6問が出題される構造力学分野を5章8単元でまとめた対策本。問題→計算プロセスのチェック→知識の整理という流れで、ヒントとともに問題を解きながら、解法が身につくよう構成。力学が苦手、そんな受験生を合格圏へ導いてきた定番書の、最新出題傾向をふまえた大幅改訂版。見て・読んで・解いて、わかる1冊。

二級建築士試験 構造力学のツボ

植村典人 著

A5 判・172 頁・本体 1800 円＋税

学科Ⅲ（建築構造）において構造力学は合否の鍵を握る分野であり、避けて通ることはできない。一方、同じ型の問題が繰り返し出題されており、要点さえ理解すれば確実に得点できる。本書は単元別に出題頻度を分析し、覚えるべき要点を整理し、過去問の解法を徹底解説。ツボを押えた学習で全問正解を目指せ！